David Warren Sabean

Landbesitz und Gesellschaft am Vorabend
des Bauernkriegs

Quellen und Forschungen zur Agrargeschichte

Begründet von
GÜNTHER FRANZ und FRIEDRICH LÜTGE

Herausgegeben von
Professor Dr. WILHELM ABEL, Göttingen, und
Professor Dr. GÜNTHER FRANZ, Stuttgart-Hohenheim

BAND XXVI

Landbesitz und Gesellschaft am Vorabend
des Bauernkriegs

GUSTAV FISCHER VERLAG · STUTTGART
1972

Landbesitz und Gesellschaft am Vorabend des Bauernkriegs

Eine Studie der sozialen Verhältnisse im südlichen Oberschwaben in den Jahren vor 1525

Von

David Warren Sabean
Pittsburgh/USA

GUSTAV FISCHER VERLAG · STUTTGART
1972

Dr. David Warren Sabean, Assistant Professor
Faculty of Arts and Sciences
University of Pittsburgh, Department of History
Pittsburgh, Pennsylvania 15213, USA

ISBN 3-437-50161-5

© Gustav Fischer Verlag, Stuttgart, 1972
Druck: Grammlich, Pliezhausen

Einband: Sigloch, Künzelsau

Printed in Germany

Für Ruth

Inhalt

Landkarten

Graphiken

Tabellen

Vorwort

Mein Dank gilt allen, die mir bei den Vorbereitungen zu dieser Arbeit geholfen haben. Die Bibliotheken der University of Wisconsin und der University of East Anglia haben mir Mikrofilme und zahlreiche Bücher über Fernleihe zur Verfügung gestellt. Vor allem danke ich den Damen und Herren der Württembergischen Staatsarchive, die mir in vielen Fällen geholfen haben. Insbesondere Herr Heinz Bardua verbrachte manche Stunden damit, mich in das Quellenmaterial einzuführen. Der Direktor des Ravensburger Stadtarchivs, Dr. Alfons Dreher, gestattete mir, alle meine Thesen mit ihm durchzusprechen und gab mir viele wertvolle Hinweise. Dr. Rudolf Rauh, Direktor der Archive von Zeil und Wolfegg, erteilte mir freundlicherweise eine Sondererlaubnis, das Archiv des Schlosses Wolfegg einzusehen. Aus mehreren Gesprächen mit Dr. Wolfgang von Hippel gewann ich manch neue Anregungen für meine Arbeit. Professor Günther Franz förderte meine Forschungen durch intensive Anteilnahme, und ich verdanke seinen Bemühungen diese Veröffentlichung in Deutschland. Die Übersetzung besorgte freundlicherweise Dr. E. Stengel und Herr Dr. P. Blickle versah das Manuskript mit wertvollen Kommentaren. Bei der Endfassung half mir schliesslich mein Kollege Dr. V. Berghahn, während die University of East Anglia mich grosszügigerweise bei der Finanzierung der deutschen Übersetzung unterstützte. Die Drucklegung des Werkes wurde durch Zuschüsse der Gesellschaft der Förderer des Landbaus sowie des Landkreises Ravensburg unterstützt. Weiter danke ich dem Deutschen Akademischen Austauschdienst für ein Dankstipendium 1965/66 in Tübingen. Die englische Fassung dieser Arbeit war eine Dissertation unter der Leitung von Professor George Mosse, der mir stets mit Rat und Hilfe zur Seite stand, und mir dabei zugleich jegliche Freiheit liess, meine eigenen Forschungswege zu gehen.

Norwich, im Mai 1970   D. W. S.

Einführung

Diese Arbeit will die Hintergründe des deutschen Bauernkrieges von 1525 untersuchen. Es soll jedoch nur ein sehr begrenztes Gebiet in Betracht gezogen werden, denn wir möchten gerade die alles grob verallgemeinernde Analyse, die den grossen örtlichen Unterschieden nicht gerecht werden würde, vermeiden. Indem ich mich auf ein einziges Gebiet konzentriere, hoffe ich, Fragen aufwerfen zu können, die den Anstoss zu weiteren Untersuchungen geben.

Das Gebiet, das ich für meine Untersuchung gewählt habe, ist die Umgebung der Reichsstadt Ravensburg im südlichen Teil Oberschwabens. Im Norden, parallel zur Donau, liegt die Schwäbische Alb. Im Osten liegt das Allgäu, ein Vorgebirge, das ansteigt, je näher es an die Alpen heranreicht. Die Gegend zwischen dem Allgäu und der Schwäbischen Alb ist gekennzeichnet durch bergiges Land, kleine Seen und Moor; dazwischen liegt eine ziemlich ausgedehnte Ebene. Im Talnetz wechseln sich flache Strecken durchsetzt mit Seen und Sümpfen mit steilen engen Schluchten (Tobeln) ab. In den Tälern und Niederungen gibt es Sümpfe und Torfmoore, während die Höhen aus Sand und Lehmboden bestehen. (1) Wegen der Nähe der Österreichischen und Schweizer Alpen gibt es in diesem Gebiet hohe Niederschläge. (2)

Heute ist die Landwirtschaftsstruktur in dieser Gegend recht unterschiedlich. Die meisten Bauern halten Milchkühe und bauen daher Futtergetreide an. Viele Flächen sind dem Obstbau vorbehalten, daneben wird sehr viel Getreide angebaut. Je weiter man nach Süden kommt, um so mehr finden sich Obst und Hopfenfelder, und am Ufer des Bodensees gibt es einige nicht unbedeutende Weinbaugebiete. Nach Osten zu, in Richtung Memmingen, überwiegt der Getreidebau, während in der Richtung zum Allgäu die Milchwirtschaft vorherrscht.

Früher war diese Mischwirtschaft nicht so ausgeprägt. Den Grossteil der bäuerlichen Produktion machte das Getreide aus, hauptsächlich Dinkel, eine für Süddeutschland charakteristische Weizenart, und Hafer. So säten die Bauern nach der Dreifelderwirtschaft ein Drittel ihres Landes mit Dinkel, ein Drittel mit Hafer an, während das letzte Drittel brach lag.

Wegen der geographischen Bedingungen war der Boden in dieser Gegend für die Landwirtschaft weniger ertragreich als anderswo und die landwirtschaftlichen Methoden waren eher extensiv als intensiv. (3) Eine Familie brauchte hier mehr Land als etwa in Württemberg und die Bauerngüter waren meistens grösser. Ausserdem war zu der für uns in Betracht kommenden Zeit die Grösse der Bauernhöfe nahezu unveränderlich. Geographische und menschliche Kräfte wirkten zusammen und verhinderten, dass die Bauerngüter in immer kleinere Teile aufgespalten wurden. In Übereinstimmung damit war diese Gegend eines der dünner besiedelten Gebiete Deutschlands. (4)

Ein weiteres Merkmal dieser Gegend war die Siedlungsart. Im nördlichen Oberschwaben ist das Land mit Dörfern übersät, hier dagegen herrscht der Weiler vor. (5) Daher waren die Nachbarn nicht unbedingt aufeinander angewiesen. Die Häuser standen nicht wie in einem Dorf dicht aneinander; auch die Felder waren nicht so ineinander verflochten. Die Bauernhäuser waren vielmehr ziemlich weit voneinander entfernt, von Obst- oder Gemüsegärten umgeben, manchmal mit Weideland dazwischen. Die jeweils zu einem Bauerngut gehörenden Feldstreifen waren eher grösser als im Norden. Die einzelnen Streifen eines Feldes, die zu einem Hof ge- hörten, grenzten sogar oft aneinander. Das war, wie sich später zeigen wird, für die Entwicklung der Gemeinschaft sehr wichtig. Doch ist damit noch nicht gesagt, dass diese Siedlungsform jegliche gegenseitige Abhän- gigkeit unter den Bauern von vornherein ausschloss. Ausserdem gab es, wenn auch Weiler oder Einzelgehöfte vorherrschten, einige grössere Dör- fer in der Gegend. Die folgende Statistik aus dem Jahre 1836 für das Ober- amt Ravensburg gibt uns eine Vorstellung, wie die Siedlungen, deren Haupt- merkmale seit dem 16. Jahrhundert unverändert blieben, verteilt waren. (6)

Städte	1
Dörfer	9
Weiler	263
Einzelhöfe	292
Einzelne Wohnsitze	110
(z. B. Mühlen, Schlösser)	
Gesamtzahl	675

Nur zwei dieser Dörfer hatten mehr als 250 Einwohner. Dass diese Form der Besiedlung geographische Verhältnisse spiegelt, die keine grössere Bevölkerung zuliessen, möge ein Vergleich erhärten: eine Statistik des Württembergischen Oberamtes Ravensburg aus dem Beginn des 20. Jahr- hunderts weist 53 bäuerliche Einwohner pro Quadratkilometer auf, im Ge- gensatz zu 98 im Oberamt Horb am Neckar. (7)

Der erste grosse Aufstand des Bauernkrieges fand in Oberschwaben statt. In dieser Untersuchung soll das südliche Oberschwaben im Mittelpunkt ste- hen, aber auch Ereignisse anderswo werden zu berücksichtigen sein. Eine Analyse der Kräfte der sozialen Veränderung vor 1525 wird zeigen, wie die Hauptbeschwerden, die von den Bauern vor und während des Krieges vorgebracht wurden, mit diesen Veränderungen zusammenhängen.

Ich möchte gleich zu Beginn darauf hinweisen, dass viele Fragen noch nicht beantwortet werden können, weil das Beweismaterial zu spärlich ist. So hoffe ich zum Beispiel, im Rahmen dieser Arbeit zeigen zu können, dass sich das Verhältnis der Bauernfamilie zum Grundbesitz schon vor dem Bau- ernkrieg änderte. Eine gründliche Untersuchung dieser Frage ist jedoch vorläufig unmöglich, da zu viele entscheidende Quellen fehlen. Man kann die juristische Seite dieses Verhältnisses untersuchen, aber es bleibt un- klar, wie das System in der Praxis funktionierte. Dafür wären Dokumente erforderlich, die ähnliche Auskunft geben wie die Kirchenbücher, die im 17. Jahrhundert geführt wurden. An Hand von Tauf-, Heirats- und Sterbe- Registern gelang es, Familiengeschichten zu rekonstruieren, die uns über die Grösse der Familien, das Heiratsalter der jungen Leute, die Alters- struktur der Bevölkerung und vor allem über die Zahl der heiratsfähigen Kinder unterrichten. Neben diesen Quellen gibt es in den Archiven Lager- bücher verschiedener Grundherren, die uns Einblick in die Wirtschafts- und Sozialstruktur der Dörfer gewähren. Da für unseren Zeitabschnitt lei- der keine solche vollständige Dokumentation existiert, können wir keine

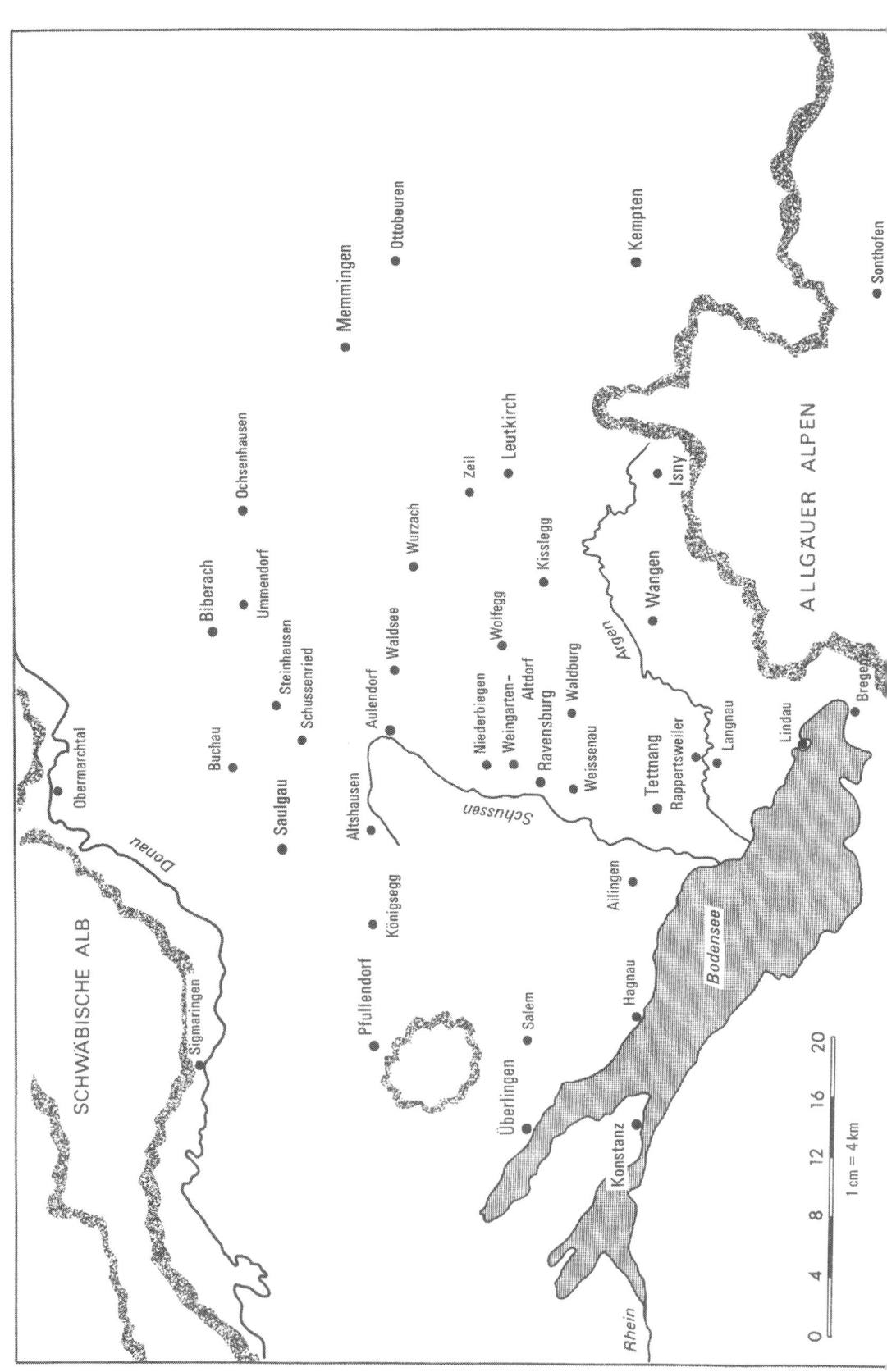

exakten Schlüsse ziehen. Es bleiben uns gelegentliche Aufzeichnungen, die zu vorsichtigen Schlüssen berechtigen, ihrerseits aber durch weitere Forschungen erhärtet werden müssen.

Die wichtigsten Quellen für unser Gebiet liegen im Württembergischen Staatsarchiv, das in Stuttgart und Ludwigsburg untergebracht ist. Die ergiebigsten Quellen stammten hier wiederum aus dem Kloster Weingarten; dieses Material wird in den Quellennachweisen den grössten Raum einnehmen. In Ergänzung dazu werden wir Quellen heranziehen, die aus den Klöstern Weissenau, Langnau, Ochsenhausen und Schussenried sowie von der Stadt Ravensburg erhalten geblieben sind. Das Material aus Ravensburg ist schwer zu benutzen, da viele Originaldokumente zu Beginn des 19. Jahrhunderts in Privathände gegeben und die Reste auf lokale Archive und das Staatsarchiv verteilt wurden. Das einzige ansehnliche Archiv einer weltlichen Herrschaft im Staatsarchiv ist das der Grafschaft Montfort-Tettnang, aber es ist für diesen frühen Zeitabschnitt leider zu lückenhaft. Unter den lokalen Archiven ist für uns besonders das Material des Stadtarchivs Ravensburg ergiebig. Eine fast gänzlich unerschlossene Quelle ist das Archiv in Schloss Wolfegg, aber das Material ist vorläufig unbenützbar und wird frühestens in vier oder fünf Jahren der wissenschaftlichen Forschung zugänglich sein. Es gelang mir, Teile des Archives von Schloss Zeil zu bearbeiten, aber dieses Material bezog sich auf Gegenden, die ausserhalb unseres Hauptinteresses liegen. Und das letzte einschlägige Archiv, das des Grafen von Königsegg, enthält fast nichts über die Zeit vor dem Dreissigjährigen Krieg.

Dieses unterschiedliche Quellenmaterial bereitet Schwierigkeiten in der Behandlung unseres Problems. Man verfällt leicht der Versuchung, Lösungen vorzuschlagen, die auf Quellen ausserhalb des gewählten Gebietes beruhen; ich habe mich jedoch bemüht, meine Schlussfolgerungen so streng wie möglich auf die Quellennachweise dieser Gegend zu beschränken. Ich werde das andere Material daher nur zur Ergänzung heranziehen, um Entwicklungen an Ort und Stelle genauer zu erklären.

Eines der Hauptmerkmale dieser Gegend im 16. Jahrhundert war die Kompliziertheit der politischen Struktur. Oberschwaben war das klassische Land der Kleinstaaterei. (8) Im 12. und 13. Jahrhundert war ganz Schwaben das Zentrum der Hohenstaufen-Macht. Nach deren Niedergang zerfiel das Gebiet in eine Vielzahl kleiner Herrschaften. Um die Reste des Reichsgutes zu wahren, begründete Rudolf von Habsburg 1278 die Landvogtei Schwaben, in deren Zentrum Ravensburg lag. (9) Ursprünglich sollte sie die Provinz Oberschwaben verwalten, die vom Lech, den Österreichischen Alpen, dem Bodensee und der Donau begrenzt war. Die Landvogtei war Reichsgut, das vom Kaiser jederzeit verpfändet, aber auch wieder eingelöst werden konnte. Am Anfang des 15. Jahrhunderts war das Pfand im Besitz des Truchsessen von Waldburg; aber gegen Mitte des Jahrhunderts versuchten die Habsburger mit der Landvogtei ihre Territorialmacht zu erweitern und so ihre österreichischen Länder mit dem Elsass zu verbinden. Zu diesem Zweck nahmen sie das Pfand zurück und verpfändeten es in der Form eines Afterpfandes an andere Herren, wobei sie diese Herren in Übergriffen auf die Rechte anderer reichsunmittelbarer Herrschaften unterstützten. Die Habsburger hatten es darauf abgesehen, die strittige Reichsunmittelbarkeit der Klöster Salem, Weissenau und Weingarten zu unterdrücken.

Im Mittelpunkt des südlichen Oberschwabens lag die freie Reichsstadt Ravensburg. Sie hatte Beziehungen zu anderen Reichsstädten dieser Gegend, wie Überlingen, Pfullendorf, Lindau, Wangen, Isny, Konstanz, Kempten, Buchau, Memmingen, Biberach, Kaufbeuren und Ulm. Fast alle diese Städte besassen einiges Land und übten die niedere Gerichtsbarkeit aus. Ravensburg besass die Gerichtsbarkeit in zwei kleineren Gemeinden. Überlingen hatte die Rechte zur Ausübung niederer Gerichtsbarkeit unter anderem in den zwei Vogteien Hagnau und Hofen am Bodensee. Viele Städte hatten auch Spitäler, die der städtischen Regierung unterstanden und auf dem Lande mehr Bodenbesitz und politische Rechte hatten als in den Städten selbst. Darüber hinaus hatten die Patrizier der Städte ausgedehnte Besitzungen; gelegentlich gelang es auch einem Patrizier, in die Ritterschaft aufzusteigen. (10) Ausser den Städten gab es eine grosse Zahl von Abteien und Klöstern, die reichsunmittelbar waren, z. B. Schussenried, Weingarten, Salem und Weissenau. Ausser kleinen unabhängigen Reichs-Rittern gab es einige grössere Herren in der Gegend. Das bedeutende Haus der Truchsessen von Waldburg teilte sich Anfang des 16. Jahrhunderts in zwei Linien. Ihr gemeinsamer Besitz erstreckte sich von der Schussen bis weit ins Allgäu, mit Waldsee, Wolfegg, Waldburg, Zeil und Trauchburg als den wichtigsten Verwaltungszentren. Westlich der Schussen lag die Herrschaft Königsegg, mit ihren Zentren Aulendorf und Königsegg. Die grösste Herrschaft südlich Ravensburgs war die Grafschaft Tettnang. Ihre Inhaber gehörten zum ehemals bedeutenden Haus der Montfort, das in Vorarlberg und im südlichen Oberschwaben ausgedehnte Besitzungen gehabt hatte.

Aus dieser Aufzählung geht hervor, dass es eine Vielzahl politischer Einheiten gab. Zum Abschluss der Einleitung gilt es noch ein Wort über die vielerlei Arten der Herrschaftsausübung zu sagen, denn sie wird in unserer ganzen Diskussion eine wichtige Rolle spielen.

Man kann etwas schematisierend vier verschiedene Verhältnisse zwischen Herr und Untertan feststellen. (11) Erstens: die Hochgerichtsbarkeit, die in dieser Gegend überwiegend dem Landvogt, teilweise auch den Grafen von Montfort-Tettnang und den Truchsessen von Waldburg zustand. Zweitens: die Niedergerichtsbarkeit, die einen vorwiegend territorialen Akzent hat. So übten die Klöster Weingarten und Weissenau in vielen Gebieten die niedere Gerichtsbarkeit, während der Landvogt die hohe Gerichtsbarkeit innehatte. Drittens: die Grundherrschaft. Das meiste Land in dieser Gegend war grundherrlich gebunden, das heisst es unterstand der Verfügungsgewalt etwa der Stadt Ravensburg, des Spitals Ravensburg, eines Bürgers von Ravensburg oder des Klosters Weingarten, und wurde in dieser Eigenschaft für eine bestimmte Zeit an Bauern verliehen. Viertens: die Leibherrschaft. Das bedeutete Herrschaft über die Person und verlieh dem Leibherrn Anspruch auf gewisse jährliche Abgaben und auf einen Teil der Hinterlassenschaft im Todesfall des Untertans (der Todfall). Die Vielfalt dieser Herrschaftsverhältnisse zu beschreiben, wird teilweise unsere Aufgabe sein; es genügt, wenn wir hier erwähnen, dass ein Bauer gleichzeitig verschiedene Herren haben konnte. Um 1525 waren die Rechte derart ineinander verflochten, dass sie Probleme schufen oder verschärften, die die Bauern dann mit einer Revolte zu lösen versuchten. Viele Herren suchten zum Beispiel ihre Rechte gegenüber Benachbarten damit zu verteidigen, dass sie die Vergabe eines Lehens von der Ergebung in die Leibeigenschaft abhängig machten. Das bedeutete, dass einigen Bauern, die normalerweise einen Besitz geerbt hätten, ihr Erbe entzogen wurde.

Um die gesellschaftlichen Veränderungen vor dem Bauernkrieg zu verstehen, werden wir auch Dokumente aus der Kriegszeit heranziehen, ohne jedoch auf Ereignisse des Krieges selbst mehr als notwendig einzugehen. Am Anfang soll jedoch der Krieg in grossen Zügen beschrieben werden, mit besonderem Hinweis auf einzelne Punkte, die für die spätere Untersuchung wichtig sind. Es sollen vor allem die lokalen Eigenheiten des Aufstandes aufgezeigt werden. In erster Linie wollen wir herausfinden, welche Bedeutung die rebellierenden Bauern den wirtschaftlichen Fragen zumassen. Gleichzeitig soll genau bestimmt werden, wer rebellierte und warum. Zu diesem Zweck werden wir uns mit dem Verhältnis von Landbesitz, Familienstruktur und den politischen Zielen des Krieges auseinandersetzen. Zuletzt werden wir untersuchen, wie weit Herren und Bauern entgegengesetzte Ziele verfolgten und wie sich die Politik der Herren auf die gesellschaftlichen Beziehungen unter den Bauern auswirkte.

KAPITEL 1

Der Verlauf des Bauernkrieges um Ravensburg

Die Untersuchung der Ereignisse im südlichen Oberschwaben wird durch die Unvollständigkeit der Quellen erschwert. Die Chronik Kesslers ist für unsere Zwecke zwar unschätzbar, aber sie behandelt hauptsächlich die Ereignisse in der Gegend des sogenannten Baltringer Haufen (1). Kessler, der in St. Gallen wohnte, stützte sich auf Schappeler und Lotzer, die nach der Niederlage der Bauern nach St. Gallen geflohen waren. Die Chronik gibt daher hauptsächlich die Ansichten und Interessen dieser beiden Männer wieder. Äusserst wichtig ist die Korrespondenz des Abts von Weingarten, der fast während des ganzen Krieges in Ulm war und dort regelmässig Berichte von seinen Amtmännern erhielt. (2) Diese Korrespondenz wird ergänzt durch eine Reihe von Briefen der Stadt Ravensburg an den Schwäbischen Bund. (3) Ausser einer vom Abt von Weissenau verfassten und illustrierten Chronik und einer anonymen Chronik aus Salem gibt es keine Originalberichte über den Krieg. (4) Die grösste Lücke in unseren Informationen entstand durch das Fehlen lokaler Beschwerdeartikel der Bauern. Es sind nur Bauernartikel erhalten, die erst gegen Ende des Krieges von den Bauern dieser Gebiete kollektiv verfasst wurden. (5) Im Norden jedoch reichte jeder Ort seine Forderungen ein; erst später wurden kollektive Beschwerdeartikel verfasst. (6) Einzelheiten über den Verlauf des Krieges selbst kann man in den Tagebüchern finden, die der Herold des Schwäbischen Bundesheeres führte, sowie in der Chronik des Schreibers des Bundeshauptmanns Truchsess Georg von Waldburg. (7)

Am Anfang des Krieges bildeten die Bauern in Oberschwaben drei Gruppen. Im Norden, in der Gegend Biberach, schlossen sich die Bauern zum Baltringer Haufen zusammen, benannt nach ihrem Treffpunkt, einem kleinen Dorf. Aus der Gegend um Kempten kam der Allgäuer Haufe; zu ihm gehörten hauptsächlich die Bauern der Abtei Kempten, des Bischofs von Augsburg, des Grafen von Montfort-Rothenfels und des Truchsess von Waldburg. Am Bodensee entstand der Seehaufe mit Bauern vieler verschiedener Herrschaften. Zu diesen Herrschaften zählten die Städte Ravensburg, Lindau und Überlingen, auch die Klöster Weingarten, Langnau, Weissenau und Salem, die Herren Königsegg und Tettnang sowie die Landvogtei Schwaben. Mit dem Seehaufe, dem kleinsten der drei Haufen, wollen wir uns beschäftigen. Alle drei schlossen sich im März 1525 zu einem Bund zusammen; wir müssen daher die Entwicklung des Bundes verfolgen.

Doch zuerst muss das Wort "Haufe" näher erklärt werden. Es hatte in jener Zeit eine militärische Bedeutung und bezeichnete eine Einheit von Landsknechten. In einzelnen Fällen bedeutete es die militärische Aufstellung der Bauern vor der Schlacht. Oft aber bezeichnete es auch einfach eine kleine Gruppe aufständischer Dorfbewohner. Als die Revolte an Stärke und Ausmass zunahm und immer mehr Bauern hinzustiessen, nannte man ein Kollektiv von Bauern, das regelrecht in einer Gruppe verbunden war, einen "Haufen". Teilgruppen eines grösseren Verbandes wurden ebenfalls "Haufen" genannt.

Am Anfang des Jahres 1525 hatte Karl V. ein grosses Heer in Norditalien stehen. Das heisst, dass sich dort viele Soldaten aus der Gegend um den Bodensee befanden. (8) Da die wirtschaftlichen Kräfte des Hauses Habsburg und dessen Hauptstütze, der Schwäbische Bund, anderweitig verpflichtet waren, stiessen die Herren und Städte auf grosse Schwierigkeiten, als es galt, mit Ausbruch der Unruhen am Anfang des Jahres Truppen für eine wirksame Gegenwehr aufzustellen. (9)

Über die anfänglichen Unternehmungen des Seehaufen wissen wir wenig. Anfang Januar baten die Städte Waldsee und Wurzach den Truchsess Jörg um Rat, falls in ihrer Gegend ein Aufstand ausbrechen sollte. (10) Am 21. Januar meldete der Königsegger, dass seine Bauern sich weigerten, den Zins zu zahlen. (11) Das ist ungefähr alles, was wir über die Ereignisse im Januar wissen. Sicher ist, dass man Aufstände erwartete und dass es Ende des Monats bereits zu Tätlichkeiten gekommen war. Doch erst spät im Februar wurde die Bewegung einigermassen organisiert.

Dietrich Hurlewagen, ein "verdorbener Kaufmann" aus der Gegend von Lindau, wurde am 22. Februar Führer des Seehaufen, der sich in einem Dorfe in der Nähe von Rappertsweiler versammelt hatte. (12) Hier trafen die Bauern, die zu Lindau, Königsegg und Montfort-Tettnang gehörten, sofort Massnahmen zur Wahl eines Hauptmanns und Rats, und schickten Abgesandte nach Bregenz und Ravensburg, um weitere Unterstützung zu suchen. (13)

In der Gegend um Ravensburg hatte man schon einige Wochen früher Unruhen erwartet. Am 13. Februar begann die Stadt, Vorbereitungen für den Ernstfall zu treffen. (14) Ungefähr zur gleichen Zeit erhoben sich die Untertanen des Klosters Weissenau aus Ummendorf, einem Dorf in der Nähe von Biberach, und schlossen sich dem Baltringer Haufen an. (15) Am 17. sandte das Kloster Weingarten alle seine Schriften und Schätze zur Verwahrung nach Ravensburg und eine Woche später erlebte es den ersten Aufstand seiner Untertanen. (16) Vier Gerichte taten sich zusammen, angeblich um sich gegen andere Bauern zu schützen. Hier kann man ein für diese Gegend charakteristisches Merkmal feststellen: Ursprünglich traf jeder Ort gemeinsame Entscheidungen über den Aufstand. Ummendorf, das zu Weissenau gehörte, rebellierte als eine Einheit. Weiter südlich, wo die Dörfer kleiner waren, trafen grössere Gerichts- und/oder Verwaltungseinheiten gemeinsam eine Entscheidung, das heisst im Falle Weingarten, jedes Gericht. Es war auch etwas Wahres an der Behauptung der vier Gerichte, sie hätten sich zu gegenseitigem Schutz zusammengetan: sie wollten ihre eigene Entscheidungsbefugnis nicht verlieren. Vertreter aus Rappertsweiler drohten anscheinend mit Gewalt, um die Gerichte zum Beitritt zu bewegen. Dies jedenfalls berichtete der Abt von Weissenau über die Versuche der Rappertsweiler, seine Untertanen zum Anschluss zu zwingen. (17) Wie sehr sie sich auch später auf Nötigung beriefen, zu jenem Zeitpunkt nahmen sie den Anschluss offensichtlich ohne heftigen Widerspruch hin.

Anfang März berief der Landschreiber der Landvogtei alle seine Untertanen nach Altdorf, um 200 als Landsknechte zum Dienst im Schwarzwald auszuheben. (18) Daraufhin rebellierten sie, und kurz danach schlossen

sie sich dem Haufen von Rappertsweiler an. Am 4. März meldete der Abt
von Weissenau, dass seine Untertanen und die des Klosters von Weingarten sich mit denen von Rappertsweiler vereinigt hätten. (19) Sie lagerten
in Ailingen und Niederbiegen; die zuletzt genannte Gruppe war etwa 3 000
Mann stark.

Durch zwei Ereignisse änderte sich nun die Situation. Am 26. Februar
siegte Karl V. in Pavia, woraufhin eine grosse Anzahl von Landsknechten
zurückkehrte; sie dienten im Heer des Bundes oder wurden arbeitslos. Infolgedessen wurden die Herren finanziell entlastet. Und am Ende des Monats erliess der Baltringer Haufe einen Aufruf zu Gesprächen zwischen
allen drei Haufen für den 6. März in Memmingen. (20)

Es lohnt sich, die Weisungen des Seehaufen an seine Bevollmächtigten
über die Ziele der Verhandlungen ungekürzt zu zitieren:

> Zum 1. begern und wellen wir, das uns das hailig Ewangelium and Wort
> Gottes clar und luter, unvertunkelt und unvermischt menschlicher Ler
> und Gutbedunken mit seinen Fruchten und cristlichem Verstand und An-
> hang durch Gelert der Hailigen Geschrift, so darzu tugenlich und guot
> sind, allain zu Unser Sel Hail geprediget, angezaigt und underwisen wer-
> den, auch dieselbigen uns mit allen cristlichen Ceremonien und Not-
> durften umbsonst und nit umbs Gelt, wie bisher geschehen ist, mittai-
> len und fursehen wollen.
> Item zum 2., das wir dieselbigen alle mit zwifacher Narung, wie uns
> der Hailig Polus anzaigt, si und die ihren gnugsam versehen wöllen.
> Item zum 3., das wir alle, so also unsere Pfarer und Underweiser des
> Wort Gottes, denen wir, wie obstat, Belonung thund, selbs mit unser
> Gemaind bestellen, setzen und entsetzen Maht haben sollen. (21)

Die Weisungen betonen vor allem also die Forderung, dass es Sache der
Gemeinde sei, Geistliche zu berufen und für deren Unterhalt zu sorgen.
Sie verlangten, dass diese nur das Wort Gottes predigten, ohne besondere
Auslegung des Textes.

Am 7. März trafen sich Abgeordnete von drei Haufen in Memmingen,
um die sogenannte "Christliche Vereinigung" zu begründen. Sie sandten
alsbald eine Eingabe an den Schwäbischen Bund, in der sie die Errichtung
des "Göttlichen Rechts" forderten; ferner stellten sie die Bedingung, nur
gemeinsam zu verhandeln.

> Nachdem sich ain ersame Landschaft diser Landart in ain christlich
> Verainigung verbunden, dem Almechtigen zu Lob, zu Auffnung des hai-
> ligen Evangeliums und Gotsworts und dem göttlichen Rechten zu Bei-
> stand .... (22)

Im grossen und Ganzen meinten sie mit "Göttlichem Recht" die Gesetze
der Heiligen Schrift. Das heisst, sie wollten alle Gesetze und Verordnungen aus dem Bibeltext begründen. Die tatsächliche Bedeutung dieser Frage
soll weiter unten im Zusammenhang mit der These behandelt werden, dass
der Bibeltext in Wirklichkeit gar nicht der entscheidende Massstab für die
Sozialverpflichtungen war, sondern dass die Bauern in erster Linie die
eigentlichen Gesetze im Auge hatten, die sie gern aufheben wollten. Ausserdem kommt in dem oben zitierten Abschnitt das Wort "Landschaft"
vor. Das ist ein entscheidender Schritt von dem Begriff einer Körperschaft, die aus einem Dorf oder Gericht hervorgeht, zu einer Korper-

schaft, die alle Mitglieder einer weiteren Gemeinschaft einschliesst, das heisst die Mitglieder, die zusammen alle drei Haufen ausmachen. Das bedeutet letzten Endes, dass die Bauern von Oberschwaben ("diser Landart") aus eigenem Recht einen Stand bilden würden.

Die "Christliche Vereinigung" setzte bei ihren Versammlungen eine Reihe von Dokumenten auf, aus denen wir viel über ihre Ziele und ihre Organisation erfahren können. Als erstes veröffentlichten sie eine "lants ordnung", die Organisation und Führung der Vereinigung festlegte. (23) Die Vereinigung teilte sich in drei Teil-Haufen, jeder mit einem "Obrer" und vier Räten. Diese waren für die offizielle Korrespondenz untereinander zuständig. Sie einigten sich auf ein geregeltes Verfahren, falls einer der drei Haufen angegriffen würde; jeder Haufe sollte sein eigenes Regiment oder eine militärische Organisation haben. Schliesslich wurden genaue Verhaltensmassregeln festgelegt.

Hieraus lässt sich zweierlei erkennen. Dörfer wurden in der Regel von einem "Ammann" oder Schultheiss und vier oder mehr Räten (Vierern) geleitet. Manchmal waren diese Amtsmänner von der Macht des Ortsherren unabhängig, aber in den meisten Fällen wurden sie von ihm direkt oder in Übereinkunft mit ihm eingesetzt. (24) Ihre Aufgaben betrafen Angelegenheiten des Dorfes; so etwa setzten sie die Erntezeit fest, sorgten für Frieden im Dorf und erliessen Gebote und Verbote. Nach dem Dokument sollte sich jeder Haufe eine Verfassung nach diesem Vorbild geben; aber was in dem Dokument als Forderung erscheint, war vorher - zum Beispiel in Weingarten oder Rappertsweiler - bereits spontan vor sich gegangen. (25) Man machte nicht nur von der Praxis der Dorfverwaltung Gebrauch, sondern auch von den Erfahrungen der Landsknechte, die wussten, wie man mit militärischen Vorschriften einen Haufen Soldaten zusammenhalten konnte. (26)

Die Abgesandten stellten ein weiteres Dokument über Führung und Ziele der Vereinigung zusammen. Der vollständige Text vom 10. März, auf den wir uns beziehen wollen, ist in Kesslers Chronik veröffentlicht. (27) Eine frühere Fassung desselben Dokuments war vom Allgäuer Haufen angenommen worden. (28) Und es gibt noch eine dritte Version, die vermutlich von Lotzer stammt. (29) Alle drei unterscheiden sich nur in einigen Einzelheiten; sie stellen den Versuch dar, der Bauernbewegung eine Bundesordnung zu geben. Die Grundlage der Vereinigung, festgelegt am Anfang des zweiten Dokuments, das für die gesamte Vereinigung gilt, war das Göttliche Recht. Davon ausgehend, gebieten der erste und zweite Artikel Gehorsam gegen jede Obrigkeit und Wahrung des Landfriedens. Ferner verpflichteten die Bauern sich zur Erfüllung aller rechtlichen Verträge, d. h. Verträge über Zins, Dienste und ähnliche Verpflichtungen. Nach Lotzers Entwurf sollten jedoch alle unverbrieften Verpflichtungen unentschieden bleiben, bis die Angelegenheit geregelt war.

> Item unbekantlich nuw erdicht Schulden, so on allen Grund der gotlichen Gerechtigkeit von etlichen bisshar erfordert und geben worden, auch Zechent, Rent, Gult und al ander Beswernus, sollent ansten bis zu Vertrag des Handels.

Weitere Artikel des Dokuments behandeln verschiedene Personengruppen, die auf dem Lande lebten. Alle Dienstleute von Herren wurden aufgefordert, ihren Eid zu widerrufen und der Vereinigung Gehorsam zu schwören, andernfalls sie das Land zu verlassen hätten. Dies konnte sich auf ziemlich grosse Personengruppen beziehen, da es offensichtlich alle betraf, die jemals einem Herren besonderen Dienst geleistet hatten. So gab es zum Beispiel in der Stadt Altdorf am Anfang des 16. Jahrhunderts an die hundert Dienstleute des Klosters von Weingarten. Die Gruppe umfasste z. B. Ammänner und verschiedene Verwaltungsbeamte des Klosters sowie eine grosse Zahl von Leuten, die für den Betrieb des Klosters gebraucht wurden, also Knechte, Pförtner, Küchenjungen etc. (30) Der Artikel über die Geistlichen setzte fest, dass sie das Wort Gottes predigen sollten. Wenn sie dem nicht nachkamen, sollten sie entlassen und ein neuer Priester ernannt werden. In Streitfällen über die Auslegung des Göttlichen Wortes sollte ein Ausschuss von Priestern zusammentreten und die Frage entscheiden. Ein weiterer Artikel bezieht sich auf die Handwerksleute, "welche ... ir arbeit noch us dem Land ziehen wolten". Sie sollten nichts gegen die Vereinigung unternehmen.

> Desgleichen sollent die Kriegsleut auch verpunden sein, welche dan in allen iren Dinsten dise cristenliche Einigkeit vorbehalten und vornemen sollent.

Aus diesem Dokument geht hervor, dass die Abgeordneten verschiedene Gruppen unterschieden, die auf dem Lande lebten und deren Interessen nicht unbedingt mit ihren eigenen identisch waren. Solch eine Gruppe waren die Dienstleute, deren Loyalität an die Landesherren gebunden war, da diese ihnen Arbeit gaben. Auch von den Handwerksleuten erwartete man nicht, dass sie mit den Aufständischen gemeinsame Sache machten. Man erwartete nicht einmal, dass sie sich anschlossen, sie sollten nur den Interessen der Bauern nicht schaden. Ferner wollte man die Landsknechte zwar unter Aufsicht halten, sie sollten aber nicht zum Anschluss gezwungen werden. Das Dokument geht offensichtlich nicht auf die Interessen aller Landbewohner ein.

Ein radikaler Zug, der in Lotzers Entwurf fehlt, erscheint sowohl in der endgültigen Fassung wie in der Allgäuer Fassung. (31) Er bezieht sich auf die Stellung der Schlösser gegenüber der Vereinigung. Es wurden Vorkehrungen getroffen, sie unter Kontrolle zu bringen. Aber nichts deutet daraufhin, dass die Herren gezwungen werden sollten, sich der Vereinigung anzuschliessen.

> Item so Schlösser würden sein dieser Lantart gelegen und nit in dieser christenlicher Vereinigung verpunden, sollen dieselben Inhaber der Schlösser mit freuntlicher Ermanung ersucht werden, das sie ir Schloss nit weiter dan mit Profand zu zimlicher Notturft versehen und dieselben Schlesser weder mit Geschütz noch Personen, die nicht in dise Vereinigung geton, besetzen.

Schliesslich gibt es zweierlei Fassungen des Eids, der allen Mitgliedern der Vereinigung abgenommen werden sollte. (32) Die erste erwähnt wiederum das Prinzip des Göttlichen Rechts und schliesst mit einer Klausel über den Gehorsam gegenüber der Obrigkeit.

> Item zum 3., das wir wider Got niemandt anderst, dann wer uns bei solhm Furenemen nit bleibn lassen, zusammengeschworn haben, und kein wider sein Herrn und Obrigkeit weiter, dann die obgeschriben Articl ausweisendt, schwern noch sein solln etc.

Die zweite Fassung hingegen verwarf alle Obrigkeit ausser der des Kaisers. Das ist ein Schritt, der radikal über das Landschaftskonzept hinausgeht, denn es heisst nichts anderes, als dass die Bauern als Körperschaft ein freier Reichsstand würden wie die Reichsstädte. Sie hätten dann praktisch das uneingeschränkte Recht zur Selbstverwaltung gehabt. Der Text lautet:

> Ir werdent schweren einen Aidt zu Gott und den Heiligen, am einigen Gott, Schöpfer Himmel und der Erden zu haben, die englische Wahrheit, göttlich Gerechtigkeit und brüderliche Liebe zu hanthaben und einen Herrn, nemlich Römische kaiserliche Majestet und keinen anderen zu haben.

Während die Abgesandten sich in Memmingen trafen, schrieb Lotzer die "Zwölf Artikel", die bald darauf als Manifest der Bauern veröffentlicht wurden. Es ist jedoch ungewiss, ob diese Artikel, die nicht viel mehr als eine Zusammenfassung der lokalen Beschwerdeartikel des Baltringer Haufen sind, jemals als Programm der "Christlichen Vereinigung" angenommen wurden. (33) Zweifellos enthielten sie die Forderungen der oberschwäbischen Bauern. Es wird unsere Aufgabe sein, sie im Lauf der nächsten Kapitel zusammen mit ähnlichen Artikeln von anderen Orten zu untersuchen.

Zur selben Zeit, als sich die Abgeordneten in Memmingen trafen, griff der Aufstand in der Gegend von Ravensburg um sich. Zwischen dem 5. und 12. März verhandelten die Haufen in Niederbiegen bei Altdorf mit den Untertanen von Aulendorf und mit den Einwohnern des Flecken Altdorf, direkt vor den Klostermauern von Weingarten. (34) Altdorf ergab sich am 12. März und erklärte Karl V. in einem notariellen Schreiben, dass ihnen nichts anderes übriggeblieben sei, als ihren Eid zu brechen und den Bauern zu schwören. (35)

Das Treffen der Bauern in Memmingen führte zu Verhandlungen zwischen der "Christlichen Vereinigung" und dem Schwäbischen Bund. Eine Woche nach der ersten Zusammenkunft reichten die Bauern eine Liste von Schiedsrichtern ein, darunter lauter bekannte Reformatoren, allen voran Luther und Melanchthon. (36) Diese Liste war für den Bund freilich unannehmbar und er verlangte daher eine neue. (37) Während die Verhandlungen andauerten, begannen die Bauern um Ravensburg, die Klöster unter Druck zu setzen: sie sollten den Bauern huldigen. Gerwig Blarer hat darauf hingewiesen, dass diese Huldigung eine Revolution der Grundlagen politischer Macht bedeutete. (38) Dieser Versuch ging über die Entscheidung der Memminger Vereinigung hinaus. Die Bauernhaufen rissen nicht nur die Macht an sich, verweigerten nicht nur jeglicher unabhängigen Autorität auf dem Lande das Recht, mit militärischen Mitteln einzugreifen, sondern waren in wenigen Monaten von lokalen Gemeindeaufständen über die Errichtung von Vereinigungen zwischen den Gemeinden, über die Entwicklung eines Planes einer oberschwäbischen Landschaft schliesslich zu einer Art Bauernrepublik gelangt. Am 11. März hatte der Bund Vertreter nach Rappertsweiler gesandt, um Beschwerde-Artikel zu verlangen. Sie wurden aufgesetzt und eingereicht. (39) Während ihr Inhalt an anderer Stelle analysiert werden soll, ist es in diesem Zusammenhang wichtig darauf hinzuweisen, dass sie lediglich eine Stimme in der Verwaltung der Justiz und der Belange der Bauern verlangten, sowie Aufsicht der Gemeinde über die Priester. Ihre Ziele waren viel enger gesteckt, bedeuteten jedoch eine wirkliche Revolution in der Verwaltung lokaler Belange. Erst als sich der Aufstand weiter entwickelte, traten radikalere Vorschläge und Aktionen in den Vordergrund, die jedoch - wie ich später beweisen möchte - im Bewusstsein der Bauern nicht sehr tief verankert waren.

Während dieser Zeit versuchte der Bund nur Zeit zu gewinnen. Die führende Partei der Adeligen dachte nicht daran, sich in Kompromisse mit den Bauern einzulassen. Leonhard Eck, bayerischer Kanzler, Führer dieser Adelspartei, schrieb am 16. Februar, dass es relativ leicht wäre, die Aufstände einfach zu unterdrücken und dass jene, die eine friedliche Lösung suchten, nur kleinmütig seien.

> Ich pin der Meinung gewest, man solte nach irem Hauptman tracht haben, deme man auch mit 10 Pferden hete erobern und zu Venknus pringen megen. Aber die guten fromen Leut wainten schir ob meinem Ratschlag und Gutbedünken. (40)

Am 13. April schrieb er, dass sich die Bauern der Anwendung von Gewalt nie hätten widersetzen können:

> Ich hab warlich pisher nichts erschrockenlichers befunden, den ain unerherte Klainmütigkeit aller Obern. Wo man sich auch ain wenig zu Were gestelt, haben die Paurn nichts erobert. (41)

Die Friedenspartei des Bundes, angeführt von den Städten, wollte eine Versöhnung zustande bringen; doch hatten sich die Fronten bis zum 21. März schon verhärtet. Die Bauern wandten ihre Landesordnung nun wirklich in der Praxis an und zwangen Städte und Dörfer, die noch nicht zur Bewegung gehörten, zum Anschluss. Am 15. März schrieb der Abt von Isny an den Truchsess Wilhelm von Waldburg, dass die Bauern sechs der Landsknechte, die als Schutz auf Schloss Trauchberg eingesetzt waren, gefangen genommen und zu einem Eid gezwungen haben, der sie verpflichtet, sich in die Unternehmungen nicht einzumischen. (42) Als sich die Haltung des Bundes verhärtete und die Befürworter des Krieges die Oberhand gewannen, beschlossen die Städte als Vermittler einzugreifen. Am 23. März schlug Memmingen ein Städtetreffen für den 27. vor, auf dem Schritte für einen Ausgleich erwogen werden sollten. (43)

In ihrem Einladungsbrief gaben sie der Sorge Ausdruck, dass es zu Aufständen innerhalb der Städte selbst kommen könne. Überall gebe es ungute Gefühle zwischen den Stadträten und Gemeinden. Würde der Bauernaufstand nicht friedlich geregelt, würden auch die Städte von Unruhen ergriffen werden. Inzwischen machten die Städte von ihrem Einfluss Gebrauch und erreichten einen achttägigen Waffenstillstand zwischen den Bauern und dem Bund. (44)

Doch die Bauern merkten, dass der Bund nur Zeit gewinnen wollte und wurden folglich immer radikaler. Am 26. März meldeten die Mönche des Klosters Weingarten dem Abt, dass sie gezwungen worden waren, der Bauernvereinigung zu huldigen. (45) Etwa zur gleichen Zeit zwangen die Bauern um Salem die Diener des Klosters, einen Gehorsams-Eid abzulegen, und später, am 4. April, zwangen sie den Abt, ihnen zu huldigen. (46) In der ganzen Gegend kam es zu Gewalttaten der Bauern, um der Opposition zuvorzukommen; sie machten ihrer Enttäuschung Luft, indem sie Klöster plünderten und zerstörten. Das bekannte Bild der Weissenauer Chronik, auf dem man Bauern in seinem Kloster herumwüsten sieht, stammt aus dieser Zeit. (47) Was wie Anarchie aussah, war die Folge der Tatsache, dass es den Bauern nicht gelungen war, ihren Forderungen Gehör zu verschaffen. Am 30. März stand Truchsess Georg mit der Armee des Bundes in Ulm bereit, um mit Gewalt gegen die Bauern einzuschreiten.

Nach Ende März und bis zur Kapitulation der Bauern versuchten die Städte zu verhandeln. Das Städte-Treffen am 27. März entsandte zwei Bürgermeister nach Ulm, die einen friedlichen Ausgleich herbeiführen sollten. (48) Neuerlich gaben sie der Sorge Ausdruck, dass die Gemeinden der Städte sich auf die Seite der Bauern schlagen könnten. Sie legten Wert darauf, die Bauern wissen zu lassen, dass sie selbst neutral waren. Anfang April baten sie den Bund, keine Schritte mehr gegen die Aufständischen zu unternehmen; gleichzeitig liessen sie die Bauern wissen, dass sie versuchten, Verhandlungen in Gang zu bringen. (49) Der Bund jedoch benutzte die Verletzung des Waffenstillstandes seitens der Bauern als Vorwand, um auf harten Kurs zu gehen. (50) Die Städte hatten mit ihren Vermittlungsversuchen somit nichts erreicht, was den Ereignissen eine neue Wendung gab.

Am 5. April berichtete der Führer der Bauern von Altdorf, dass die Klöster Weingarten und Weissenau und das Verwaltungszentrum des Deutschordens, Altshausen, besetzt worden seien. Königsegg, Aulendorf und Wolfegg wurden ebenfalls eingenommen. (51)

Inzwischen begann das Heer des Bundes eine Reihe von Gefechten gegen die Bauern. Am 3. April schlug es in Leipheim bei Ulm eine Gruppe in die Flucht und blieb in Leipheim bis zum 11. (52) Am 14. besiegte der Truchsess Georg seine eigenen Bauern in Wurzach und lagerte am Tag darauf in der Nähe von Weingarten. Hier stand der Truchsess einer Überzahl gegenüber, da die Reihen der Feinde kräftig von Landsknechten unterstützt wurden. Der Truchsess wollte dieser Begegnung ausweichen und nahm die Vermittlung des Grafen von Montfort und der Stadt Ravensburg an. Am 18. April unterzeichnete er den Vertrag von Weingarten, der einige Tage später auch vom Allgäuer Haufen unterschrieben wurde. Danach wandte sich das Heer nach Norden, zog nach Franken, und liess die Angelegenheiten dieser Gegend vorläufig auf sich beruhen. (53) Während der nächsten Monate gab es zwar Unruhen und man befürchtete ein neuerliches Aufflackern des Aufstandes, aber die Bauern des Seehaufen liessen keinen Zweifel daran, dass sie sich keinem Aufstand mehr anschliessen würden. (54)

Der Vertrag von Weingarten stellt zwar einen Rahmen dar, innerhalb dessen Streitfragen geschlichtet werden konnten, aber in Wirklichkeit bedeutete er die Kapitulation der Bauern. (55) Im Vorwort mussten sie zugeben, dass sie gegen die legale Obrigkeit konspiriert hatten. Damit wurde von Anfang an festgehalten, dass ihre Vereinigung sowie der erzwungene Eid der Herren und Lehensmänner ungesetzlich war. Die Bauern wurden verpflichtet, ihre Vereinigung aufzulösen und alle Bindungen, die damit zusammenhingen, zu widerrufen sowie sich nie mehr zu verbünden. Das war natürlich für die Herren das Entscheidende. Wiederholt hatten sie Mittel und Wege gesucht, um eine Verbindung zwischen Untertanen verschiedener Herren zu verhindern. Und tatsächlich hatte es der Schwäbische Bund anfangs abgelehnt, ihr gemeinsames Vorgehen anzuerkennen. (56) Nach dem Vertrag durfte der Untertan jedes Herrn nur mit diesem

allein verhandeln; falls er damit keinen Erfolg hatte, konnte er nur auf dem
Wege komplizierter Schiedsgerichtsverfahren weiterkommen. Ferner mussten die Bauern zustimmen, dass sie Abgaben leisten und allen Verpflichtungen nachkommen würden, solange durch Verhandlungen nicht bewiesen
war, dass sie nicht recht und billig seien.

Der springende Punkt für die Bauern war, dass die Schiedsrichter nun
eindeutig bestimmt waren: in einem Streitfalle stand es jeder Partei offen,
zwei oder drei Städte zu wählen, um den Streit zu schlichten. Wenn es sein
musste, hatte der Erzherzog von Österreich das Recht, ein endgültiges
Urteil zu sprechen. Die Führer des Bundes waren mit diesem Punkt kei-
nesfalls einverstanden. (57) Für sie sah es so aus, als habe Truchsess
Georg kapituliert. Sie machten geltend, dass die Städte während des Krieges eine zweideutige Rolle gespielt hätten und ihnen die Interessen des Bundes bestenfalls gleichgültig waren. Der Truchsess verteidigte sich gegen
diese Anklage mit der Behauptung, der Vertrag sei in einer Zwangslage
zustande gekommen, denn wenn er sein Heer aufs Spiel gesetzt und verloren hätte, wären die Städte zu den Bauern übergegangen und die Herren
wären in einer unhaltbaren Lage gewesen. (58) Ausserdem war Georg weit-
sichtig genug, um zu erkennen, dass der von ihm eingerichtete Schlich-
tungsapparat nie funktionieren würde. Die Hauptsache war, dass die Bauernbewegung zersplittert worden war. Innerhalb weniger Jahre schlichteten die meisten Herren die Differenzen mit ihren Bauern. Es wurden wenige Reformen vorgenommen und kein einziger wesentlicher Grund zur
Beschwerde behoben. Die Vereinbarungen zwischen Truchsess Georg und
seinen Bauern, die in Kapitel 5 behandelt werden sollen, existieren noch,
doch ist es mir nicht gelungen, die entsprechenden Vereinbarungen der
anderen Herren zu finden. (59) Da die Unterlagen in Weingarten für diese
Periode ziemlich vollständig sind, ist es möglich, dass überhaupt keine
Vereinbarungen getroffen wurden.

Es erscheint angebracht, an dieser Stelle zusammenzufassen, was wir
bisher aus dem Verlauf des Aufstandes erfahren haben. Die eigentlichen
Anliegen und Beschwerden sollen, wie schon gesagt, in den folgenden Kapiteln behandelt werden. Als erstes fällt auf, dass die Organisation der
Bauerngruppen vor allem aus der Erfahrung stammte, die sie in der Führung von Angelegenheiten des Dorfes hatten. Diese Organisation, ergänzt
durch Erfahrungen im Militärwesen, ermöglichte es, dass sich die Revolte
so rasch ausbreitete und dass auf jeder Ebene dasselbe organisatorische
Vorbild auf immer grössere Gruppen ausgedehnt werden konnte. Als erstes wählten die Bauern gewöhnlich einen Hauptmann und einen Rat. Das
Wort Hauptmann wurde möglicherweise aus dem militärischen Gebrauch
entlehnt und würde in diesem Fall auf eine Aufstandssituation hindeuten.
(60) Oft findet man auch, dass ein Schultheiss gewählt wurde. Es ist gut
möglich, dass der Schultheiss den zivilen Aufgaben nachkommen sollte,
der Hauptmann hingegen mit der Verteidigung und der Führung des Aufstandes selbst betraut war. Als die Bauern in Memmingen ihre Organisation beschrieben, wurden diese zwei Elemente ihrer Verfassung jedenfalls genau angegeben.

Bis Mitte März konnten die Bauern behaupten, dass sie nur friedliche
Absichten hatten; dem widersprachen auch ihre Taten nicht. Denn bis da-
hin gab es nur unbedeutende Plünderungen. Im Grossen und Ganzen ging
es den Haufen darum, den Aufstand auszudehnen, mehr Bauern zu gewin-

nen und die Voraussetzungen für Verhandlungen zu schaffen. In ihren Programmen verlangten sie Vermittlung, die überhöhte Abgaben beseitigen sollte; bis eine Entscheidung gefällt war, weigerten sie sich, diese Abgaben zu entrichten. Das Prinzip der Zinszahlung selbst wurde jedoch nie angegriffen. Im Grunde steckten sie ihre Ziele nicht weiter als bis zur Erweiterung und Festigung der Selbstverwaltung des Dorfes. Insofern war ihre Vereinigung nicht auf Dauer gedacht; erst als sie auf die Opposition und Verzögerungstaktik des Schwäbischen Bundes stiess, wurde die Bewegung radikal; der Druck der Opposition brachte ihnen ihre Verbundenheit zum Bewusstsein. Aber dieses neue Bewusstsein reichte nicht aus, wenn es wirklich zu Taten kam. Sie zersplitterten sich, es gelang ihnen nie, alle ihre Kräfte gegen den Schwäbischen Bund ins Treffen zu führen. Es ist völlig klar, dass die Bauern nicht im Traum an ein vereinigtes Deutschland oder gar an eine vereinigte Bauernrepublik dachten. (61) Es war eine Bewegung aus dem Dorf, die das Dorf zum Ziel hatte. Dass die radikaleren Vorstellungen über das, wofür sie zu kämpfen bereit waren, hinausgingen, geht aus ihrer Abneigung gegen Schlachten hervor; sie gab-den Ausschlag, selbst als sie mit vielen Soldaten in ihren Reihen bei Weingarten dem Bund zahlenmässig überlegen waren.

Ferner ergibt sich aus dieser Übersicht, dass der Aufstand in erster Linie von jenen Mitgliedern der Landbevölkerung getragen wurde, die Landwirtschaft betrieben; wir werden später auf diesen Punkt zurückkommen. Organisation und Führung beruhten auf Organisation und Führung der Dorfgemeinschaft, die, wie sich zeigen wird, nur jene einschloss, die Bauernhöfe besassen oder geliehen hatten. Sie erwarteten nicht, dass die Handwerksleute mit ihnen gemeinsame Sache machten. Ferner waren grössere Gruppen, die zwar im Dorf wohnten, für ihr tägliches Auskommen jedoch von den Herren abhingen, d. h. Dienstleute, oft gegen die Bestrebungen der Bauern eingestellt. Diese Leute wurden ziemlich spät im März gezwungen, sich anzuschliessen. Dass sie als Gruppe eine Rolle spielten, geht deutlich aus der Tatsache hervor, dass zum Beispiel in Altdorf fast hundert Dienstleute aus dem Kloster Weingarten wohnten. (62) Fünfzig Jahre lang hatten Stadt und Kloster um die Stellung dieser Leute gestritten, da Altdorf einen entscheidenden Einfluss über sie erstrebte. (63)

Eine andere Gruppe, deren Interessen nicht unbedingt mit denen der Bauern zusammenfielen, waren die Landsknechte, da ihr Lebensunterhalt von der Arbeit abhing, die ihnen die Herren gaben. Selbst wenn ihre Brüder und Väter Bauern waren, konnte man sich nicht auf ihre Loyalität verlassen. Der Bund schickte den Bauern zwar Soldaten entgegen, die ursprünglich selbst von Bauern abstammten, aber Truchsess Georg hatte sie aus dem Schwarzwald geholt. Sie waren zwar bereit, gegen die Bauern in Oberschwaben zu kämpfen, aber wenn es daran ging, gegen ihre eigenen Verwandten vorzugehen, liess ihre Loyalität sehr zu wünschen übrig. (64) Schliesslich befürchteten die Städte während des ganzen Krieges einen Aufstand ihrer eigenen Gemeinden. In mehreren Fällen bewirkten die Zünfte einen internen Aufstand, oder beabsichtigten ihn zumindest. (65) Aus Überlingen, Ravensburg und Biberach kamen Berichte, dass die Stadtbevölkerung mit den Bauern zusammenarbeitete. (66) Dabei darf man allerdings nicht vergessen, dass viele Stadtbewohner ihrerseits Bauern waren. In Ravensburg gab es Bürger, deren Lebensunterhalt einzig und allein aus den Einkünften eines Bauerngutes in der Umgebung floss. Ferner arbei-

teten wahrscheinlich viele Tagelöhner zeitweise als Landarbeiter. Obwohl
die zwei Gruppen oft sympathisierten und gelegentlich sogar eng zusam-
menarbeiteten, stellten sich die Gemeinden niemals ganz auf die Seite der
Bauern. Worum es den Städten hauptsächlich ging, lässt sich aus einem
Brief aus Memmingen ersehen. (67) Zur Zeit, als der Aufstand seinen Höhepunkt erreicht hatte und eine ernsthafte Gefahr darstellte, erschienen
die Bauern kaum mehr an den regelmässigen Markttagen in der Stadt. Dies
rief eine wirtschaftliche Unsicherheit hervor, die wiederum die Unruhe
weiter schürte. Wäre es tatsächlich zu einem Aufstand der Städte gekommen, so wären die Ziele, die dadurch erreicht worden wären, vom Standpunkt der Bestrebungen der Bauern aus gesehen, unter den gegebenen Umständen ohne Konsequenz gewesen.

Schliesslich legten die Bauern grossen Wert auf das Prinzip des "Göttlichen Rechts", das um Ravensburg und anderswo die Grundlage ihres Pro-
gramms darstellte. Die Aufrichtigkeit ihrer religiösen Überzeugung steht
hier nicht in Zweifel, aber es ist schwer, zwischen ihren weltlichen und
geistigen Forderungen zu unterscheiden. Untersucht man die Wirklichkeit
hinter dem Verlangen nach "Göttlichem Recht" und dem Prinzip der Gerechtigkeit, dann entdeckt man all die weltlichen Streitfragen, um die sie
fünfzig und mehr Jahre gekämpft haben. In gewisser Weise wurde das Prinzip des "Göttlichen Rechts" von den Predigern importiert, um für die Probleme einer Zeit grosser gesellschaftlicher Umschichtung eine Erklärung
geben zu können. (68) Das Programm der Bauern selbst jedoch, soweit es
religiöse Fragen betrifft, zeigt nur die Kehrseite ihrer weltlichen Bemühungen. Kontrolle der Gemeinde über Rechtsprechung und über Religion
sind eng miteinander verbunden. In den nächsten Kapiteln sollen nun die
Beschwerden der Bauern untersucht werden, um die besonderen Hintergründe ihres Aufstandes zu klären. Es wird sich zeigen, dass viele ihrer
weltlichen und religiösen Anliegen derselben Quelle entsprangen.

KAPITEL 2

Wirtschaftliche Probleme: Abgaben und Lehen

Um die wirtschaftliche Lage der bäuerlichen Gesellschaft im südlichen Oberschwaben zu beschreiben, kann man auf verschiedene Arten von Dokumenten zurückgreifen. Es gibt zunächst die Beschwerden, die von den Bauern selbst während des Aufstandes verfasst wurden. Die Bauern um Memmingen und Biberach zum Beispiel setzten eine lange Liste besonderer Beschwerdeartikel auf, die sich mit ihren regionalen Problemen beschäftigten und in denen Reformen vorgeschlagen wurden. Auf der Grundlage dieser Artikel wurden verschiedene allgemeinere Beschwerden für die ganze Gegend aufgezeichnet, wie zum Beispiel die "Zwölf Artikel".

Die lokalen Beschwerdeartikel sind unschätzbar für ein Verständnis der Haltung der Bauern. Sie wurden von den Dorfbewohnern selbst unter ihren eigenen Führern zusammengestellt; diese Führer waren im allgemeinen gutsituierte Lehensbauern oder Amtmänner des Dorfes. Insofern ist es ein Nachteil der allgemeinen Programme, dass sie gewöhnlich nicht von den Bauern selbst geschrieben wurden. Die "Zwölf Artikel" wurden zum Beispiel von Sebastian Lotzer verfasst, einem Handwerksmann und Laienprediger aus Memmingen, dem der Stadt-Prediger Schappeler dabei half. Vom Bodenseehaufen, zu dem die Bauern des südlichen Oberschwaben gehörten, haben wir keine lokalen Aufzeichnungen, sondern nur das allgemeine Programm, die sogenannten "Rappertsweiler Artikel". Sie wurden am 11. März von den Bauern des Seehaufen unter der Führung eines Bürgers von Lindau, Dietrich Hurlewagen, zusammengestellt.

Da es keine lokalen Beschwerdeartikel aus dem südlichen Oberschwaben gibt, werden wir Artikel aus anderen Gegenden heranziehen; um herauszufinden, ob die Beschwerden auch auf diese Gegend übertragen werden können, werden wir anderes Beweismaterial suchen. In einer Reihe von Beschwerdeartikeln der Bauern um Baltringen verschiebt sich das Gewicht jeweils auf ein anderes Problem. In einigen geht es zum Beispiel mehr um die Veräusserung gemeinsamen Landes (Allmende), in anderen dagegen hauptsächlich um die Leibeigenschaft.

Der allgemeine Inhalt aller dieser Artikel ist weitgehend bekannt. Die Bauern wollten die Berufung von Dorfpfarren und Amtmännern unter ihre Aufsicht bringen. Sie wollten die Verwaltung des Zehnten selbst in die Hand nehmen, daraus ihre eigenen Priester versorgen und den Rest für die Armen des Dorfes verwenden. Ferner beklagten sie sich über Veräusserung gemeinsamen Landes und Waldes sowie über die Fischerei- und Jagdrechte. Es gab auch verschiedene wirtschaftliche Beschwerden; einige machten geltend, dass die Dienste übertrieben waren und stets anwuchsen, während andere meinten, dass sie nur ungleich waren. Ausserdem wiesen sie daraufhin, dass die Abgaben für viele Bauerngüter zu hoch waren und oft hiess es, die Abgaben würden ständig erhöht. Schliesslich wurde in den meisten Artikeln über die Leibeigenschaft geklagt. Mit dieser Leibeigenschaft ging meist ein ziemlich hoher Todfall Hand in Hand und sie brachte verschiedene andere Beschränkungen auf dem Gebiet der Eheschliessung und des Erbrechts.

In diesem Kapitel soll die Frage untersucht werden, ob die Abgaben für die Bauern nördlich des Bodensees gestiegen sind; wir wollen versuchen zu zeigen, dass sie sich wahrscheinlich nur unbedeutend erhöhten. Das wird durch die Tatsache unterstützt, dass vielen Bauern die Lehen auf lange Zeit verliehen wurden. Doch muss man dabei vorsichtig sein, da die Verhältnisse von Herrschaft zu Herrschaft sehr verschieden sein konnten. Im dritten Kapitel wird die Untersuchung der wirtschaftlichen Probleme und deren Zusammenhang mit der Bevölkerungszunahme fortgesetzt werden. Denn das Bevölkerungswachstum führte dazu, dass die Allmende (gemeinsames Land) von mehr Menschen benützt wurde, was wiederum einen Konflikt zwischen Tagelöhnern und Lehensbauern heraufbeschwor. Im vierten Kapitel werden wir zur Frage der Abgaben zurückkehren und versuchen, die wirtschaftliche Rentabilität der Bauerngüter zu errechnen; denn selbst wenn sich die Abgaben nicht erhöhten, konnten die Höfe mit Abgaben überlastet sein. Im fünften Kapitel werden wir die wirtschaftlichen Auswirkungen der Leibeigenschaft untersuchen und auf die Schwierigkeiten eingehen, die sich daraus für die Erbschaft ergaben. Zum Abschluss werden wir die gesellschaftliche Grundlage der Gemeinde-Bewegung betrachten und zeigen, dass dahinter eine Spaltung zwischen Bauern und Tagelöhnern stand.

Der direkteste Weg zum Verständnis der wirtschaftlichen Situation ist die Untersuchung der Zinsrödel und Lehensreverse, die die Verpflichtungen der Leheninhaber gegenüber ihren Herrn beschreiben. Viel Material ist für unser Gebiet allerdings nicht erhalten. Über die Gegend um Tettnang unter der Herrschaft der Grafen von Montfort gibt es keine genauen Daten, obwohl einiges Archivmaterial existiert. (1) Vollständiger sind die Quellen im Schloss Wolfegg, die aus verschiedenen Verwaltungsbezirken der westlichen Hälfte der Besitzungen des Truchsess von Waldburg zusammengetragen wurden. (2) Hauptsächlich werden wir uns auf die Dokumente des Klosters Weingarten stützen, die ein gutes Bild der wirtschaftlichen Bedingungen am Anfang des 16. Jahrhunderts geben. (3) Man darf jedoch nicht vergessen, dass die Verhältnisse von Ort zu Ort sehr verschieden sein konnten. Es ist zwar möglich, unsere Ergebnisse durch Hinweise auf ähnliche Dokumente der Stadt Ravensburg (4) und des Klosters Weissenau (5) zu ergänzen, doch wird damit das Bild eher abgerundet als vervollständigt.

Vom Kloster Weingarten sind mehrere tausend Lehensreverse und Lehensbriefe aus dem 15. und 16. Jahrhundert erhalten. Sie führen den Namen des Empfängers des Hofes an, die Bedingungen, unter denen er ihn bekommt, und die Höhe der jährlich zu entrichtenden Zinsen und anderen Abgaben. Oft wird der Name des vorhergehenden Lehensmannes angegeben, was uns die Möglichkeit gibt, die Geschichte eines Bauernhofes über mehrere Generationen zu verfolgen. Leider ist nur ein Teil der originalen Lehensreverse aufbewahrt worden, so dass wir nur die Geschichte einiger weniger Höfe rekonstruieren können. Eine Analyse wird noch dadurch erschwert, dass viele Lehensreverse den Namen des vorhergehenden Besitzers nicht aufweisen. Ausser den Lehensreversen gibt es Zinsrödel aus den Jahren 1432, 1433, 1447, 1458, 1490 und 1509. (6) Sie helfen uns nur in wenigen Fällen, da die Angaben weder einheitlich noch vollständig sind. Die zwei aus den Jahren 1432 und 1433 führen nur die Abgaben in Geld an und sagen nichts über die Abgaben in Naturalien. Der Rodel von 1447 ist so unvollständig, dass man ihn kaum verwenden kann. Sehr vollständig und nützlich ist der Rodel aus dem Jahre 1458, aber er erwähnt nur Bauernhöfe östlich der Schussen. Der Rodel von 1490 ist unvollständig und enthält auch nur die Abgaben in Geld. Der von 1509 erwähnt schliesslich nur die Abgaben an das Kustoreiamt.

Obwohl die Auswertung der Zinsrödel enttäuschend ist, helfen sie doch gelegentlich, die Besitzverhältnisse eines Bauernhofes zu verfolgen. Ferner gibt es ein fünfbändiges 1531 begonnenes Urbarbuch, in dem alle Bauernhöfe, die dem Kloster gehören, aufgezählt sind; schliesslich enthält es genaue Angaben über den Umfang des Landes, das zu jedem Hof gehörte und über die Abgaben, zu denen die Lehensbauern verpflichtet waren. (7)

Nun zur Analyse dieser Dokumente; wir möchten zunächst versuchen herauszufinden, ob "Zinsen und Hubgülten" (Abgaben in Naturalien) vor dem Bauernkrieg gestiegen sind. Dies führt uns zur Untersuchung der Lehensreverse, in denen Dauer und Bedingungen des Kontrakts festgelegt sind. Zu diesem Zweck habe ich alle Reverse von sechs grösseren Dörfern zwischen 1400 und 1559 ausgewählt, um herauszufinden, auf welche Dauer ein Vertrag in jener Zeit abgeschlossen wurde. (8) Bauernhöfe wurden nur selten für eine bestimmte Zeit verliehen, das heisst genau nur zweimal in diesen Dokumenten. Auch die Fälle, in denen ein Hof an mehrere Brüder auf Lebenszeit verliehen wurde, können unberücksichtigt bleiben. Die übrigen Verträge liefen entweder auf Lebenszeit einer Person oder eines Ehepaares, auf Lebenszeit von Eltern und Kind oder auf "drei Lebtag". In dem zuletzt genannten Fall hiess es in dem Dokument ausdrücklich, dass der Hof auf Lebenszeit des Vaters, der Mutter, aller oder eines bestimmten Kindes vergeben wurde. Die übrigen insgesamt 96 Verträge können folgendermassen aufgeteilt werden:

Tab. 2.1 Leiheform der Weingartner Höfe

Zeitabschnitt	Drei Lebtag	Elternteil Kind	1 Leben	Ehepaar
1400-1439	1	-	4	1
1440-1449	3	1	3	-
1450-1459	2	1	-	-
1460-1469	5	-	-	1
1470-1479	2	1	-	1
1480-1489	4	-	-	-
1490-1499	8	-	-	2
1500-1509	7	1	-	-
1510-1519	6	1	1	-
1520-1529	10	1	-	1
1530-1539	7	-	2	-
1540-1549	3	-	-	6
1550-1559	-	1	-	6

Daraus ergibt sich, dass von 1440 bis 1540 die Verträge normalerweise auf "drei Lebtag" abgeschlossen wurden, das heisst, dass ein Hof über zwei Generationen verliehen wurde. Die Höfe, die auf Lebenszeit eines Elternteils mit Kind verliehen wurden, können auch zu dieser Art von Verträgen gezählt werden. Vor 1440 war es üblich, den Hof nur auf Lebenszeit eines einzigen Mannes zu verleihen. Nach 1540 war die Lebenszeit eines Ehepaares die übliche Vertragsdauer. Während wir auf das Problem der Erbschaft noch zurückkommen werden, beschäftigt uns hier zunächst die wirtschaftliche Bedeutung dieser Verträge für die Bauern.

Im Untersuchungsgebiet gab es vier verschiedene Besitzformen. Im 16. Jahrhundert gab es noch viel f r e i e i g n e s Gut. Man findes es im Osten von Weingarten, um Leutkirch und südwestlich von Ravensburg. Tatsächlich bewahrten viele Bauern dieses Gebietes ihre wirtschaftliche Unabhängigkeit bis ins 19. Jahrhundert. Aber die Masse der Bauern besass L e - h e n von einem Grundherren. Viele besassen solch ein Lehensgut als E r b - l e h e n , in diesem Falle waren die Abgaben auf unbegrenzte Zeit festgesetzt, ausser wenn der Hof wegen Missbrauch verwirkt wurde oder die Familie keine Nachkommen hatte und an die Herrschaft heimfiel. Der Hof konnte auch für bestimmte Zeit oder auf einen oder mehrere "Leiber" verliehen werden (einleibfähig, zweileibfähig, etc.). Dies nannte man F a l l e - h e n , das heisst, dass der Hof nach dem Erlöschen des Vertrags an den Herrn zurückfiel. (9)

Obwohl es mir nicht möglich war, die einschlägigen Urkunden in Schloss Wolfegg alle ausführlich zu studieren, liess sich doch nach kurzem Einblick erkennen, dass der Truchsess von Waldburg ein Gut für eine bestimmte Zeit (meistens auf die Dauer von zehn bis zwanzig Jahren) zu verleihen pflegte. (10) Nach Ablauf dieser Frist fiel der Hof wieder an den Herrn zurück, der ihn gegen Entrichtung einer Gebühr ("Erschatz") wieder weiterverlieh. Die Höhe des Erschatzes war offensichtlich sehr unterschiedlich und man kann wohl annehmen, dass sie sich den Preisschwankungen anpasste. Andererseits scheinen Zinsen und Hubgülte konstant gewesen zu sein.

Anders war die Praxis der Stadt Ravensburg. Im 15. Jahrhundert wurdie die Bauernhöfe von ihr oft auf Lebenszeit eines Ehepaares verliehen, aber häufiger als E r b l e h e n . Nach 1480 begann die Stadt, die Höfe von den Erben zurückzukaufen und sie dann als F a l l e h e n zu verleihen. In den Urkunden der Fallehen werden keine Gebühren für die Übernahme eines Hofes erwähnt. Leider sind die Unterlagen aus Ravensburg unvollständig, aber man kann die Geschichte einiger Bauerngüter rekonstruieren; fünf besondere Fälle aus dieser Reihe sollen hier untersucht werden. In allen fünf Fällen ist nichts über die Grösse der Güter erhalten; ebensowenig ist festzustellen, ob sie von unterschiedlicher Grösse waren. Doch so weit es die Lehensreverse betrifft, die ich untersucht habe, wurden alle neuen Grundstücke getrennt ausgeführt, und damit zugleich auch jeder neue Lehensrevers. In den hier genannten fünf Fällen wurden derartige Neuerwerbungen nicht erwähnt.

1442 wurde ein Gut in Greckenhof an Ulrich Mädler als Erblehen verliehen. Nach seinem Tod wurde das Gut unter fünf Erben aufgeteilt. Zwischen 1492 und 1494 wurden vier dieser Anteile von der Stadt aufgekauft. Es existieren die Verträge für vier Fünftel des Gutes, als es 1510 auf sechs Jahre verliehen wurde. 1520 kaufte die Stadt das letzte Fünftel. Schliesslich

gibt es einen Lehensrevers aus dem Jahre 1568, als der Hof auf Lebenszeit an ein Ehepaar verliehen wurde. (11) Die Geschichte des Hofes sieht
so aus:

Jahr	Art des Vertrages	Zins
1442	Erblehen	10 Schef. Dinkel 8 Schef. Hafer 3 Pfd., 6 Schil.
1510	4/5 Fallehen (6 Jahre)	12 Schef. Dinkel 10 Schef. Hafer 2 Pfd., 12 Schil. 10 d. 4 Hühner, 80 Eier
1568	Fallehen (Lebenszeit)	18 Schef. Dinkel 15 Schef. Hafer 3 Pfd., 10 Schil. 13 Hühner, 200 Eier

In diesem Fall wurde der Zins von der Stadt erhöht als das Gut aus einem
Erblehen zu einem Fallehen wurde. Die Stadt veränderte auch den Zins
jeweils nach Erlöschen des Vertrags. Ein Erschatz wurde hier anscheinend nicht eingehoben.

Aus Nessenbach gibt es zwei Beispiele für Fallehen. (12)

Jahr	Art des Vertrages	Zins
1. 1489	Fallehen (Lebenszeit)	5 Schef. Dinkel 2 Schef. Hafer 8 Schil. 3 Hühner, 30 Eier
1518	Fallehen (Lebenszeit)	7 Schef. Dinkel 3 Schef. Hafer 1 Pfd. 2 Hühner, 30 Eier
2. 1489	Fallehen (Lebenszeit)	2 Schef. Dinkel 1 Schef. Hafer 10 Schil. 3 Hühner, 30 Eier
1555	Fallehen (Lebenszeit)	2 Schef. Dinkel 1 Schef. Hafer 10 Schil. 3 Hühner, 30 Eier

Im ersten Fall wurde der Zins hinaufgesetzt, doch im zweiten blieb er für
ziemlich lange Zeit gleich.

Aus Buttenmühle kommt ein Beispiel für einen Hof, der ein Erblehen blieb. (13) 1432 wurden Mühle und Hof als Erblehen von der Ravensburger Familie Humpis verliehen. Wir besitzen die Reverse für die Mühle aus den Jahren 1432, 1473, 1506, 1509 und 1511. Im Jahre 1526 verkaufte ein Humpis den Besitz an die Stadt. Schliesslich gibt es noch einen Revers von 1580, der das Gut immer noch als Erblehen ausweist. Der Zins blieb die ganze Zeit hindurch gleich.

Es bleibt uns ein letztes Beispiel aus Detzenweiler. (14) Zwischen 1464 und 1466 verkauften verschiedene Erben ein freieignes Gut an einen Bauern. 1473 wurde der gleiche Besitz an Ravensburg verkauft und 1484 verlieh ihn die Stadt an den Verkäufer auf Lebenszeit. Es gibt noch zwei weitere Reverse aus den Jahren 1532 und 1569.

Jahr	Art des Vertrages	Zins
1463	Freieignes Gut	-
1473	Verkauf	-
1489	Fallehen (Lebenszeit)	6 Schef. Dinkel 4 Schef. Hafer 1 Pfd., 10 Schil. 5 Hühner, 100 Eier
1532	Fallehen (Lebenszeit)	6 Schef. Dinkel 5 Schef. Hafer 1 Pfd., 10 Schil. 5 Hühner, 100 Eier
1569	Fallehen (Lebenszeit)	6 Schef. Dinkel 6 Schef. Hafer 2 Pfd. 5 Hühner, 100 Eier

Wir beschäftigen uns hier mit den wirtschaftlichen Veränderungen im bäuerlichen Leben. Andere wichtige Veränderungen, die die Erblichkeit, die Familie und Rechtsstellung betreffen, sollen später behandelt werden. Aus dem bisherigen Material geht hervor, dass die Stadt Ravensburg gegen Ende des 15. Jahrhunderts begann, viele Erblehen in Fallehen zu verwandeln. Dies erlaubte eine regelmässige Berichtigung der Abgaben. Im letzten Fall kaufte die Stadt ein freieignes Gut, errichtete einen Zins und erhöhte ihn nur geringfügig während des ganzen 16. Jahrhunderts. Besonders wichtig aber ist für uns die Tatsache, dass die Zinsen vor dem Bauernkrieg noch nicht ernsthaft gestiegen waren. Es wäre fruchtlos, diese Angaben noch genauer auszuwerten, denn es fehlen entscheidende Informationen. Wir wissen zum Beispiel nicht, wie gross die Besitzungen waren. Folglich kann man auch die Wirkung der Abgabenerhöhungen nicht abschätzen. Ausserdem sind so wenige Dokumente erhalten, dass man sich vor Verallgemeinerungen hüten muss. Es ist einfach nicht festzustellen, bis zu welchem Grade die Stadt bewusst eine Politik der Zinserhöhung betrieb. Es gibt genügend Fälle, wo sich die Abgaben kaum veränderten, so dass alle Verallgemeinerungen zweifelhaft erscheinen. Ferner besass die Stadt verhältnismässig wenige Güter; man kann somit die Stadt mit dem Kloster Weingarten nicht vergleichen. Die reichen Bürgerfamilien der Stadt besassen viel Land, aber die Unterlagen dafür sind nicht überliefert.

Südlich von Ravensburg lag das Kloster Weissenau. Aber ähnlich wie für Ravensburg besitzen wir nur einen Bruchteil seiner Urkunden. Für unseren Zweck kommen nur die Lehensreverse in Betracht. Zum genaueren Studium wählte ich acht Dörfer aus, für die die meisten Urkunden existieren. Ich konnte für sieben Bauernhöfe aus diesen Dörfern die Geschichte mindestens über zwei Lehensmänner verfolgen. (15) Die Urkunden stammen aus der Zeit zwischen 1497 und 1542. Keine einzige weist einen bemerkenswerten Unterschied in der Summe des Zins auf. Obwohl meine statistische Basis schmal und daher nicht völlig verlässlich ist, unterstützten die vorliegenden Quellen gleichwohl die Schlussfolgerung, dass die Abgaben in diesem Zeitraum von dem Kloster offenbar nicht entscheidend erhöht wurden.

Aber wir stehen hier vor dem gleichen Problem wie bei Ravensburg, denn wir wissen nicht, in welchem Verhältnis die Höhe der Abgaben zur Grösse des Hofes steht. Doch im Gegensatz zu Ravensburg gab es hier kaum Erblehen. Ravensburg hat am Anfang des 15. Jahrhunderts offensichtlich nur Erblehen verliehen und die Leiheform erst später geändert. Weissenau dagegen erlaubte seinen Bauern nie, d e j u r e erbliche Rechte an einem Lehen zu besitzen. Fast alle seine Güter wurden an Ehepaare auf Lebenszeit verliehen. (16) Offensichtlich sanken die Zinsen nie so stark, dass es dem Kloster notwendig erschien, sie von Zeit zu Zeit zu berichtigen, zumindest nicht in der Zeit kurz vor und nach 1525. Über den Erschatz lässt sich nichts aussagen, da er in den Reversen nicht erwähnt wird.

Das Bild, das sich bisher abzeichnet, ist recht unterschiedlich. Waldburg verlieh seine Güter auf eine bestimmte Zeit und erhob einen Erschatz. Ravensburg machte viele seiner Erblehen zu Fallehen auf Lebenszeit für ein Ehepaar und neigte dazu, die Abgaben jeweils zu erhöhen, ohne einen Erschatz zu verlangen. Die Lehen von Weissenau hätten eine periodische Berichtigung ermöglicht, aber anscheinend wurde davon kein Gebrauch gemacht.

Über Weingarten sind wir besser informiert. Von 1446 bis 1540 wurden die Höfe auf "drei Lebtag" verliehen. Während der Vertragsdauer konnte der Zins nicht berichtigt werden, ausser wenn der Bauer die Bedingungen des Vertrags verletzte. Das geschah aber nur selten. Dass diese Lage für die Grundherren, die mehr Geld brauchten, eine Schwierigkeit darstellte, bestätigte der Graf von Königsegg, dessen Höfe nach dem gleichen Prinzip verliehen wurden. (17) Dennoch lässt sich über die Möglichkeiten der Zins- und Erschatzerhöhung in Bezug auf Weingarten viel genaueres sagen. Erst nach 1540 hob das Kloster einen Erschatz ein. (18) Diese Massnahme wurde üblich, als die Lehensreverse "auf drei Lebtag" ausser Gebrauch kamen. Verträge nach 1540 liefen normalerweise auf Lebenszeit eines Ehepaares und forderten einen Erschatz. Das ermöglichte dem Kloster eine Steigerung seiner Einkünfte. Es hob nicht nur einen Grossteil des Zinses in Getreide ein - eine Ware, die immer wertvoller wurde - sondern es verlangte auch einen höheren Anteil am Mehrertrag des Bauern. Das jedoch geschah erst nach dem Bauernkrieg. Wenn das Kloster vor 1540 seine Einnahmen steigern wollte, konnte es nur den Zins erhöhen.

Zunächst liesse sich die Frage stellen, wie lange ein Vertrag auf "drei Lebtag" lief. Die Antwort kann nur eine Schätzung sein, die sich auf nur wenige Beweise stützen kann. Eine Analyse, die auf Statistiken beruht, ist erst ab Beginn des 17. Jahrhunderts möglich, als die Pfarrgemeinden begannen, Geburts- und Todesregister zu führen. Zum Zwecke unserer Untersuchung wollen wir ein Modell aufstellen, das auf einer willkürlich herausgegriffenen Lebenserwartung von 50 Jahren beruht. (19) Wenn ein Mann und sein Erbe je 50 Jahre lang lebten, wie lange wäre der Vertrag auf "drei Lebtag" dann in Kraft? Bei dieser Berechnung muss man auch die Frage berücksichtigen, welches Kind den Hof erbte. In Wirklichkeit ist "drei Lebtag" ein ungenauer Begriff für die Zeit vor 1485, denn zwischen 1440 und 1485 wurden die Höfe an Ehepaare und alle ihre Kinder verliehen. (20) Somit scheint die Vertragsdauer durch den Tod des letzten Kindes bestimmt, falls die Eltern vorher starben. Die Frage, ob wirklich alle Kinder auf dem Hof blieben oder das Recht dazu hatten, können wir für den Augenblick zurückstellen. Nach 1485 und vor 1540 geben die Urkunden genauere Auskunft: die Güter wurden auf Lebenszeit eines Ehepaares und dessen jüngsten Sohnes beziehungsweise der jüngsten Tochter, falls sie keinen Sohn hatten, verliehen. Aber auch hier würde sich die Vertragsdauer im besten Falle auf höchstens zwei Generationen erstrecken.

Nehmen wir für unsere Berechnung an, der Vater erhielt ein Lehen, als er mit 25 Jahren heiratete und sein jüngster Sohn wurde geboren, als er vierzig war. (21) Mit einer angenommenen Lebenserwartung von 50 Jahren würde sich, nach dem Tod des jüngsten Sohnes, der Vertrag auf eine Zeit von 65 Jahren erstrecken. Solch ein Modell trifft natürlich nicht auf jeden einzelnen Fall in Wirklichkeit zu. Aber obwohl die Quellen keine schlüssige Berechnung der Vertragsdauer zulassen, gibt es doch Anzeichen, dass das Modell sich in einer bedeutenden Zahl von Fällen der Wirklichkeit näherte.

Ich habe elf Beispiele aus Lehensreversen ausgewählt, in denen die Zeit, für die ein Mann einen Hof besass, bekannt ist. (22) Dies sind die Ergebnisse in Jahren:

2, 5, 8, 24, 24, 27, 31, 35, 36, 37, 42

Der Durchschnitt beträgt 26 Jahre. Das ist weniger als in dem obigen Modell, doch fünf Fälle würden ihm ziemlich genau entsprechen. Obwohl unser Beweismaterial sehr gering ist, könnte man versuchsweise sagen, dass die Vertragsdauer einer bedeutenden Anzahl von Gütern, die auf "drei Lebtag" verliehen wurden, unter normalen Bedingungen zwischen 50 und 60 Jahren lag. Lehen, die um 1525 verfielen, waren also oft zwischen 1465 und 1475 vergeben worden. Ein Herr, der eine bestimmte Menge Land verlieh, hatte also keine Möglichkeit, sein Einkommen rasch zu verbessern. Daher das Zeugnis des Grafen von Königsegg, der mit seinen Gläubigern in Schwierigkeiten geraten war, da er kein Land mehr zu verleihen hatte und seine Güter auf "drei Lebtag" verliehen waren. (23)

Die Auswirkung solch langer Lehenszeit ist sehr schwer abzuschätzen. Da die Zinsen nur langsam erhöht werden konnten, wären die Bauern eigentlich in einer guten Lage gewesen. Wenn die Zinsen jedoch nach einer langen Zeit beträchtlich erhöht wurden, konnte das wohl Verbitterung hervorrufen. Wir müssen jedoch herausfinden, welche Zinsberichtigungs-Politik das Kloster betrieb. Zu diesem Zweck habe ich aus den Quellen zwei parallele Analysen aufgestellt. Die erste ist eine Rekonstruktion der Geschichte von möglichst vielen Bauernhöfen aus den erwähnten Lehensreversen, Zinsrödeln und dem Urbarbuch von 1531. Es war unmöglich, die Information aus allen Lehensreversen anzugeben; statt dessen zog ich es vor, die Urkunden solcher Dörfer auszuwählen, über die für möglichst viele Höfe möglichst viel Material vorhanden ist. Sodann stellte ich eine andere Übersicht auf, indem ich Güter, die im Zinsrodel von 1458 erwähnt sind, mit denselben Gütern des Urbarbuchs von 1531 verglich.

Beide Methoden stellen uns vor Schwierigkeiten. Vor allem bei der Rekonstruktion der Geschichte eines Hofes, ist man nie sicher, ob es sich stets um genau dasselbe Stück Land handelt. Die Klöster konnten etwa einen Streifen neu gewonnenen Landes einem Gut hinzufügen, oder den Besitz von zwei Gütern berichtigen, indem sie Teile des Landes austauschten. Während dieses ganzen Zeitraums wurde Land gekauft und verkauft. Dennoch ist die Methode einigermassen genau, da jeder neue Vertrag eine inzwischen erfolgte Besitz-Veränderung normalerweise angab. Wenn Anfang des 15. Jahrhunderts eine Parzelle hinzugefügt wurde, erwähnte oft jeder nachfolgende Vertrag dieses Stück separat, und das Urbarbuch von 1531 folgt dieser Regel. (24) Es geht aus den Quellen ziemlich deutlich hervor, dass ausser geringfügigen, in den Urkunden eigens erwähnten Berichtigungen die Grösse der Güter in dem uns betreffenden Jahrhundert konstant blieb. Ein Vergleich der Urkunden von 1458 und 1531 ist daher aufschlussreich; da jedoch die Grösse des Besitzes erst 1531 erwähnt ist, habe ich nur solche Güter untersucht, bei denen Veränderungen höchst unwahrscheinlich schienen. Es besteht noch ein weiterer Unterschied zwischen beiden Methoden. Die zweite ist geographisch mehr begrenzt, da die Zinsrodel von 1458 nur Besitzungen östlich der Schussen aufführt. Dafür beruht die erste Methode, die Übersicht über die Geschichte der Höfe, auf einer möglichst weiten geographischen Streuung.

Es hat wenig Sinn, die Geschichten der Güter schematisch aufzugliedern, da die Information über einen einzelnen Hof von der über jeden anderen beträchtlich abweicht. Ich habe statt dessen die Ergebnisse aus verschiedenen Dörfern zusammengefasst.

Die meisten Unterlagen finden sich für den südöstlich von Weingarten gelegenen Weiler Schlier. Er taucht im Zinsrodel von 1458 und im Urbarbuch von 1531 auf. Dazu kommen noch 13 Lehensreverse. (25) Von elf Höfen, die 1531 genannt werden, sind neun im Zinsrodel von 1458 enthalten. Von diesen neun weisen sieben gar keine oder nur unbedeutende Veränderungen in der Höhe des Zinses auf. Ein Hof lässt geringe Erhöhungen des Geldzinses erkennen, ein anderer zeigt Schwankungen, die schwer zu interpretieren sind. Diese beiden werden hier angeführt:

Hof	Jahr der Urkunde	Zins
1	1458	4 Schef. Getreide 4 Schil.
	1466	4 Schef. Getreide 4 Schil.
	1531	4 Schef. Getreide 16 Schil.

Hof	Jahr der Urkunde	Zins
2	1444	10 Schef. Getreide 5 Pfd., 10 Schil.
	1458	10 Schef. Getreide 3 Pfd., 11 Schil.
	1531	12 Schef. Getreide 13 Schil.

Im zweiten Beispiel fiel der Geldzins und die Abgaben in Getreide stiegen. Wenn man die Ziffern des Getreidepreises zugrundelegt, auf die wir später zu sprechen kommen, dann erfuhr dieser Hof in Wirklichkeit eine Senkung des Zinses. (26) Somit blieben für die Zeit von 73 Jahren die Zinsen von Schlier relativ stabil.

Die Unterlagen für das Dorf Esenhausen westlich des Klosters umfassen keinen so langen Zeitabschnitt. Die Höfe scheinen im Zinsrodel von 1490 auf, die aber nur den Geldzins erwähnen, sowie im Urbarbuch von 1531. Dazu kommen 33 Lehensreverse. (27)

Aus diesen Quellen konnte ich die Geschichte von elf Höfen rekonstruieren. Fünf davon erscheinen nur in der Zinsrodel von 1490 und im Urbarbuch von 1531; daher kann nur der Geldzins verglichen werden. Zwei zeigen keine Veränderung, während die anderen beiden um ein bis zwei Schillinge bzw. 5 bis 10 Prozent anstiegen. Drei Höfe erschienen im Urbarbuch von 1531 und in einer Reihe von Lehensreversen. Zwei davon bleiben gleich und einer zeigt nur geringe Veränderungen:

Jahr der Urkunde	Zins
1500	8 1/2 Schef. Getreide 1 Pfd., 4d.
1531	9 Schef. Getreide 1 Pfd., 4d.
1535	9 Schef. Getreide 1 Pfd., 10 Schil.

Schliesslich gibt es noch drei Höfe, die zwar 1490 aufscheinen, aber nicht genau bis zum Urbarbuch von 1531 verfolgt werden können. Sie kommen jedoch in Lehensreversen vor 1490 vor. Zwei davon (1444-1490; 1481-1490) zeigen keine Veränderung, der dritte steigt um einen Schilling. Der Schluss, dass vor 1525 die Zinsen nur selten anstiegen, ist wiederum bestätigt.

Für Blitzenreute nördlich des Klosters haben wir ähnliche Unterlagen wie für Esenhausen. (28) Daraus konnte ich die Geschichte von sieben Höfen rekonstruieren, von denen keiner eine Erhöhung von mehr als 2 Schilling zwischen ca. 1500 und 1531 aufweist.

Ich konnte diese Ergebnisse mit Geschichten von Höfen verschiedener anderer Orte überprüfen; hier sind die Angaben dafür: (29)

Tab. 2.2 Zinserfassung von 11 Weingartner Höfen

Ort	Jahr der Urkunde	Zins
Grosstobel		
1.	1518	1 Schef. Dinkel 1 Schef. Hafer 1 Pfd.
	1531	1 Schef. Dinkel 1 Schef. Hafer 1 Pfd.
2.	1522	4 Schef. Dinkel 4 Schef. Hafer 8 Schil.
	1531	4 Schef. Dinkel 4 Schef. Hafer 1 Pfd.
3.	1517	8 Schef. Dinkel 4 Schef. Hafer 1 Pfd., 10 Schil.
	1531	10 Schef. Dinkel 10 Schef. Hafer 2 Pfd.
Bavendorf	1513	4 Schef. Dinkel 4 Schef. Hafer 13 Schil.
	1531	4 Schef. Dinkel 4 Schef. Hafer 13 Schil.
Möllenbronn	1501	3 ½ Schef. Dinkel 3 ½ Schef. Hafer 11 Schil.
	1531	3 ½ Schef. Dinkel 3 ½ Schef. Hafer 11 Schil.
Moos		
1.	1478	4 Schef. Hafer 16 Schil.
	1531	4 Schef. Hafer 16 Schil.
2.	1523	3 Schef. Dinkel 3 Schef. Hafer 10 Schil.
	1531	3 Schef. Dinkel 3 Schef. Hafer

Ort	Jahr der Urkunde	Zins
Niederbiegen	1477	7 Schef. Dinkel 7 Schef. Hafer 2 Pfd., 9 Schil.
	1531	7 Schef. Dinkel 7 Schef. Hafer 2 Pfd., 9 Schil.
	1536	7 Schef. Dinkel 7 Schef. Hafer 2 Pfd., 9 Schil.
	1540	7 Schef. Dinkel 7 Schef. Hafer 2 Pfd., 9 Schil.
Emelhofen	1519	5 Schef. Dinkel 4 Schef. Hafer 3 Pfd.
	1531	5 Schef. Dinkel 4 Schef. Hafer 3 Pfd.
Mummerazhofen		
1.	1446	2 Schef. Dinkel 1 Schef. Hafer 13 Schil.
	1531	2 Schef. Dinkel 1 Schef. Hafer 13 Schil.
2.	1502	1 $\frac{1}{2}$ Schef. Dinkel 1 $\frac{1}{2}$ Schef. Hafer 15 Schil.
	1531	1 $\frac{1}{2}$ Schef. Dinkel 1 $\frac{1}{2}$ Schef. Hafer 15 Schil.

Im Grossen und Ganzen kann man aus den obigen Belegen den Schluss ziehen, dass die Zinsen stabil blieben. Wir können diese Information überprüfen, indem wir die Zinsrodel von 1458 und das Urbarbuch von 1531 vergleichen. Oft sind die Weiler so klein, dass man sicher sein kann, dass es sich jeweils um die gleichen Höfe handelt. Es gelang mir bis zu einem bestimmten Grad von Gewissheit festzustellen, dass sich mindestens 71 Eintragungen auf denselben Besitz beziehen. (30) 39 davon, beziehungsweise über die Hälfte, haben entweder niedrigere Zinsen (4 Fälle) oder genau die gleichen. Die übrigen 32 Fälle müssen genau untersucht werden, denn sie variieren von einer sehr geringen bis zu einer 75-fachen Erhöhung. Zwölf Höfe zeigen eine Erhöhung von weniger als 20 Prozent, was

in allen Fällen auf einen Unterschied von wenigen Schillingen hinausläuft.
Die nachstehende Tabelle zeigt die Aufschlüsselung:

Tab. 2.3 Prozentueller Anstieg des Zins für 71 Weingartner Höfe von 1458-1531

	Zahl der Höfe	Prozentsatz der Gesamtzahl der Höfe		
Senkung	4	5,6	)	
Keine Veränderung	35	49,3	)	= 71,8
Unter 20 Prozent	12	16,9	)	
21 - 100 Prozent	9	12,7		
Über 100 Prozent	11	15,5		
	71	100,0		

Offensichtlich zahlte die Mehrzahl der Höfe für ein dreiviertel Jahrhundert vor 1531 keine wesentlich höheren Zinsen. Aber es bleibt eine entscheidende Zahl von Höfen, wo der Zins erhöht wurde. Um zu verstehen,
was sich dahinter verbirgt, werden wir die dreizehn Fälle untersuchen,
in denen der Zins am meisten erhöht wurde, und sie mit einer Testgruppe
von Fällen vergleichen, bei denen der Zins durchweg gleich blieb. Da Zins
in Geld und Getreide angegeben ist, habe ich sie auf eine Einheit, den denarius gebracht. Da es für Oberschwaben keine verlässlichen Preisreihen für Getreide gibt, habe ich den Durchschnitt eines Jahrzehnts für den
den Getreidepreis in Augsburg als Grundlage angenommen. (31) Daraus
habe ich einen Index konstruiert, der den Zins in denarii pro Landeinheit im Jahre 1531 angibt. Der Index wird uns ermöglichen, Veränderungen zu erkennen und den Zins mit anderen Höfen zu vergleichen. Die folgende Tabelle enthält die Höfe, deren Zins um mehr als 100% stieg sowie
zwei weitere, bei denen die Erhöhung gleichfalls bemerkenswert gross war:

Tab. 2.4 Analyse von 13 Weingartner Höfen. Zinserhöhung von 1458-1531

Ort	Jahr	Zins in Naturalien (in Scheffel)	Geldzins (in Schillingen)	Gesamtzins (in denarii)	Summe der Äcker 1531 (in Jauchart)	Summe der Wiesen 1531 (in Mansmahd)	Summe des Landes (in Jauchart)	Denarii pro Jauchart Land 1531
1. Luprats-berg	1458	-	2	24	30	9	39	17
	1531	3 Dinkel 3 Hafer	22	678				
2.	1458	-	2	24	35	9	44	17
	1531	-	62 ⅔	752				
Butzen-berg	1458	-	4	48	48	12	60	8
	1531	4 Hafer	20	500				
Entzis-reute	1458	-	33	396	44	13	59	11
	1531	2 Dinkel 2 Hafer	33	675				
Wetzis-haus	1458	-	12	144	35	13	48	15
	1531	4 Hafer	40	740				
Koln-haus	1458	2 Hafer	5	190	24	14	38	22
	1531	9 1/2 Hafer	17	822				
Hund-häuser	1458	-	6	72	24	2	26	24
	1531	4 1/2 Hafer	28	629				

Ort	Jahr	Zins in Naturalien (in Scheffel)	Geldzins (in Schillingen)	Gesamtzins (in denarii)	Summe der Äcker 1531 (in Jauchart)	Summe der Wiesen 1531 (in Mansmahd)	Summe des Landes (in Jauchart)	Denarii pro Jauchart Land 1531
Honberg	1458	-	7	84	17	12	29	30
	1531	11 Hafer	14	883				
Stain-haus	1458	-	12	144	24	11	35	13
	1531	4 Hafer	16 $\frac{2}{3}$	460				
Notzen-haus	1458	-	36	432	20	5	25	29
	1531	2 Hafer	50	730				
Gruben	1458	-	17	204	20	2	22	28
	1531	4 Hafer	30	620				
Tangr-ündel	1458	-	22	264	6	5	11	50
	1531	3 Hafer	30	555				
Mosch-imöser	1458	-	8	96	24	5	29	15
	1531	3 Hafer	19 $\frac{2}{3}$	431				

Ein Blick auf die Tabelle lässt erkennen, dass die Erhöhung meistens in der Hinzufügung einiger Scheffel Hafer besteht, wo zuvor keine Abgaben in Naturalien eingehoben wurden. Ausserdem gab es eine allgemeine Erhöhung des Geldzinses. Da wir aus der Erhöhung an sich nicht viel erfahren können, müssen wir den Zinsindex pro Landeinheit aus dem Jahre 1531 mit einem gleichen Index für Höfe, deren Zins gleich blieb, vergleichen. Der Vergleich wird zeigen, dass das Ergebnis einer entscheidenen Zinserhöhung stets eine Angleichung an den Zins war, der von anderen Höfen längst gezahlt wurde. Es folgt eine Tabelle, die das gleiche Verhältnis zwischen Zins und Landeinheit für 15 Höfe aufstellt, deren Zins zwischen 1458 und 1531 genau gleich geblieben war:

Tab. 2.5 Analyse von 15 Weingartner Höfen
Zinsstabilität von 1458 - 1531

Ort	Summe der Äcker + (in Jauchart)	Summe der Wiesen +(in Mansmahd)	Summe des Landes (in Jauchart)	Summe der Zahlungen (denarii)	Denarii pro Jauchart
Eratzhaim 1.	35	14	49	512	10
2.	35	7	42	505	12
Wetzisreute 1.	7	-	7	285	40
2.	22,5	7,5	30	380	13
Poppenhaus	48	10	58	1238	21
Wustenberg	25	7	32	520	16
Blitzen	30	15	45	630	14
Vogelsang	6	5	11	478	43
Hohenburg	17,5	6,5	24	640	26
Singenburg	7	5	12	260	21
Katzhaim	36,5	12,5	49	752	15
Kesenweiler	27	0,5	28	435	11
Rüwitz	28	19,5	48	1490	31
Goppeltshuser	31	15	46	274	6
Hemera	10	4	14	500	36

+ Jauchart ist das Ravensburger Mass für Äcker, Mansmahd das für Wiesen. Sie bezeichnen die gleiche Einheit und entsprechen 0,49245 Hektar. Für alle übrigen Gegenwerte siehe Anhang B.

Das arithmetische Mittel aus der ersten Tabelle ist 21 denarii pro Jauchart Acker. Der Mittelwert der Reihe beträgt 17. Aus der zweiten Tabelle ergeben sich ähnliche Resultate: Mittel, 21; Mittelwert, 16. Daraus können wir schliessen, dass es im Jahre 1531 eine allgemeine Übereinstimmung der Zinsen gab, und zwar sowohl in Bezug auf Höfe, deren Zins 73 Jahre lang gleich blieb, wie auf Höfe, deren Zins erhöht wurde. Wir müssen zugeben, dass dies auf wenigen Beispielen beruht, doch haben sie den Vorteil, dass wir es nur mit Höfen zu tun haben, deren Grösse höchstwahrscheinlich gleich blieb. Jedenfalls scheint das Ergebnis die vorherigen Resultate aus der Geschichte der Höfe zu unterstützen. Wiederum legt das Beweismaterial den Schluss nahe, dass das Kloster vor dem Bauernkrieg die Zinsen entweder überhaupt nicht erhöhte oder nur für solche Höfe, deren Abgaben unter dem Wert anderer Höfe lag.

Zusammenfassend können wir folgern, dass Beschwerdeartikel aus anderen Gegenden, in denen über die Erhöhung des Bodenzinses geklagt wurde, nicht die Verhältnisse im südlichen Oberschwaben spiegeln. Das Kloster Weingarten verlieh seine Höfe für lange Zeitabschnitte und versuchte bei den meisten Höfen nicht, den Zins zu erhöhen, wenn der Vertrag erlosch. Selbst Kloster Weissenau hielt es mit kurzfristigeren Verträgen ähnlich. Die Stadt Ravensburg erhöhte den Zins zwar oft, doch wissen wir nicht, wie gross die entsprechenden Güter waren. Möglicherweise erhöhte die Stadt den Zins für unterbewertete Höfe ähnlich wie Weingarten. Jedenfalls gibt es zahlreiche Fälle, wo die Stadt den Zins nicht hinaufsetzte.

Noch öfter klagten die Bauern in ihren Artikeln über die Erhöhung des Erschatz. Aber auch hier steht fest, dass Weingarten bis 1540 keinen Erschatz einhob. Es gibt auch keinen Nachweis, dass es in Ravensburg oder Weissenau geschehen wäre. Weiter östlich von Ravensburg erhob der Truchsess von Waldburg solch einen Erschatz und er änderte ihn für jeden neuen Lehensmann. Doch für unsere Gegend gilt das allgemeine Bild: keine Erhöhung der Zinsen und Erschätze. Das sagt uns aber noch nicht viel über die Gesamtwirkung aller Abgaben und Dienste. Sie sollen im vierten Kapitel beschrieben werden, wo wir versuchen wollen, den Umfang der Verpflichtungen zu beschreiben, die ein Lehensmann seinem Herrn schuldig war.

Obwohl sich die Abgaben nicht erhöhten, konnten wir eine Entwicklung feststellen, die darauf abzielte, die Lehenszeit zu verkürzen beziehungsweise die Art des Lehens zu ändern. Wo Vererbbarkeit Grundlage des Lehensvertrages war, versuchten die Herren, den Hof in ein Lehen auf Lebenszeit zu verwandeln. Wo Höfe auf "drei Lebtag" verliehen waren, taucht in den Verträgen gegen Ende des 15. Jahrhunderts die Bestimmung auf, welches Kind das Erbe antreten solle.

KAPITEL 3

Wirtschaftliche Probleme: Bevölkerung und Lehen

Obwohl wir in dem vorhergehenden Kapitel zu dem Ergebnis kamen, dass die Bauern vor 1525 Zinserhöhungen kaum zu fürchten hatten, bleiben doch noch weitere wirtschaftliche Faktoren zu berücksichtigen. Einige Herren, die den Zins nicht erhöhten, erhoben - wie etwa der Truchsess von Waldburg - einen Erschatz, den sie der jeweiligen wirtschaftlichen Situation anpassten. Das wirkte sich eher auf Bauern mit kurzfristigen als mit langfristigen Lehensverträgen aus.

Es sollen nun die Beschwerden der Bauern untersucht werden, soweit sie sich auf die Erhöhung der Zinsen beziehen. Die verschiedenen Artikel umfassen freilich ein sehr weites Gebiet, auch wurden sie so häufig und mit solchem Nachdruck vorgebracht, dass sie auf eine sehr ernsthafte Störung der Verhältnisse deuten. Dennoch neigen manche Historiker heute dazu, die Beschwerden der Bauern zu vernachlässigen mit dem Argument, es sei ihnen wirtschaftlich ohnedies recht gut gegangen und die Verhältnisse hätten sich gebessert. Hingegen scheinen die Herren bei steigenden Preisen ein fallendes Einkommen gehabt zu haben. (1) Es wird daher unsere Aufgabe sein herauszufinden, ob die Klagen der Bauern gerechtfertigt waren. Daneben ergibt sich die Frage, ob sich die pauschale Annahme aufrechterhalten lässt, dass sich die Stellung der Herren verschlechterte. Zwar stiegen die Preise, sie stiegen aber doch am raschesten für Getreide. Und wie sich zeigte, wurde ein Grossteil der Zinsen an Weingarten, Weissenau, Ravensburg und Waldburg in Naturalien entrichtet. Die Herren empfingen während der ganzen Zeit zumindest dieselbe Menge Getreide und hatten damit ein ständiges Einkommen einer in ihrem Werte steigenden Ware. Ein kurzer Vergleich der Zinsrodel von 1458 und des Urbarbuches von 1531 wird jedoch zeigen, dass die Herren ihr Gesamteinkommen an Zinsen etwas erhöhten. Der Zins einzelner Höfe änderte sich zwar kaum, doch hatte Weingarten im Jahre 1531 mehr Höfe als 1458.

Dies weist auf eine wichtige Entwicklung in der Zeit vor dem Bauernkrieg. Der Bestand an lehenspflichtigem Land scheint gestiegen zu sein. Weingarten kann natürlich grössere Landmengen aufgekauft haben, für das keine Unterlagen überliefert wurden. Aus den Kauf-Urkunden der Stadt Ravensburg geht deutlich hervor, dass es einen lebhaften Landhandel gab. (2) Höfe, Äcker und Wiesenstücke wurden ständig gekauft und verkauft. Dennoch ist es unwahrscheinlich, dass die Zunahme an verlehnbarem Land durch Ankäufe des Klosters zustande kam. Möglicherweise wurde Land, das eine Zeitlang brach lag, wieder nutzbar gemacht. Aber nur wenige Lehensverträge erwähnen, dass ein neues Stück Acker oder Wiese, mit dem entsprechenden Zins, dem Gut hinzugefügt wurde. (3) In verschiedenen Beschwerdeartikeln aus Gebieten, die nicht weit vom Kloster entfernt liegen, beklagen sich die Bauern, dass die Herren einen Teil der Allmende beansprucht und darauf neue Höfe errichtet hätten. (4) Selbst grosse Güter wurden selten aufgeteilt. Doch wurde oft ein kleines Stück Land abgetrennt,

um darauf eine Hütte für einen Tagelöhner zu bauen, ein sogenanntes Söld-
haus. Im Zusammenhang damit beschwerten sich einige Bauern, dass ihr
Herr vielen, die überhaupt keine Hofstatt besassen, erlaubt habe, Hütten
zu errichten. Im Urbarbuch von Weingarten erscheinen gelegentlich zwei
Höfe, während der Zinsrodel von 1458 nur einen verzeichnet; ein Dorf von
neun oder zehn Höfen vermehrte sich meistens um einen oder zwei. Ausserdem gibt es im Jahre 1531 oft neue Einzelhöfe, die vorher nicht erwähnt wurden. (5)

All dies unterstützt die geläufige Annahme, dass vor Beginn des 16. Jahrhunderts ein Bevölkerungszuwachs einsetzte. (6) Die genaue Bestimmung,
wann die Zunahme begann, bereitet jedoch die erste Schwierigkeit. Im Ge-
folge des Schwarzen Tods (um 1348) trat in ganz Europa ein lang anhalten-
der Bevölkerungsschwund ein, der bis weit ins 15. Jahrhundert hinein zu
verfolgen ist. Wilhelm Abel, um nur einen Kenner der Materie zu nennen,
hat die Folgen dieses Rückgangs in den weitverbreiteten Wüstungen nachgewiesen. (7) Manche der Güter, die dem Kloster Weingarten neuen Zins
einbrachten, waren vielleicht solche ehemaligen Wüstungen, die nun unter
dem Druck der Bevölkerungszunahme wieder verliehen wurden. Doch gab
es in Oberschwaben wesentlich weniger brachliegendes Land als anderswo. Schon um 1530 weist Sebastian Franck, selbst ein Schwabe, auf die
bedrohliche Überbevölkerung insbesondere in Schwaben und Bayern hin:

> Nun ist kein land auff erd so fruchtbar und wol besetzt, sonderlich da
> es am höchsten ist, als in Schwaben und Beyern. Die lender geben al-
> ler welt volck gnuog, und ist dannocht allzeit mit solchem über fluss
> besetzt, dass doerfer und stett zerinnen wellen, und die guetter und
> herberg in ein sollich auffschlag kommen, dass kaum hoeher mag, dass
> ich halte, wo nit Gott den Krieg scheidet, und ein sterbend drein kompt,
> dass wir wider ein mal, wie vor etwa durchs loss oder ander weg auss
> gemustert, wie die ziegeuner andere land zu suchen muessen ausszie-
> hen, und glaub sicher hundert mal tausent man, mitsamt iren weib, kind
> und anhang, wolten wir teutschen wol gerathen, und gantz Ungerland,
> so uns Gott gebe, mit Teutschen volck besetzen, solts dannoch Teutsch-
> land kaum ansehen. (8)

Dies wird ergänzt durch die Z i m m e r i s c h e C h r o n i k , verfasst von
einem Herrn aus der Nähe des Klosters Weingarten. Er erwähnt besonders neue Rodungen und Wohnsitze und behauptet, dass es praktisch nichts
mehr zu roden gab.

> ... nachdem bei unsern zeiten das volck in Schwaben als auch gar nach
> in allen landen, sich heftig gemert und zugenommen, dardurch dann
> die landtsart mer, dann in mentschen gedechtnus, ufgethonn und schier
> kain winkel, auch in den rewhesten welden und höchsten gepirgen, un-
> aussgereut und unbewonet bliben .... Die weil dan ... das algew mit
> vile volks gar übersetzt und sich in irer heimat nit wusten weiter zu
> betragen oder zu erneren, da kamen sie haufenweis herab in unser lants-
> art, begerten inen stockfelder usszumessen und darvon gewonliche zins
> und landtgarden zu raichen. (9)

Eine befriedigende statistische Untersuchung der Bevölkerungszunahme
in dieser Gegend ist unmöglich. Von allen Klöstern sind nur in Salem Feu-
erstätten-Steuerlisten erhalten. Für den städtischen Besitz von Überlingen

und Ravensburg gibt es zwar Steuerlisten, aber in beiden Fällen nicht für einen ausreichenden Zeitabschnitt. (10) Es gibt jedoch eine Untersuchung über das Land um Zürich; da Zürich nicht weit südlich vom Bodensee liegt, kann diese Studie vielleicht einige Anhaltspunkte für die Gegend nördlich des Bodensees geben. (11) Auf Grund von Steuerlisten wird die Bevölkerung des Gebietes von Zürich im Jahre 1497 auf 26 700 bis 28 900 geschätzt. 1529 ist sie auf 48 100 bis 48 790 gestiegen. Das bedeutet eine Zunahme um jährlich 1,4%. Wenn die Bevölkerung um Weingarten ähnlich zugenommen hat, würde das in den 70 Jahren vor dem Bauernkrieg eine Erhöhung von 100% bedeuten. Vermutlich betrug sie weniger, doch weisen die Zahlen darauf hin, dass ernstzunehmende Veränderungen vor sich gingen. (12)

Sie sind die treibende Kraft hinter einer Reihe von Beschwerden, die praktisch in allen regionalen und allgemeinen Artikeln auftauchen. Die Bauern wurden unruhig, weil es immer schwieriger wurde, genügend Bau- und Brennholz zu bekommen. Weingarten hielt seine Wälder unter strenger Aufsicht und erlaubte den Bauern nicht, auf einem Lehensgut ohne Erlaubnis Holz zu fällen, obwohl in den Lehensreversen das Auflesen von Fallholz für Brennzwecke oft gebilligt wurde. (13) In einer ganzen Reihe von Gerichtsentscheidungen aus dem 15. Jahrhundert wurden Lehensbauern wegen unerlaubten Holzfällens des Hofes verwiesen. (14) Viele Güter jedoch hatten überhaupt keinen Wald und die Bauern waren auf den guten Willen des Herren angewiesen oder sie mussten das Holz für einen hohen Preis kaufen. (15) Kurz, der Druck einer zunehmenden Bevölkerung machte sich lange vor dem Bauernkrieg bemerkbar. Je mehr Wälder gerodet wurden, desto weniger blieb für jeden Hof übrig. Da aber gleichzeitig die Zahl der Häusler stieg, brauchte man mehr Brenn- und Bauholz. Wo früher der Wald von der Gemeinde verwaltet oder den Lehensbauern rechtmässig zustand, übernahmen nun oft die Herren die Kontrolle. Der fünfte der "Zwölf Artikel" macht das deutlich:

> Zum fünften seien wir auch beschwert der Holzung halb, dann unsere Herschaften habend inen die Hölzer alle allain geaignet, und wann der arm Man was bedarf, muoss ers umb zwai Geld kaufen. (16)

In dem Masse, in dem das Angebot von Holz abnahm, verteidigten natürlich die Herren hartnäckig, was ihnen geblieben war; darüber hinaus verstärkte sich der Druck auf andere lebenswichtige Quellen der Bauern. Fast in allen Artikeln verlangten die Bauern auch das Recht auf freie Jagd und Fischerei, ein Zeichen für steigende Mängel und für die Anstrengung der Herren, zu retten, was zu retten war. Das kommt in den "Zwölf Artikeln" ganz deutlich zum Ausdruck:

> Zum vierten ist bisher im Brauch gewesen, das kain armer Man nit Gewalt gehabt hat, das Wiltpret, Gefligel oder Fisch in fliessenden Wasser nit zuo fachen zuo gelassen werden, welches uns ganz unzimlich und unbrüderlich dunkt, sunder aigennützig und dem Wort Gots nit gemess sein. (17)

Bei demographischen Veränderungen ist die Reaktionsfähigkeit der Gesellschaft eine Grösse, die schwer zu messen ist. Es ist schwer, entsprechende Quellen für unser Gebiet zu finden. Die nächstliegende Massnahme in einer relativ dünn besiedelten Gegend war die Ausweitung der Anbauflächen. So entstanden neue Höfe in vorher unbebauten Gegenden. Ältere Höfe konn-

ten wohl intensiver bewirtschaftet werden, vor allem indem man sich mehr
auf die wirtschaftlich günstigere Produktion von Getreide verlegt. Um dem
Boden mehr Ertrag abzugewinnen, konnten die Höfe auch mehr Arbeitskräfte aufnehmen. Vor 1525 änderte sich die Bewirtschaftung etwas. In der
Gegend um den Bodensee wurden mehr Weingärten angelegt. (18) Das wurde von den Grundherren unterstützt, da sie ihr Land vielfach kurzfristig
unter jährlicher prozentueller Beteiligung verliehen. Das Kloster Weissenau erhöhte während des ganzen 15. Jahrhunderts regelmässig den Prozentsatz, der ihm zufloss - eine Ausnahme von der Regel, dass der Zins
im allgemeinen nicht erhöht wurde. (19)

Ich halte es für unwahrscheinlich, dass die zunehmenden regionalen Unterschiede hier eine grosse Rolle spielen. Der zum Allgäu zählende Raum
hatte immer mehr oder weniger Milchwirtschaft betrieben. Gegen Norden
und Westen wurde immer mehr Getreide angebaut. Der Getreideanbau im
16. Jahrhundert war noch recht einfach, da Weizen (Dinkel) und Roggen
als Hauptnahrungsmittel der Bevölkerung ausreichten. Damals wurde selbst
im Allgäu mehr Getreide angebaut als heute. Daher wurde die Bevölkerungszunahme und ihre Folgen bis zu einem gewissen Grade von den Pro-
duktionsmöglichkeiten für Getreide in dieser Gegend bestimmt.

Natürlich gab es auch die Möglichkeit, die Industrie in der Stadt und auf
dem Land auszudehnen. Doch gerade zu dieser Zeit entwickelte sich die
bedeutende Textilindustrie von Ravensburg rückläufig, nachdem sie um
1480 ihren Höhepunkt überschritten hatte. Aloys Schulte weist nach, wie
wichtig Ravensburger Leinen für den internationalen Handel war. (20) Die
Stoffe wurden nach Spanien, Italien und über Nürnberg nach Nordostdeutsch-
land verkauft. Offensichtlich wurde ein grosser Teil der Textilien von bäuerlichen Webern hergestellt, deren Verfügbarkeit von der Ernte abhing.
Ein Faktor der Ravensburger Handelsgesellschaft berichtet 1477, dass Stoffe reichlich und billig zu haben waren, "so ist win und korn nit bim bass-
failasten, das arm luit fast musend spinnen." (21) Ein Bericht aus dem Jahre 1479 zeigt die gegenteilige Wirkung eines günstigen Erntejahres:

> ... so muoss wyer sig tuirer kouffen den fernd und ist sicher der ge-
> win schmal daran und ist das darumb das spant werckt ist huir ganc kain
> nutz. So ist sunst ouch ain gut iar worden von win und von korn, das
> zuo sorgind ist, das sig die linwat huir nit nauch gebind als fernd. (22)

Die Ravensburger Textilindustrie war offensichtlich weitgehend auf Heim-
weber auf dem Lande angewiesen. Die Bauern konnten als Weber schlechte
Erntejahre überbrücken. Vielleicht konnten sich auch Tagelöhner leicht
von der Landarbeit auf Weberei umstellen. Doch die Ravensburger Textilien gingen auf dem internationalen Markt immer mehr zurück. Vor dem
Ende des 15. Jahrhunderts verlagerte sich der Schwerpunkt nach Süden auf
St. Gallen und Konstanz. Damit war die Aufnahmemöglichkeit der Textilindustrie für die zunehmende Bevölkerung stark beschränkt. Es ist auch
nichts Nennenswertes an ihre Stelle getreten. Denn obwohl in Ravensburg
eine wichtige Papier-Industrie entstand, war die Zahl der Leute, die für
die Herstellung benötigt wurden, sehr beschränkt. (23) Es ergibt sich daraus der Eindruck, dass Betätigungsmöglichkeiten für die Bevölkerung dieser Gegend in erster Linie durch die Landwirtschaft gegeben waren. Das
heisst, dass sich die Zahl der Leute, die von einem einzelnen Hof abhingen, während des ganzen Zeitabschnittes erhöhte. Ein Nachweis hierfür

ist jedoch sehr schwer zu erbringen, da es für die Höfe keine pro Kopf Zählungen gibt und die Kirchenregister erst viel später einsetzen. Sicher ist, dass die Zahl der Seldner (Häusler) stieg, die darauf angewiesen waren, ihre Arbeitskraft an die Bauern zu verkaufen. Die Klage der Bauern über den Zuwachs an Seldhäusern in verschiedenen Dörfern deutet darauf hin, dass immer mehr Arbeitskräfte von Arbeitsplätzen in der Landwirtschaft abhängig waren.

Wie im vorigen Kapitel schon angedeutet, wurden trotz des zunehmenden Druckes der Bevölkerung die Güter im Gegensatz zu der sehr weitgehenden Zersplitterung der Güter in Württemberg nicht aufgeteilt. (24) Die Urkunden, die wir dafür heranziehen können, erlauben keine endgültigen Rückschlüsse auf diesen Umstand, der die soziale Lage der Bauern entscheidend beeinflusste.

Wir können zunächst untersuchen, welche Politik verschiedene Grundherren bei der Aufteilung der Güter verfolgten und welche Bestimmungen die jeweiligen Vertragsarten enthielten. Einige Urkunden aus Ravensburg sind besonders wertvoll, um vergleichsweise festzustellen, wie die Situation ausgesehen hätte, wenn die Höfe nicht von einem Grundherrn abhängig, also freieigenes Gut gewesen wären. Aus dem Dorf Detzenweiler gibt es eine Reihe von Quellen für einen Hof für die Zeit von 1383 bis 1569. (25) Zuerst war der Hof freieigenes Gut, jedoch mit der Auflage, einige Pfund Wachs an verschiedene Kirchen zu liefern. 1385 verkaufte eine Frau den Hof "ledig und für recht aigen" an sechs Verwandte. 1391 verkaufte einer davon seine Rechte an die anderen fünf. Es sind nicht alle einzelnen Verkaufsverträge überliefert, aber der nächste aus dem Jahre 1429 zeigt, dass einer der übriggebliebenen fünf Teile von einer Gruppe von vier Erben verkauft wurde. Es zeigt sich, dass ein Hof nach zwei Generationen auf dem Wege der Vererbung ganz und gar zersplittert werden konnte. Aber es gab ein wirksames Mittel gegen diesen Vorgang, das aus einer Gerichtsakte von 1438 über diesen Hof hervorgeht. Die damaligen Besitzer des Hofes verklagten zwei Brüder auf Ausschluss aus der Besitzgemeinschaft, da sie sich in anderen Dörfern niedergelassen hatten, obwohl sie Erben des Hofes waren. Aus diesem Fall wird deutlich, dass der Erbe eines Teiles des Gutes dort auch wohnen musste. Vielleicht hatten die anderen Erben die Möglichkeit, ihn auszuzahlen. Der Hof blieb also ungeteilt und nur der hatte ein Recht dort zu arbeiten, der auch dort wohnen blieb. In diesem Fall konnten die Landparzellen nicht auf den freien Markt kommen. Zwischen 1463 und 1464 verkauften die damaligen Erben des Besitzes ihre verschiedenen Anteile an einen einzigen Käufer, der das Gut 1473 an die Stadt Ravensburg verkaufte. Schliesslich bekam er es von der Stadt wieder als Lehen auf Lebenszeit. Es gibt noch zwei weitere Verträge von 1532 und 1569, in denen der gleiche Hof auf Lebenszeit verliehen wird.

Daraus ergibt sich, dass der Aufteilung eines Hofes, selbst eines freieignen Gutes, Grenzen gesetzt waren. Da man auf dem Hof ansässig sein musste, um erbberechtigt zu bleiben, wanderten diejenigen ab, deren Lebensunterhalt durch den Hof nicht gesichert werden konnte. Der Wunsch von Seiten verschiedener Erben, ein Anrecht auf ihre Anteile zu behalten, während sie woanders wohnten, wurde in Frage gestellt. Nachdem die Stadt den Besitz gekauft hatte, pflegte sie das Gut als Einheit auf Lebenszeit an einen Mann oder ein Ehepaar zu verleihen, sodass man nicht einmal mehr den oben ausgeführten wirtschaftlichen Ausgleich besass, nachdem die Leute, die von dem Hof nicht leben konnten, ihn verliessen.

Für die Erblehen der Stadt wurde es seit Anfang des 15. Jahrhunderts zur Regel, den Hof an den ältesten Sohn zu vererben.

> Als ander uns erblehenleute ..., wenn er abgant, das dem siner kind das eltest, ob sy das genoss sind, oder ob nit kind da wären, je das eltest des geschlächtes, die des denen genoss sind. (26)

In diesem Fall blieb der Hof im Besitz der gesamten Familie; er ging an den ältesten Sohn, wenn dieser ein Leibeigener der Stadt war; sonst an das älteste Mitglied der Familie, das Leibeigener war. Im Lauf des Jahrhunderts scheint sich die Politik jedoch geändert zu haben, möglicherweise unter dem Druck der Bauern selbst. Offensichtlich hatten alle Glieder der zweiten Generation, die auf dem Hof blieben, ein Recht am Besitz, in der dritten Generation hingegen wurde dieses Recht fraglich. Die dritte Generation konnte den Hof nämlich erst dann erben, wenn aus der zweiten Generation niemand mehr am Leben war. Diese Argumente sind in einer Klage niedergelegt, die 1492 von den Erben eines Erblehens eingebracht wurde, um zwei Vettern, deren Mutter das Dorf verlassen hatte, von der Erbschaft auszuschliessen. Die Kläger behaupteten, sie hätten

> das gut nicht verwirkt sunder sich in der stat willen gehalten lut des lehenbriefs .... syt ir schwester Greth Mädler selig abgegangen war ouch an ire kind nit fallen sölt, dann sy hetten ouch kind, solt nach ir ains abgang, dieweil ir der geschwistergit ains ald mer zu leben wären, das lehen an des abgangen kind fallen, wär es dann ain gantz dorf, sy wölten es besitzen, das wär aber unbillig und der landsbruch nit. (27)

In diesem speziellen Fall kaufte die Stadt die auf verschiedene Erben überkommenen Teile des Hofes auf, das heisst, sie kaufte die als Erblehen verliehenen Teile zurück. (28) 1520 wurden sie dann an einen einzigen Mann auf sechs Jahre verliehen und später auf Lebenszeit. Ein als Erblehen verliehener Hof konnte also praktisch genauso aufgesplittert werden wie ein freieignes Gut. Eine Grenze wurde dadurch gesetzt, dass die Teile noch gross genug sein mussten, um davon leben zu können. Unter dem Druck der Bevölkerungszunahme lag es nahe, dass die Güter aufgeteilt wurden und es auch blieben. Früher konnten die übrigen Kinder leichter einen Hof übernehmen, der anderswo leerstand. Angesichts der neuen Entwicklung und der Gefahr, dass die kleineren Teile immer unrentabler wirtschafteten, kaufte die Stadt die verschiedenen Anteile auf und verlieh sie wieder als Ganzes. Das zuletzt genannte Gut bestand um 1520 aus Teilen, die nur noch ein Zehntel des ursprünglichen Besitzes ausmachten. Manchmal verbot die Stadt den Erben schlechtweg ein Erblehen aufzuteilen. Eine Verkaufsurkunde aus dem Jahre 1487 hält fest, dass die Erben gezwungen wurden, alle ihre Anteile nur untereinander zu verkaufen. (29) Da dieses Dokument etwas älter als das vorherige ist, könnte man daraus schliessen, dass die Stadt versuchte, die Erblehen zusammenzuhalten; abgesehen davon verwandelten sie Erblehen in Fallehen durch Ankauf. Der Text lautet:

> ... Hansen Dorner säligen der Hof und gut zu Nesselbach gelegen (den) erblehen gelihen von Ravensburg (ist) ... und nu mit dem tod abgangen ist darumb wir mainten solcher hoff zertaillich zu buwen, des uns aber die Herren zu Ravensburg nit gestatten wolten ....,

Infolge dieser Lage stieg die Zahl der Landlosen, die gänzlich darauf angewiesen waren, ihre Arbeitskraft zu verkaufen. Es ist schwierig, die Bedeutung dieser Entwicklung genau einzuschätzen. Wir könnten zum Beispiel untersuchen, ob es im Interesse der Bauern selbst lag, die Güter in immer kleinere Teile aufzuspalten. Im Zusammenhang damit könnte man auch fragen, ob der Brauch, dass ein Erbe im Dorf wohnen bleiben musste, auch weiterhin strikt eingehalten wurde. Einige hätten vielleicht gar nichts dagegen gehabt, einen freien Grundstück-Markt zu schaffen, was zweifellos wie im Falle Württembergs zu äusserster Zersplitterung des Grundbesitzes geführt hätte.

Um zu verstehen, wer die Unteilbarkeit der Höfe unterstützte, müssen wir uns den Streitigkeiten zwischen dem Kloster Ochsenhausen, das ein gutes Stück nördlich des uns betreffenden Gebietes um Ravensburg lag, und seinen Untertanen zuwenden. Während des ganzen 15. Jahrhunderts hatten die Bauern des Klosters versucht, die Fallehen in Erblehen zu verwandeln, denn das bedeutete, dass der Zins ein für allemal festgesetzt wurde. Das Kloster dagegen bemühte sich, alle Lehen nach dem Tod des Lehensmannes zurückzubekommen. Zugleich aber verstärkte sich damit die politische Macht des Klosters über seine Untertanen. Oft hatte das Kloster Lehensmänner, die nicht seine Leibeigenen waren, oder Leibeigene, die nicht seine Lehensmänner waren. Da die Leibeigenschaft dem Herrn gewisse Rechte über seine Untertanen gab, war den Herren nicht viel daran gelegen, ihre Höfe an Nicht-Leibeigene zu verleihen. (30)

Fragen über das Verhältnis von Lehen und Leibeigenschaft spielen in den Auseinandersetzungen des Klosters mit seinen Bauern immer wieder eine Rolle. Nach dem Aufstand im Jahre 1502 haben die Bauern ihre Forderung auf Erblehen durchgesetzt. Im Staatsarchiv in Stuttgart befindet sich auch eine Reihe von Urkunden über die Forderungen der Bauern, Gegenvorschläge und einige Vertragsentwürfe des Abtes. (31) 1525 schickten die Bauern des Klosters Beschwerdeartikel an den Schwäbischen Bund; sie sind in dem Korrespondenz des Hauptmanns Ulrich Artzt vom Schwäbischen Bund veröffentlicht. (32) Eine Untersuchung dieser verschiedenen Dokumente wirft einiges Licht auf die Lage der Bauern in Bezug auf Erbschaft und Lehen. Es wird sich zeigen, dass die Ursachen der beiden Aufstände recht verschieden waren. 1502 ging es um die Verbesserung der Rechte der Lehensbauern. 1525 ging es um etwas anderes: eine neu entstandene Gruppe entrechteter Tagelöhner drängte auf Anerkennung.

Zunächst muss an die wichtige Tatsache erinnert werden, dass der Status der Leibeigenschaft von der Mutter auf sämtliche Kinder überging, das Lehen jedoch vom Vater vererbt wurde. Wenn zum Beispiel ein Leibeigener und Inhaber eines Erblehens die Leibeigene eines anderen Herrn heiratete, wurden die Kinder Leibeigene dieses anderen Herrn. (33) Wenn diesen Kindern daraufhin alle Ansprüche auf ein Lehen verweigert wurden, weil sie keine Leibeigenen ("Ungenossami") waren, kam es ständig zu Reibereien mit dem Grundherrn. Wenn sie dagegen das Erbe antreten durften, hatte der Grundherr praktisch die Kontrolle über seine Lehensleute verloren.

Um die Lage in Bezug auf die Erblichkeit besser zu verstehen, müssen wir den Vertrag von 1502 genauer untersuchen. Artikel 1 des Vertrags stellt den Grundsatz auf, dass von nun an alle Höfe des Klosters als Erblehen verliehen würden:

... das furter alle Gotzhusgütter so die vorgemelten Gotzhuslüt besitzen und Inhalt des Gotzhus Rodel inhaben, den gedachten Gotzhuslütten, allen und jedem besonder, nachvolgend Form und Gestalt zuo rechtem Erblehn gelihen und zuogestelt worden und der bestimpten Gotzhuslütt recht Erblehengüter haissen und sin sollen, also das gedacht Gotzhus Ochsenhusen furohin zu ewigen Ziten dehain erblichen Anfal uf und bi allen und jeden der vorangezaigten des Gotzhus gelegen Güttern nimmermer haben noch überkomen sollen ...

Es sollten nicht nur die Güter in Erblehen verwandelt, sondern auch eine Höchstgrenze für Todfall und Erschatz festgesetzt werden. 5% vom Wert des Gutes sollten beim Tod des vorherigen Lehensbesitzers an das Kloster abgeführt werden. Ausserdem sollte der Erbe des Lehens 10% vom Gesamtwert des Besitzes als Erschatz bei Antritt des Erbes an das Kloster zahlen. Im Jahre 1525 wandten sich verschiedene Bauerngruppen in Oberschwaben gegen die ständigen Erhöhungen des Todfalles und des Erschatzes, während, wie wir sehen, im Süden dieses Problem nicht bestand. (34) Die Bauern von Ochsenhausen konnten die Gebühren zwar nicht ganz und gar abschaffen, doch ist es ihnen wenigstens gelungen, sie auf einen relativ niedrigen Satz festzulegen.

Eine weitere wichtige Klausel des Vertrags besagt, dass die Güter frei verkauft werden durften, vorausgesetzt, dass der Verkauf nicht stückweise erfolgte:

Dann all vorbestimpt Gotzhauslütt söllen fürter ewiglich, wann und zuo welher Zit sie wöllen, Macht und Gewalt haben, des Gotzhaus halb ganz unverhindert, ainer dem andern sein Erblehengutt und Gerechtigkeit zuo verkaufen oder zu verwechseln, doch unzertrennlich nach Lehensrecht ze halten.

Man sah scharf darauf, dass die Güter nicht zerteilt wurden, nicht nur beim Verkauf, sondern auch wenn sie vererbt wurden. Das Gut wurde immer nur an eine einzige Person oder ein Ehepaar verliehen, nie an Geschwister. So blieben die Güter in jeder Hinsicht intakt.

Wenn der Abt einen Hof verleihen wollte, musste er ihn zunächst einem Leibeigenen des Klosters anbieten. Wurde er einem Ungenossen (Nicht-Leibeigenen) angeboten, konnte ein Leibeigener binnen einem Monat Anspruch darauf erheben. Um für die Leute des Klosters mehr Vorteile herauszuholen, mussten die Gebühren für sie um 10 Pfund niedriger angesetzt werden als für Leute, die keine Leibeigenen des Klosters waren. Der Vertrag erwähnt in diesem Zusammenhang, dass das Kloster zu dieser Zeit viele Lehensbauern hatte, die keine Kloster-Leibeigenen waren. Solange diese Leute Ungenossen blieben, hatten sie jedoch kein Recht auf Erbschaft.

Item nachdem bisher kain Ungenoss des Gotzhaus Hab und Guot, ligends und varends, vähig gewest ist, soll fürter ewiglich also besteen und die gemacht Abred und Betedigung allain die Gotzhauslütt hervorbestimpt, betreffen.

Aus dem Vertrag werden Lehens- und Erbschaftsformen deutlich, die die Wünsche der an dem Aufstand von 1502 beteiligten Bauern wiederspiegeln. Sie wollten, dass die Höfe vererbbar wurden. Aber sie kämpften offenbar auch dafür, dass die Güter nicht aufgeteilt wurden. Der Hof sollte nach

ihren Vorstellungen auf einen einzigen Erben übergehen; nicht einmal zwei
Brüder kamen als Lehensempfänger in Frage. Beim Tode eines Belehnten
sollte die Erbschaft von allen Erben gemeinsam angetreten werden, doch
sollte einer davon in kurzer Zeit die übrigen auszahlen.

> ... das sie in drÿen monatten nach solhem Todfal, ains under inen stel-
> len, so das gut zubuwen taugenlich sÿ, das soll die andern Erben davon
> lösen ...

Das geschah auch im Interesse der Grundherren und jener Bauern, die die
Höfe zum Lehen hatten. Ferner verlangten die Bauern das Recht, ihre Höfe zu verkaufen, was in der Gegend der Erblehen durchaus üblich war. Auch
waren die bäuerlichen Vertragspartner dem Ausschluss der Ungenossen
nicht unbedingt abgeneigt. Es ist klar, dass der Vertrag für viele Leute
ungünstig war, das heisst für die Ungenossen, die Höfe vom Kloster geliehen hatten. Denn er diente den Interessen der Leibeigenen des Klosters
mit Grundbesitz. Ein anderer Vertragspunkt, der dies unterstützt, bezieht
sich auf den Streit um die Allmende. Normalerweise hatte jeder, der ein
Gut besass, auch ein Recht auf Nutzung des gemeinsamen Landes. Der Abt
hatte jedoch einen Teil davon abgezweigt, um es an Bauern zu verleihen.
Dagegen wehrten sich natürlich alle, die Nutzungsrechte hatten. Der Vertrag bestätigte die Veräusserung des bereits abgezweigten Landes, verbot
aber alle weiteren Eingriffe:

> Weiter alsdann die armen Lütt der Allmaiden (Allmende) halb Irrung
> und Beswerung gehabt und anzogen hand, das aus den Almaiden etlich
> umb Zins verlihen, damit in ir Tratt gemindert si, dagegen aber Abt
> und Convent anzaigt haben, das sollichs auf der armen Lütt Ausuchen,
> denselben zu guot beschehen, inen auch on Schaden si, uf disen Arti-
> kel ist durch uns güttlich beredt und betedinget, was von den Prelaten
> des Gotzhaus Ochsenhausen bisher von den Almaiden und Vihtwaiden
> umb Zins verlihen si, und genomen haben, bi solher Lihung soll es auch
> hinfüro beliben on der armen Lüt, ir Erben und Nachkomen Irrtung, In-
> fräg und Widerred, doch das solhs on Vergünstigung und Willen der arm
> Lütt, irer Erben und Nachkommen von dem Gotzhaus, seinem jetzigen
> und künftigen Prelaten und Regirer nun fürohin allwegen nit mer ge-
> schehe.

Im Gegensatz zu dem Vertrag von 1502 zeigen die Beschwerden, die von
den Untertanen des Klosters 1525 an den Schwäbischen Bund gesandt wurden, die Interessen einer anderen Gruppe. Artikel 7 verlangte, dass alle
Acker - und Wiesenstücke frei verkäuflich sein sollten, vorausgesetzt, dass
der Zins nach wie vor an den Herrn entrichtet wurde. Solch eine Forderung konnte nur von Leuten kommen, denen Grundbesitz nach Massgabe
der Gebote, die Höfe nicht zu zerteilen, vorenthalten wurde. Es gab also
eine Schicht von Leuten - und sie nahm zu dieser Zeit ständig zu - für die
die Aufteilung von Besitzungen günstig gewesen wäre. Dass diese Artikel
von einem anderen Standpunkt aus geschrieben sind, wird durch Artikel 6
unterstützt, der verlangt, dass alle Privilegien und Freiheiten auf die Ungenossen ausgedehnt werden sollen. Artikel 15 verlangt das Nutzungsrecht
an der Allmende für alle Bewohner des Dorfes, nicht nur für jene, die dank
ihres Lehensbesitzes früher dieses Recht gehabt hatten. Artikel 16 über-
schreitet diese Forderung noch, indem er verlangt, die Erweiterung der

Nutzungsrechte an Wald und Wasser solle auch auf Handwerker ausgedehnt werden. Aus alledem wird klar, dass sich die Landbevölkerung über einige wichtige Punkte nicht einigen konnte und diese Uneinigkeit veranlasste die Kritik am Vertrag von 1502 in Artikel 9. (35)

> Der alte Vertrag, welcher zwischen weiland Abt Hieronymus und den Gotteshausleuten aufgericht wurde, soll aufgehoben werden, weil er ihnen unleidenlich und nachtheilig ist und zu verderblichem Schaden gereicht.

Es wurde bisher gezeigt, dass das rasche Bevölkerungswachstum zu einem Druck auf die Lehensstruktur führte. Die Ereignisse erregten Unzufriedenheit und Unruhe, aber die Bauern selbst waren sich nicht einig, welche Politik sie verfolgen sollten. Wenn sie die Sache auf sich beruhen liessen, würde die Fortsetzung der alten Verfahrensweise zu einer heillosen Zersplitterung der Höfe führen. In den früheren Verhältnissen gab es für Familienangehörige, die den Hof verlassen mussten, anderswo genug Land, so dass letzten Endes jede nachfolgende Generation das Gut als Ganzes übernahm. An der Zahl der Leute, die von Generation zu Generation von einem Gut lebten, änderte sich nicht viel. Aber als die Bevölkerung zunahm, wurde es schwieriger, die Aufteilung eines Gutes zu verhindern. Wo die allgemeine Regel galt, dass man auf dem Hof leben musste, um sein Anteilrecht zu behalten, wurde die Aufteilung des Landes dadurch gleichwohl nicht verhindert, dass es anderswo immer weniger offenes Land gab. Unter diesen Umständen versuchten die Herren die Erben zu zwingen, ihre Anteile an einen einzigen Familienangehörigen zu verkaufen. Wo ihnen dies nicht gelang, was möglicherweise auf Ravensburg zutrifft, begannen sie Erblehen zu kaufen und sie in Fallehen zu verwandeln. So fiel der Hof nach dem Tod des Belehnten an sie zurück und sie konnten ihn wieder ungeteilt verleihen. Das hatte für die Bauern natürlich seine Vorteile, denn die Güter blieben als wirtschaftlich rentable Einheiten erhalten. Doch es blieb der Druck jener bestehen, die von der Aufteilung ausgeschlossen wurden. So war die Lage in Ochsenhausen im Jahre 1525.

Andere Bauern empfanden die familiären Verpflichtungen als drückend, denn sie beschwerten sich, dass es ihnen nicht erlaubt sei, Teile ihres Gutes zu verkaufen, um ihre Kinder mit einer Mitgift zu versorgen. (36) Hätte man diesem Druck nachgegeben, wäre in der Folge ein völlig freier Grundstücksmarkt entstanden, auf dem Landstücke von jedem an jeden verkauft werden konnten. Die Verfechter dieser Politik, die Lohnarbeiter, erlebten einen beträchtlichen Abstieg ihres Standes im Vergleich zu der Zeit vor dem Bauernkrieg. Zu Beginn des 15. Jahrhunderts konnten sie normalerweise erwarten, einen Anteil an der Erbschaft zu bekommen. Wenn sie das Gut nicht gemeinsam belehnten, konnten sie oft auf dem Hof bleiben und für den Lehensmann aus der eigenen Familie arbeiten. Und falls zu viele Leute auf einem Hof waren, war es unter den damaligen Verhältnissen nicht schwer anderswo Land zu bekommen. Doch diese Aussichten änderten sich binnen einer oder zwei Generationen. Immer mehr Leute mussten ihre Arbeitskraft ausserhalb der Familie verkaufen. Wir sehen also das Bild einer wachsenden Schicht, die auf Lohnarbeit angewiesen war, und deren gesellschaftliche Aussichten immer schlechter wurden.

Doch nicht alle Herren lösten das Problem des Familienlehens auf dieselbe Weise. Vor etwa 1485 gab das Kloster Weingarten seine "drei Lebtag"-Verträge für die Lebenszeit eines Ehepaares und aller seiner Kinder aus, ausgehend von der Vorstellung, dass ein Hof für eine Familiengemeinschaft aufkam. Auch konnte man sich darauf verlassen, dass einige Familienmitglieder anderswo unterkommen konnten, falls die Familie zu gross war, um von den Erträgen des Hofes zu leben. Nach 1485 wird in den Verträgen jedoch ausdrücklich festgelegt, dass das Lehen auf Lebenszeit an ein Ehepaar und dessen jüngsten Sohn, und wenn sie keinen Sohn hatten, an die jüngste Tochter ging. (37) Diese Vertragsart spiegelt wie die früheren den Wunsch, dass ein Hof eine Familie erhalten solle. Die Länge des Vertrages entsprach der längstmöglichen Lebenszeit solch einer Familie. Aber im Gegensatz zu den früheren Verträgen hatten die Geschwister keinen festen Anspruch, auf dem Hof zu bleiben, sobald sie alt genug waren, sich selbst zu erhalten. Das Kloster mochte früher die Erben wohl dazu gebracht haben, untereinander einen Mann als den eigentlichen Lehensträger zu bestimmen, was ihnen nicht das Recht nahm, auf dem Hof zu bleiben; oder es mochte sie gezwungen haben, ihre Anteile an einen einzigen von ihnen zu verkaufen. Aber es gibt keine Beweise für solche Fälle ausser der Tatsache, dass es keine Verträge für mehrere Lehensträger gibt. Nach 1485 bemühte sich das Kloster, in dieser Lage insofern Klarheit zu schaffen, als nun jeweils der jüngste Sohn zum rechtmässigen Erben bestimmt wurde.

Dass volljährige Geschwister nicht auf dem Hof bleiben durften, geht deutlich aus einem Lehensbrief des Klosters Weissenau hervor. Obwohl diese Briefe auf Lebenszeit eines Ehepaares ausgeschrieben waren, war de facto die Erblichkeit mit eingeschlossen. Wenn ein Vertrag abgelaufen war, erhielt ein Sohn des alten Ehepaares und seine Frau den Hof. (38) Es wurde jedoch oft ausdrücklich darauf hingewiesen, dass das Ehepaar keine anderen Volljährigen aufnehmen dürfe. In einem Vertrag heisst es, das Ehepaar dürfe ausser der Mutter keine "Hausleute" haben. (39) Auch die Klausel, die jegliches "Hausvolk" oder "gehäust" verbot, ist typisch. (40) Im Jahre 1518 wurde eine Parzelle Äcker und Wiesen von einem Gut abgetrennt und dem Bruder des Lehensträgers überlassen, doch durfte er ohne Erlaubnis keine Hausleute aufnehmen. (41) 1523 wurde einer Witwe verboten, irgendwelches Hausgesinde zu haben. (42) Damit erreichte das Kloster, dass nicht mehr Leute auf einem Hof wohnten, als davon leben konnten. Es war allgemein üblich, dass die volljährigen Geschwister den Hof verliessen. Als sich die Aussichten verschlechterten, wurden immer mehr dieser Leute Landarbeiter.

Die These, dass die Zahl der Arbeitskräfte ohne Lehen zunahm, wird durch die Tatsache unterstützt, dass diese Gegend geradezu ein Zentrum für Landsknechte war. Sebastian Franck aus dem nördlichen Oberschwaben wies 1531 darauf hin, dass es seit dem 15. Jahrhundert eine Menge Leute, die "niemand nutz" waren, Landsknechte wurden:

> Zu dises Keysers (Maximilian I) Zeit, seind auch die Landsknecht, das niemant nutz volck auffkummen, das ungefordert, ungesucht umblaufft, Krieg und Unglück sucht und nachlaufft (dann die Underthonen aus not der Gehorsam von iren Herren zum Krieg aufgefordert, und, so sie den vollenden, wider nider sitzen an ir Arbeit, heissen vil nit Landsknecht sunder Soldner und gehorsam Kriegleüt). (43)

Er sagt sogar mit Nachdruck, dass die Landsknechte von nichts anderem leben konnten:

> Jetzt ist die Sach leyder in disen letsten Zeiten dahin kummen, das ain yeder Landsknecht sich stelt, als hab er ain Eyd geschworen, so bald er ein mal ein Spiess auff die Achsel nemen, so wolle er sein Tag kein Arbiet nymmer mer thon. Fürsten und Herrn solten diss unendlich Volck zu Arbeit treiben, oder des Lands verweisen, damit sye zu der Arbeit getriben, ires Kriegs Antriebens auffhorten und ir eygen Brot essen. (44)

Ausserdem beeindruckte es ihn anscheinend, dass jede Familie ihre diversen Landsknechte hatte:

> Und wie vor zeiten ein jedes geschlecht ein Pfaffen haben wolt, yetzt muss jedes nitt einen Landsknecht sunder vil haben. (45)

Es gibt keine zuverlässigen Zahlen darüber, wieviele Landsknechte aus Oberschwaben kamen. Nach der Schweiz stellte diese Gegend mit Bayern die meisten Soldaten. Im Burgunderkrieg von 1470 spielten die Süddeutschen eine grosse Rolle. (46) Von den 18,000 Man bei Héricourt kamen 10,000 aus Schwaben, hauptsächlich aus der Gegend von Konstanz, Schaffhausen, Überlingen, Ravensburg und Strassburg. (47) Gegen Ende der achtziger Jahre des 15. Jahrhunderts wurde der Schwäbische Bund hauptsächlich zum Zweck der Kontrolle und Mobilisierung militärischer Kräfte in dieser Gegend organisiert. Der Bund, zusammengesetzt aus Reichsfürsten, Reichsstädten, Klöstern und Rittern, wurde der Hauptlieferant von Soldaten für die Politik des Reichs, bis er durch die Reformation in zwei Lager gespalten wurde. Die Mitglieder des Bundes verboten ihren Untertanen von Anfang an, in fremde Dienste zu treten, in der Absicht, dieses Menschenpotential für ihre eigenen Bedürfnisse zu sichern. (48)

Listen der Landsknechte, die von der Stadt Überlingen während des 15. und 16. Jahrhunderts angeworben wurden, sind erhalten. (49) In den achtziger Jahren des 15. Jahrhunderts erstellte Überlingen seine Kontingente weitgehend nach einem System regelmässiger Aushebung aus den eigenen Zünften. Auch später, nach der Jahrhundertwende, machte sie davon noch Gebrauch, begann aber gleichzeitig, Soldaten aus ganz Oberschwaben anzuwerben. 1523 kamen die Soldaten, die gegen die fränkischen Ritter zu Felde zogen, aus dem Bregenzer Wald, aus den Klöstern Salem, Kempten, Ochsenhausen und Weissenau; die Hauptmasse jedoch wurde nach wie vor im Gebiet der Stadt selbst ausgehoben. Einige Jahre später wurden die Zwangsaushebungen weniger wichtig. Die Stadt konnte sich dann schon darauf verlassen, dass es genug Leute gab, die jederzeit bereit waren, Berufssoldaten zu werden. Schon früher wurde ein wichtiger Trend deutlich: Die Truppenaushebungen verlagerten sich von der Stadt aufs Land. 1526 konnte die Stadt Landsknechte aus Gegenden in Oberschwaben, wo sich die Bauern gerade erhoben hatten, ausheben und eine Streitmacht nach Salzburg schicken, um dort einen Bauernaufstand zu unterdrücken.

Unsere bisherigen Untersuchungen untermauern die Bedeutung der Bevölkerungszunahme für die sozialen Veränderungen vor dem Bauernkrieg. Gegen Ende des 15. Jahrhunderts waren innerhalb der Dorfgemeinschaften Spannungen entstanden. Da die Höfe nicht aufgeteilt wurden und wenig kultivierbares Land übrigblieb, stieg der Druck auf die bestehenden Produktionsmittel. Die Zahl der Tagelöhner stieg, und sie begannen, um Rechte an dem gemeinsamen Land zu kämpfen. Gleichzeitig bildete diese Gruppe ein Reservoir an Streitkräften für die militärischen Bedürfnisse.

Die Lehensinhaber im Dorf waren in zunehmendem Masse um ihre Stellung besorgt. Die verlangten Kontrolle über das gemeinsame Land, über Wälder und Fischteiche. Sie wollten der Veräusserung der Allmende zugunsten der Tagelöhner eine Schranke setzen.

KAPITEL 4

Wirtschaftliche Probleme: Preise, Zinsen und Löhne

Im Hinblick auf die wirtschaftliche Rentabilität der Güter fällt zunächst auf, dass die Bauern in vielen Beschwerdeartikeln sich darüber beklagen, dass die Höfe mit Zinsen überlastet sind. Solch eine Beschwerde erscheint in den "Zwölf Artikeln":

> Zuom achten sei wir beschwert, und der vil, so Güter innen haben, das dieselbigen Güter die Gült nit ertragen kinden und die Bauren das Ir darauf einbiessen und verderben, das die Herschaft dieselbigen Güter erber Leüt besichtigen lassen und nach der Billikait ain Gilt erschöpf, damit der Baur sein Arbeit nit umbsunst tie; dann ain ietlicher Tagwerker ist seins Lons wirdig. (1)

Um daraus irgendwelche Schlüsse ziehen zu können, seien zuerst die verschiedenen Abgaben, Steuern und Dienste im einzelnen beschrieben; als Beispiel dienen die Bauern des Klosters Weingarten, da das Urbarbuch von 1531 die besten Unterlagen für diese Gegend liefert.

In diesem Urbarbuch sind alle Abgaben und Dienste verzeichnet, die auf jedem Hof lasteten. Bemerkenswert sind die Unterschiede und Ungleichheiten von Gegend zu Gegend und von Hof zu Hof. Wenn man diese Verhältnisse genau betrachtet, ergibt sich ein gutes Bild von der Art der bäuerlichen Verpflichtungen in diesem Raum. Zunächst zahlte jeder Hof einen Zins, auch "Zins und Hubgult" genannt. Dabei handelt es sich in der Hauptsache um einen Bodenzins, der in Geld oder Naturalien gezahlt wurde. Die Formel im Urbarbuch von 1531 lautete: "von dem Gutt und seiner zugehörd gibt er järlich zu zins und Hubgult ..." Dieser Bodenzins war normalerweise die einzige Belastung, die in den Lehensreversen erwähnt wurde. Das Urbarbuch hingegen beschreibt alle Verpflichtungen, auch die gegenüber anderen Herren. In diesem Zusammenhang muss auf die Mehrdeutigkeit des Wortes "Zins" hingewiesen werden. Im Urbarbuch werden alle Abgaben und Dienste als "Zins" überschrieben. Aber bald danach bezeichnete das Wort nur die Abgaben in Geld. Um die Sache noch zu verwirren, konnte das Wort auch Zinsen im modernen Sinne bedeuten. Ein Bauer zahlte etwa Zinsen für ein Darlehen, das er auf seinen Hof aufgenommen hatte, wobei der Zinssatz bei 5% lag. Der Gläubiger hatte jederzeit das Recht, das Darlehen gegen die ursprüngliche Summe einzulösen. (2) Diese Art Zinsen kommt jedoch weder in den Lehensverträgen noch im Urbarbuch vor. Zins im Sinne von Bodenzins war nicht einlösbar.

Zins und Hubgült zerfallen in Geld- und Natural-Abgaben. Die Naturalien wurden normalerweise in Form einer bestimmten Menge Getreide und in einer Anzahl von Hühnern und Eiern bezahlt. Westlich der Schussen zahlten die Bauern fast immer in Hafer und Dinkel. Weiter im Osten auf das Allgäu zu wurden die Getreideabgaben fast ausschliesslich in Hafer entrichtet.

Eine weitere Auflage war häufig das "Heugelt", das in einem Geldbetrag an Stelle einer bestimmten Menge Heu bestand. Da die Herren selbst keine Landwirtschaft mehr betrieben, hatte das Heu für sie keine wirtschaftliche Bedeutung mehr; daher wurde die Menge in einen Geldbetrag umgerechnet. Neben dem Heugeld werden oft die Heuzehenten erwähnt, die ebenfalls in Geld umgerechnet wurden. Wann immer eine dieser Auflagen vorkommt, beträgt sie normalerweise um acht oder neun d e n a r i i . (3)

Eine Klausel in den Lehensreversen besagt, dass der Lehensträger alle Dienste zu leisten habe, aber es geht daraus nicht deutlich hervor, ob damit alle im Vertrag erwähnten Dienste gemeint sind oder ob von dem Bauern alle bestehenden Dienste erwartet wurden. (4) Auf jeden Fall gab der Vertrag oft die zu leistenden Dienste einzeln an. Besonders üblich war ein eintägiger Dienst mit einem Pferd ("Rosslaiti"). Das Urbarbuch erwähnt für viele Höfe die einzelnen Dienste gegenüber dem Landvogt; doch schuldeten ihm durchaus nicht alle Höfe Dienste, auch waren sie sehr ungleich verteilt. Meistens bestanden sie in einigen Tagen Mähen oder Holzfällen. Die Dienste wurden nur gelegentlich in Geldbeträge umgerechnet, ausser den Wagendiensten, an deren Stelle ein "Wagengelt" von etwa einem Pfund gezahlt wurde. In ein paar Fällen betrug es nur sieben Schillinge, in anderen dagegen bis zu drei Pfund.

Kleine Mengen an Getreide oder Geldbeträge waren an einen Amtmann des Klosters oder an eine Pfründe zu entrichten. Solche Abgaben erhielten etwa der Siechenpfleger, der Förster, der Ammann, der Schulmeister. Anderer Natur waren die Schuldigkeiten gegenüber dem Vogt, der die Gerichtsbarkeit ausübte. Das Vogtrecht des Klosters Weingarten ist ziemlich kompliziert. (5) Während der gesamten hier behandelten Zeit wurde um das Recht der Landvogtei gestritten, die Kastenvogtei über das Kloster auszuüben. Die Landvogtei verlangte, dass sich das Kloster auf geistliche Angelegenheiten beschränkte, während der Landvogt die Aufsicht über die Stiftsverwaltung besass. Zugleich beinhaltete die Vogtei über den zerstreuten Klosterbesitz das Recht zur Ausübung der niederen Gerichtsbarkeit. Während der Stauferzeit wurden grosse Teile der Vogtei von den Staufer-Ministerialen wahrgenommen. Die Abgaben an den Vogt wurden allgemein als "Vogtkern" bezeichnet. Dieser Vogtkern wurde in einigen Gegenden direkt an Weingarten abgeliefert, während die Mehrzahl der im Norden und Osten gelegenen Höfe ihn nach Waldburg gaben. Die dafür fälligen Abgaben betrugen zwei bis fünf Streiche Kern (enthülster Dinkel). In einigen Fällen waren für die Vogtei unverhältnismässig hohe Dienste zu leisten, zum Beispiel bis zu acht Arbeitstagen ("Tagwerk") mit Pferd und Wagen. Gelegentlich findet man eine sogenannte "Steuer", die von dem Kloster nur in den Fällen einbehalten wurde, in denen es die niedere Gerichtsbarkeit innehatte. In den früheren Zinsrodeln wird der Begriff "Steuer" oft erwähnt, aber in dem Urbarbuch von 1531 wird das Wort von dem Begriff Zins nicht unterschieden. Manchmal lieferten die Höfe eine "Steuer" an Waldburg ab, die offenbar unter die niedere Gerichtsbarkeit von Waldburg fielen. Die Höhe betrug zwischen vier und fünf Schillingen. (6)

Gelegentlich erwähnt das Urbarbuch einen Zehnten. Der "Grosszehend" wurde normalerweise nicht besonders erwähnt, es sei denn, es handelte sich um eine fixe Summe. Manchmal wird auch der "Kleinzehende" genannt, der gewöhnlich in einen Geldbetrag von fünf bis sieben Schillingen umgerechnet wurde.

Noch öfter jedoch wird sowohl im Urbarbuch wie in den Lehensreversen keiner der beiden Zehnten genannt. Es ist nicht immer klar, wer das Recht hatte, den Zehnten einzuheben, denn oft hatte ein Bürger aus Ravensburg den Zehnten gekauft, oder er gehörte einem anderen weltlichen Herrn. Wenn Weingarten ihn besass, wurde er oft einer bestimmten Pfründe zugeteilt. Man verfuhr allgemein damit so, dass die Höhe entsprechend dem erwarteten Ernteertrag festgesetzt und alle zwei oder drei Jahre berichtigt wurde, je nach den Ergebnissen der letzten Ernte. Nur ganz selten gibt das Urbarbuch an, dass ein Bauer überhaupt keinen Zehnten zu bezahlen hatte.

Das Verhältnis zwischen Bodenzins und anderen Abgaben und Diensten zeigen die nachfolgenden Fälle aus dem Urbarbuch. (7)

I. Berg

Hof A

1. Bodenzins an das Kloster:

   9 ½ Schef. Dinkel
   9 ½ Schef. Hafer
   2 Pfd. (Zins und Heugelt)
   1/2 Fuder Wein
   4 Hühner

2. Vogtrecht an das Kloster:

   1 ½ Schef. Dinkel

3. Landvogtverpflichtungen:

   3 Pfd. (Wagengelt)
   8 Schil. 8 den. (Heugelt)
   1 Schef. Dinkel
   1 Schef. Hafer
   2 Hühner
   4 Tage Dienste
   1/2 Fuder Streu

4. Priester zu Berg:

   1/2 Fuder Heu

Hof B

1. Bodenzins an das Kloster:

   7 Schef. Dinkel
   2 Schef. Hafer
   3 Pfd. Heller
   6 Hühner
   6 den. (Rosslaiti)

   2. Vogtrecht an das Kloster:

      1/2 Schef. Dinkel

   3. Landvogtverpflichtungen:

      1 Pfd. 2 Schil. 11 den. (Wagengelt)
      1 Huhn
      5 Tage Dienste

II. Blitzenreute

   1. Bodenzins an das Kloster:

      13 ¾ Schef. Dinkel
      13 ¾ Schef. Hafer
      1 Pfd. 18 Schil. 4 den.
      1 Tag Fuhrdienste zum Bodensee ("Seefahrt")
      3 Schil. (Heuzehent)

III. Walthausen

   1. Bodenzins an das Kloster:

      10 Schef. Dinkel
      10 Schef. Hafer
       3 Pfd. Heller
       7 Hühner
    100 Eier
       1 Tag Fuhrdienst zum Bodensee ("Seefahrt")
       8 Schil. (Dienste)

IV. Banrieth

   1. Bodenzins an das Kloster:

       8 Schef. Hafer
    15 Schil. 6 den.
       3 Hühner
       2 Rosslaiti

   2. Waldburg Vogtrecht:

      3 ½ Schef. Hafer
      8 Tage Dienste (mit Pferde und Wagen)

   3. Waldburg Ammann:

      1/4 Schef. Hafer

V. Zu Steppach

1. Bodenzins an das Kloster:

   15 Schef. Hafer
   1 Pfund. 10 Schil.
   6 Hühner, 100 Eier

2. Zehnten an das Kloster:

   3 ½ Schef. Hafer
   3 Schil. (Heuzehent)

3. Steuer an Waldburg:

   6 Schil.

Diese Beispiele zeigen deutlich, wie verschieden die Abgaben und Dienste sein konnten. Im ganzen gesehen entgingen die relativ grossen Güter im Norden und Westen des Klosters, wie zum Beispiel Blitzenreute und Walthausen, allen Extraabgaben an den Landvogt oder irgend einen anderen weltlichen Herrn. Weiter im Süden waren die Güter meistens zu Diensten gegenüber dem Landvogt verpflichtet; einige davon wurden in Geld oder Naturalien gezahlt. Einige Höfe in der Nähe von Schmalegg oder Ravensburg waren verpflichtet, Dienste zu leisten oder einen Vogtzins zu zahlen, aber diese Verpflichtungen waren wesentlich geringer als die gegenüber dem Landvogt. Wichtiger ist, dass eine Mehrzahl der Höfe im Osten des Klosters Dienste oder Abgaben an Waldburg zu entrichten hatte. Im Fall von Banrieth (s. oben) handelte es sich schon um beachtliche Beträge.

Mit der Abschaffung der Dienste waren sicher viele Ungleichheiten verschwunden. Die Dienste waren oft nicht genau festgelegt oder wurden willkürlich erhöht. (8) Und selbst wenn die Dienste genau angegeben waren, hatte der Herr offensichtlich das Recht, die Bauern zu ungelegener Zeit zur Arbeit zu rufen, das heisst, wenn die eigene Wirtschaft alle Arbeitskräfte dringend benötigte. Dennoch scheint das Material zu beweisen, dass die Beschwerden nicht so sehr in der Erhöhung der Dienste, sondern vielmehr in deren Ungleichheit begründet lagen. Im allgemeinen waren die Dienste gegenüber dem Kloster keine allzu grosse Last und es gilt hier vermutlich das gleiche wie für die Memminger Dörfer; auch hier ging es nicht um die Erhöhung, sondern um die Ungleichheit der Dienste. Aus der Beschwerde geht deutlich hervor, dass die Dienste schon lange bestanden und nicht geändert worden waren, seit die Stadt die betreffenden Ländereien gekauft hat.

Zum 5. der Dienst halb könden sich ains Rats Undertonen der Mertail nit sonder beschwern, dann inen dieselben Dienst, ee sie ain Rat erkauft hat, von andern Herren aufgelegt worden. Darumb bedurfen sie diesen Artikel nit setzen, als ob ain Rat sie also beschwert hat. Nicht desto wieniger, wa seine Undertonen etwas zu hart Anliegen hetten und ainem Rat insonderhait anzaigten, und die Bestandbrief auch gehört werden, wil er sich darauf gegen inen auch gutigklich erzaigen. (9)

Die Dienste waren für die Bauern der Herrschaft Kisslegg ein entscheidender Beschwerdeartikel. Sie empfanden diese Dienste oder Abgaben als ungerechte zusätzliche Bürde zu ihrem Bodenzins. Die Realitäten, die sich hinter ihren Klagen verbargen, waren in Weingarten durchaus ähnlich. Die Kisslegger Artikel beginnen:

> Nota, wie, wamit und in wöllicherlay gestalt wir, die gemain baurschaft in der herschaft Kyslegk gesessen, von unsern hern und junckhern von Schellenberg groslich beschwert und überladen seind. Nämlich in vil und menigerlay mörgklichen diensten, so wir über die, so in die gueter inhalt briefen und gultbuechern als mämlich (sic) schnitter, mader und arten (= Ackern) gehorend, gethon, so der herschaft zu thund vervolgen söllen, wie hernachuolgt, mit gwalt und gepott wider billichait zu thun vergwaltigt worden, vermaynend, billich sein, so ina schniden, mogen (= Mähen) und arten beschechen, in der bezalung und rechnung der jarlichen gult nit gerechnot, besonder abgezogen werden, ouch hinfuro, es sey fraw oder man, jung oder alt, mit tribut, schatzung, dienst, gelt oder weyter zu dienen nit turbiert, uffgelegt, noch schuldig sein sollen. (10)

Ich glaube, dass die "Zwölf Artikel" in dieser Hinsicht weder die Verhältnisse des Seehaufen spiegeln noch die Verhältnisse um Memmingen; denn Artikel 6 beschwert sich über Dienste, "wölche von Tag zu Tag gemert werden". (11) Artikel 7 der "Zwölf Artikel" beschäftigt sich auch mit den Diensten; er fordert eine Vereinbarung zwischen Herrn und Bauern über die angemessene Höhe der Dienste. Darüber hinaus sollten die Bauern nur freiwillig und gegen gerechte Bezahlung für den Herrn arbeiten. Aus den verschiedenen Quellen kann man nur schliessen, dass die Verhältnisse in Bezug auf die Dienste sehr verschieden waren. Für einige Herren mussten die Bauern überhaupt keine Dienste leisten, für andere wieder über eine Woche arbeiten. An einigen Orten war die Zahl der Dienstverpflichtungen gestiegen. Aber im grossen und ganzen waren die Auflagen nicht allzu gross; ein Bauer konnte einen Ersatzmann stellen und ihn mit etwa zehn bis fünfzehn d e n a r i i pro Tag bezahlen. (12) Das ergab eine Summe von 8 oder 9 Schilling für 8 Tage Arbeit. Einen Bauern, der seine Arbeitskraft verkaufen musste, um davon zu leben, konnte das sehr hart treffen, und sicher empfand man die Dienste als besonders drückend, wenn der Nachbar wesentlich weniger zu leisten hatte.

Eine weitere Klage der Bauern, die fast immer und überall auftaucht, betraf die "Reissteuer", eine Militärsteuer. Die Bauern in dieser Gegend waren allgemein dazu verpflichtet, einem Aufruf zu Verteidigungszwecken Folge zu leisten. Sie waren zu einem Dienst von Sonnenaufgang bis Sonnenuntergang verpflichtet. (13) Damit war den Herren natürlich nicht viel gedient und so erhoben sie ersatzweise eine Steuer, aus der sie eine länger dienende Streitkraft bezahlen konnten. Überlingen zum Beispiel verlangte am Ende des 15. Jahrhunderts von jeder Zunft der Stadt und von jedem Bezirk seines Territoriums eine bestimmte Summe Geld und eine bestimmte Zahl von Leuten. (14) Theoretisch entsprach die Steuer einem Dienst für einen Tag, aber im Lauf der Zeit wurden die Auflagen immer höher. Auch war man sich nicht einig darüber, welcher Herr das Recht habe, die Steuer einzuheben. 1523 schlichteten das Kloster Weingarten und die Stadt Überlingen einen langen Streit über die Steuer der zwei Vogteien

Hagnau und Hofen. (15) Das Kloster beanspruchte das Recht auf die Steuern seiner eigenen Leibeigenen, während die Stadt als Inhaberin des Vogtrechts für beide Orte dasselbe Recht geltend machte.

Die Bauern dagegen vertraten die Ansicht, dass die Ablieferung des Bodenzins die Herren verpflichtete, sie ohne weitere Zahlungen zu beschützen. Die Bauern von Öpfingen und Griesingen machten das in ihrem ersten Artikel deutlich:

> Item anfenklich wann es sich begibt, dass man raiset, so legt man söllich Raisgelt uf arm Leit, darumb wier vermainen, söllich Gelt nit schuldig sein us der Ursach, darumb das wier Zeins vnd Gilt gebent, darum unser Junkher billich uns beschitzen und beschirmen soll. (16)

Die Eintreibung von Reisgeld verschärfte sich vermutlich, als der Schwäbische Bund in der Reichspolitik eine immer grössere Rolle zu spielen begann. Der Bund hatte nicht nur die Streitkräfte dieser Gegend in seiner Hand, sondern er konnte auch das nötige Geld flüssig machen. Kurz, die Bauern bezahlten die Landsknechte, die der politischen Interessen der Herren dienten. Eine Reisgeldliste von Weingarten aus dem Jahre 1519 liefert dafür ein Beispiel. (17) Die Landsknechte wurden vom Kloster in seiner Eigenschaft als Mitglied des Schwäbischen Bundes bezahlt und verpflegt. In diesem Fall unterstützte der Bund das Haus Habsburg bei der Absetzung des Herzogs Ulrich von Württemberg. Jeder Ort auf dem Territorium des Klosters musste eine bestimmte Zahl von Truppen stellen und das entsprechende Geld aufbringen, um sie zu bezahlen. Es gibt zum Beispiel eine Eintragung von Esenhausen, wo zwölf Knechte mit drei Gulden pro Monat bezahlt wurden. Es gibt keinen Hinweis darauf, wer die Steuer letzten Endes gezahlt hat. Ebensowenig kann man feststellen, wieviele Untertanen das Kloster in diesem Ort hatte. Falls Esenhausen dem "Gericht Esenhausen" im Urbarbuch von 1531 entspricht, dann bezahlten 63 Gutsinhaber das Reisgeld. Wenn nur die Bauern die Steuer zahlten, dann kommt auf jeden Hof durchschnittlich ein halber Gulden pro Monat. Wenn aber die Steuer allen Leibeigenen auferlegt wurde, dann ist die Höhe der Besteuerung der Einzelnen schwer abzuschätzen. Man sieht, dass mit langfristigen oder wiederholten Auflagen am Ende ziemlich viel zusammenkam, wobei bei dem kopfsteuerartigen Charakter des Reisgelds die kleineren Höfe am härtesten getroffen wurden.

Schliesslich schuldeten die Bauern ihren Herren noch den Zehnten. Der Zehnt für Getreide wurde der Grosszehnt genannt. Fast überall verlangten die Bauern die Abschaffung des Kleinzehnten, der vom Vieh, aber auch von Gemüse und Flachs gezahlt wurde. (18) Er war nicht sehr hoch, und vielleicht nahmen sie nur die Gelegenheit wahr, ihn abzuschaffen, da sie den Zehnten überhaupt auf eine neue Basis stellen wollten. Im Ganzen wurde das Prinzip des Zehnten als solches nicht verworfen. Die "Zwölf Artikel" sprechen dies klar aus, denn sie waren für Beibehaltung des Grosszehnten, mit dem sie unter anderem ihre Pfarrer besolden wollten. (19) Der Zehnt sollte an die Dorfgemeinschaft geliefert und von ihr aufgeteilt werden.

Soweit kann man die verschiedenen Abgaben der Bauern und ihre Einstellung dazu deutlich erkennen. Aber wir wollen wissen, welche Bauern die Reissteuer und besondere Dienste als eine schwere Belastung empfanden. Das stellt uns vor ein schwieriges Problem und die Antwort ist noch unbefriedigend. Wir müssen den Ertrag eines Hofes berechnen sowie die Zahl der Leute, die davon leben konnten. In keinem der beiden Fälle haben wir vollständige Zahlenangaben als Ausgangspunkt. Aber eine ungenaue Berechnung auf einer zögernd angenommenen Grundlage ist vielleicht immer noch besser als gar keine. Wir werden also aus dem Urbarbuch von 1531 Güter aus allen Gegenden des Weingartener Territoriums auswählen und untersuchen. Wir werden dann den Zins pro Landeinheit berechnen und versuchen zu errechnen, wieviel Getreide mit einer Landeinheit produziert werden konnte. Daraus wollen wir schätzen, wieviel Nahrungsmittel ein Gut produzieren konnte und wieviele Leute davon leben konnten. Dann erst können wir feststellen, welche Höfe gerade noch eine Familie unterhalten konnten und von jeglicher Erhöhung der Steuern oder Frohndienste stark betroffen wurden.

Zur Analyse des Urbarbuches soll dieselbe Methode wie im 2. Kapitel angewandt werden. Das heisst, wir wollen die Gesamtfläche des Bodens mit der Gesamtsumme der Bodenzinse - ungeachtet des Teils, der in Hühnern, Eiern oder anderen Abgaben gezahlt wurde - in Relation setzen. Daraus ergibt sich ein Anhaltspunkt, ob der Bodenzins pro Landeinheit einigermassen gleich war. Danach können wir die Folgen der anderen Abgaben ermessen. Ich habe sehr viele Höfe ausgewählt, einschliesslich aller Höfe in einigen der grösseren Weiler in jedem Gebiet. Für die Gegenden auf das Allgäu zu, wo es in erster Linie Einzelhöfe gab, versuchte ich Höfe auszuwählen, die nacheinander aufgeführt waren. Schliesslich schloss ich alle Höfe aus, die mit den anderen ganz und gar unvergleichbar waren. Zum Beispiel, wenn gelegentlich ein Hof den Zins in Textilien zahlte.

In Anhang A habe ich für 165 Höfe die Gesamtsumme des Grundbesitzes in Äckern und Wiesen angegeben. Die zu verschiedenen Höfen gehörenden Wälder habe ich ausgeschlossen, da ich keine befriedigende Lösung fand, den Umfang zu bemessen. In einigen Gegenden hatten die Bauern ein kleines Stück Wald (5 - 10 Jauchart), andere dagegen hatten das Recht, einen grösseren Wald, der dem Kloster gehörte, zu nutzen. Wieder andere hatten so viel Wald, wie sie brauchten. Einige Bauern hatten weder eigenen Wald noch irgendein Nutzungsrecht am freien Wald. In keinem der Fälle durften sie Holz fällen, denn damit verwirkten sie den Hof. Neben dem Umfang des Landes habe ich den Zins angegeben, der in Hafer, Dinkel und Geld gezahlt wurde. Um ihn in einer allgemeinen Einheitswert auszudrükken, machte ich von den Durchschnittspreisen in d e n a r i i aus Augsburg für die Zeit von 1511 - 1520 Gebrauch. (20) Der denarius von Ravensburg und von Augsburg hatte am Anfang des Jahrhunderts ungefähr den gleichen Gehalt an Silber. (21) Von diesen Angaben ausgehend, habe ich ein Verhältnis zwischen der Zinssumme in denarii und der Gesamtsumme des Bodens hergestellt, das als denarii pro Jauchart ausgedrückt wird. Daraus können wir sehen, ob die Zinsen dieser Höfe einheitlich waren, aber wir haben dann immer noch nicht genügend Anhaltspunkte über den Umfang des Bodenzinses noch über die gesamte Belastung eines Hofes mit Bodenzins, Zehnten und Abgaben an andere Herren neben dem Grundherrn.

Diese zuletzt genannte Aufgabe kann nicht völlig befriedigend gelöst werden, da bisher zu viele wichtige Informationen fehlen. Ich habe versucht abzuschätzen, wieviel Getreide ein Hof produzieren konnte, unter der Voraussetzung, dass die Äcker in jedem Fall in drei gleiche Teile - für Hafer, Dinkel und Brache - aufgeteilt waren. Da in dem von mir eingesehenen

Archivmaterial keine Unterlagen über die Getreide-Erträge zu finden waren, musste ich die ungefähre Menge an Getreide pro Landeinheit nach einer ziemlich umständlichen Methode berechnen. In einer unvollständigen Liste des Zehnten aus dem Kloster Weingarten gibt es eine Schätzung des durchschnittlichen Zehnten der von jedem Jauchart Acker in Hafer und Dinkel gewonnen werden konnte. (22)

Wenn diese Schätzung stimmt, müsste sie für andere Gegenden, wo Getreide unter ähnlichen Bedingungen angebaut wurde, ähnliche Ergebnisse liefern. Beveridge berechnete für die Ländereien von Winchester den Getreideertrag im Mittelalter bis zum 16. Jahrhundert. Seine Schätzung kam auf 7,5 englische Scheffel Hafer pro Morgen; Bennet dagegen meint, das sei zu wenig für den Durchschnitt in England. Im 20. Jahrhundert wurde in Rathhampstead, England, ein Experiment ausgeführt, bei dem Getreide unter mittelalterlichen Bedingungen angebaut wurde. Nachdem die Erträge in den ersten Jahren schlagartig zurückgegangen waren, blieben sie bei etwa 12 englischen Scheffel Hafer pro Morgen gleich. Ähnliche Zahlen sind in der Mitte des 19. Jahrhunderts in Russland zu finden, wo die landwirtschaftlichen Methoden und Hilfsmittel denen in Deutschland im 16. Jahrhundert sehr ähnlich waren. (23)

Da weder in England noch in Russland Dinkel angebaut wurde, habe ich nachstehend die Erträge für Hafer verglichen. Aus dieser Tabelle können wir entnehmen, dass der geschätzte Ertrag in der Zehnten-Liste von Weingarten wahrscheinlich der Wirklichkeit ziemlich genau entsprach.

Tab. 4.1 Haferproduktion pro Landeinheit

Ort	Zeit	Engl. Scheffel pro Morgen
Winchester	1200-1450	7,5
Rathamstead	20. Jahrhundert	12
Russland	19. Jahrhundert	12
Weingarten	ca. 1490	12,2

Die Schätzung für Weingarten, erstellt auf Grund des Zehnten, mit 10 multipliziert, ist vielleicht etwas zu hoch. (24) Ich glaube, man geht ziemlich sicher, wenn man den Ertrag pro Morgen mit 10 bis 12 englischen Scheffeln annimmt (3,5 - 4 Ravensburger Scheffel pro Jauchart). Da sich diese Zahlen als einigermassen glaubwürdig erwiesen, kann man sich wohl auch auf die Angaben für Dinkel verlassen, der mit 5 Scheffel pro Jauchart berechnet wird. Auf Grund dieser Zahlen habe ich die wahrscheinliche jährliche Produktion für jeden Hof geschätzt und das Ergebnis in denarii umgerechnet. Aus diesen Zahlen können wir ablesen, wieviel Prozent der gesamten Getreideproduktion als Zins abgeführt wurde. Ferner habe ich angenommen, dass jeder Hof den Zehnt bezahlte, da wir keine Angaben darüber haben, welche Höfe keinen vollen Zehnten bezahlten. Schliesslich habe ich alle anderen Abgaben zahlenmässig miteinbezogen, um den gesamten Prozentsatz feststellen zu können, der von jedem Hof an alle Herren abgeführt wurde. Diese letzte Berechnung lässt freilich einige Punkte unberücksichtigt. Dienste, die nicht in Geld umgerechnet wurden und Abgaben, die in Hühnern und Eiern gezahlt wurden, erscheinen nicht.

Andere als die schon genannten Erzeugnisse eines landwirtschaftlichen
Betriebs sind ebenfalls nicht aufgeführt. Dennoch ist die Kalkulation sinn-
voll, da ja die Getreideproduktion den wichtigsten Lebensunterhalt für die
Bauern darstellte. Und da Getreide die Hauptgrundlage aller Nahrungsmittel war, kann man grob errechnen, wieviel Getreide ein Hof produzieren musste, damit eine durchschnittlich grosse Familie davon leben konnte.

Wir beginnen unsere Analyse der Weingartner Güter mit einem Vergleich
ihres Umfangs, das heisst, der Gesamtsumme an Wiesen und Äckern in
Jauchart. In der nachstehenden Tabelle sind die Güter von jedem Band des
Urbarbuches in Gruppen von jeweils zehn Jauchart aufgeteilt. Die Landkarte zeigt, auf welche Gegenden sich ein Band jeweils bezieht. Wenn man
die Tabelle genau betrachtet, ergibt sich ein gutes Bild von der Verteilung
des Landes in dieser Gegend: wieviel Prozent der Höfe in jeweils eine Gruppe fallen und wie die Grösse der Güter den geographischen Gegebenheiten
entspricht.

Tab. 4.2 Weingartner Höfe 1531, Grösse in Gruppen von
10 Jauchart

	1 - 10	11 - 20	21 - 30	31 - 40	41 - 50
Band I	9	18	7	5	5
Band II	7	7	3	9	6
Band III	2	4	5	5	6
Band IV	2	5	12	5	3
Band V	-	7	6	2	2
Summe	20	41	33	26	22

	51 - 60	61 - 70	71 - 80	81 - 90	91 - 100
Band I	-	3	1	-	-
Band II	2	7	3	3	4
Band III	1	1	4	4	1
Band IV	2	1	-	-	-
Band V	1	3	1	2	2
Summe	6	15	9	9	7

	101 - 110	111 - 120	Über 120	Summe
Band 1	-	-	-	48
Band II	3	1	1	56
Band III	-	-	-	33
Band IV	-	-	-	29
Band V	2	-	-	28
Summe	5	1	1	195

Es wurden von jedem Band genügend Güter ausgewählt, so dass man aus dieser Aufstellung allgemeine Schlüsse ziehen kann. Wegen der geographischen Verschiedenheiten enthält Band I mehr Höfe unter 20 Jauchart als die übrigen Bände. Sie liegen im Tal der Schussen, im reichsten Akkerbaugebiet der ganzen Gegend, wo kleine Höfe noch rentabel waren. In den Bänden III und IV finden wir eine Anhäufung von Höfen zwischen 40 und 50 Jauchart. In Band II und V variiert der Umfang am stärksten. Band V enthält in dieser Auswahl überhaupt keinen Hof unter zehn Jauchart. Je weiter die Höfe vom Fluss entfernt lagen, desto mehr unterschieden sie sich im Umfang. Denn hier gibt es steile Schluchten, sandigen Boden und Hügel mit Wäldern.

Um die Unterschiede in den einzelnen Gegenden deutlicher zu machen, bietet es sich an, die Durchschnittsgrösse eines Hofes aus jedem Gebiet zum Vergleich heranzuziehen. Die folgende Tabelle gibt sowohl das arithmetische Mittel wie den Mittelwert (den Mittelwert eines Hofes in jeder Reihe) an, sowie den Gesamtumfang an Land von allen jeweils ausgewählten Höfen. Die Zahlen sind in Jauchart angegeben:

Tab. 4.3 Weingartner Höfe 1531, Durchschnittsgrösse

	Gesamter Bodenumfang	Zahl der Höfe	Mittel	Mittelwert	Grösster Hof
Band I	1182	48	23	18	73
Band II	2801	56	50	42	140
Band III	1502	33	46	47	98
Band IV	891	30	30	27	64
Band V	1301	28	47	35	108
Summe	7686	195	39	32	140

Wir sehen daraus, dass der Umfang der Höfe sowohl in Bezug auf das ganze Territorium wie für jedes einzelne Gebiet grosse Unterschiede aufweist. Band I und IV jedoch enthalten nicht so viele relativ grosse Güter wie die übrigen drei Bände. In Band IV überwiegen die mittelgrossen Höfe, in Band I dagegen die Höfe unter 20 Jauchart. Einige dieser Güter können für die Lehensträger nicht viel mehr abgeworfen haben als einen Zuschuss zu ihrer Lohnarbeit; andere müssen den Bauern eine durchaus angenehme Existenz ermöglicht haben. Die nachstehende Tabelle zeigt eine weitere Aufschlüsselung der Güter:

Tab. 4.4 Weingartner Höfe 1531, Grösse

	% unter 20 J.	% 21 - 50 J.	% über 50 J.
Band I	56	36	6
Band II	25	32	43
Band III	18	49	33
Band IV	23	67	10
Band V	25	36	39
Summe	31	41	28

Um die Belastung mit Zinsen mit dem Umfang der Güter vergleichen zu können, habe ich für jede Gruppe der Güter das Verhältnis zwischen der Höhe des Zinses und dem Bodenumfang berechnet und in d e n a r i i pro Jauchart ausgedrückt. Ein Vergleich der Durchschnittswerte zeigt, dass der Zins pro Jauchart abnimmt, je grösser die Güter sind.

Tab. 4.5 W e i n g a r t n e r H ö f e 1 5 3 1 , D u r c h s c h n i t t s z i n s p r o L a n d e i n h e i t

	1 - 10	11 - 20	21 - 30	31 - 40	41 - 50	51 - 60
Zahl der Höfe	20	41	33	26	20	6
Mittel	56	38	23	26	18	27
Mittelwert	49	33	23	20	18	20

	61 - 70	71 - 80	81 - 90	91 - 100	101 - 110	über 110	Summe
Zahl der Höfe	15	9	9	7	5	2	193 +
Mittel	22	23	18	20	22	8	28
Mittelwert	20	23	19	20	18	8	23

+ zwei Höfe sind bei dieser Berechnung ausgelassen, da sie Bodenzins an einen anderen Herrn zahlten.

Es ergibt sich deutlich, dass die kleinsten Güter, ungefähr doppelt so viel pro Jauchart zahlten wie der Gesamtdurchschnitt, während Höfe mit elf bis zwanzig Jauchart durchschnittlich ein Drittel mehr zahlten. Aber im Vergleich zum Durchschnitt der meisten anderen Gruppen zahlte die erste fast das dreifache, die zweite das doppelte. Für Güter über zwanzig Jauchart ist der Durchschnitt mehr oder weniger konstant. Daraus folgt, dass fast ein Drittel der Höfe unverhältnismässig hohen Zins pro Bodeneinheit zahlte. Darüber hinaus nimmt der Unterschied pro Landeinheit ab, je grösser die Güter sind. Man kann das am besten mit der "Standard-Abweichung" verdeutlichen, dem genauesten Berechnung der Abweichungen vom Mittel. Das Mittel in denarii pro Jauchart ist für alle Höfe in diesem Fall 28. Das sagt uns nicht viel über die Verteilung der Höfe nach ihrem Umfang, die für uns jedoch entscheidend ist. Die Standard-Abweichung wird berechnet, indem man die Differenz zwischen dem Zins jedes einzelnen Hofs und dem Mittel quadriert, einen Durchschnitt der Quadratzahlen erstellt und die Quadratwurzel zieht. In jeder grösseren Reihe wird das Ergebnis eine Zahl sein, die uns erlaubt, das Feld zu berechnen, in dem zwei Drittel der Fälle vorkommen. (25) In diesem Fall ergab die Standard-Abweichung 18. Zieht man sie vom Mittel ab bzw. zählt sie dazu, ergibt sich 10 und 46, die Grenzwerte der Gegend, in die zwei Drittel der Fälle fallen. In der nachstehenden Tabelle sieht man, dass die Standard-Abweichung in dem Masse abnimmt, wie der Umfang der Güter zunimmt.

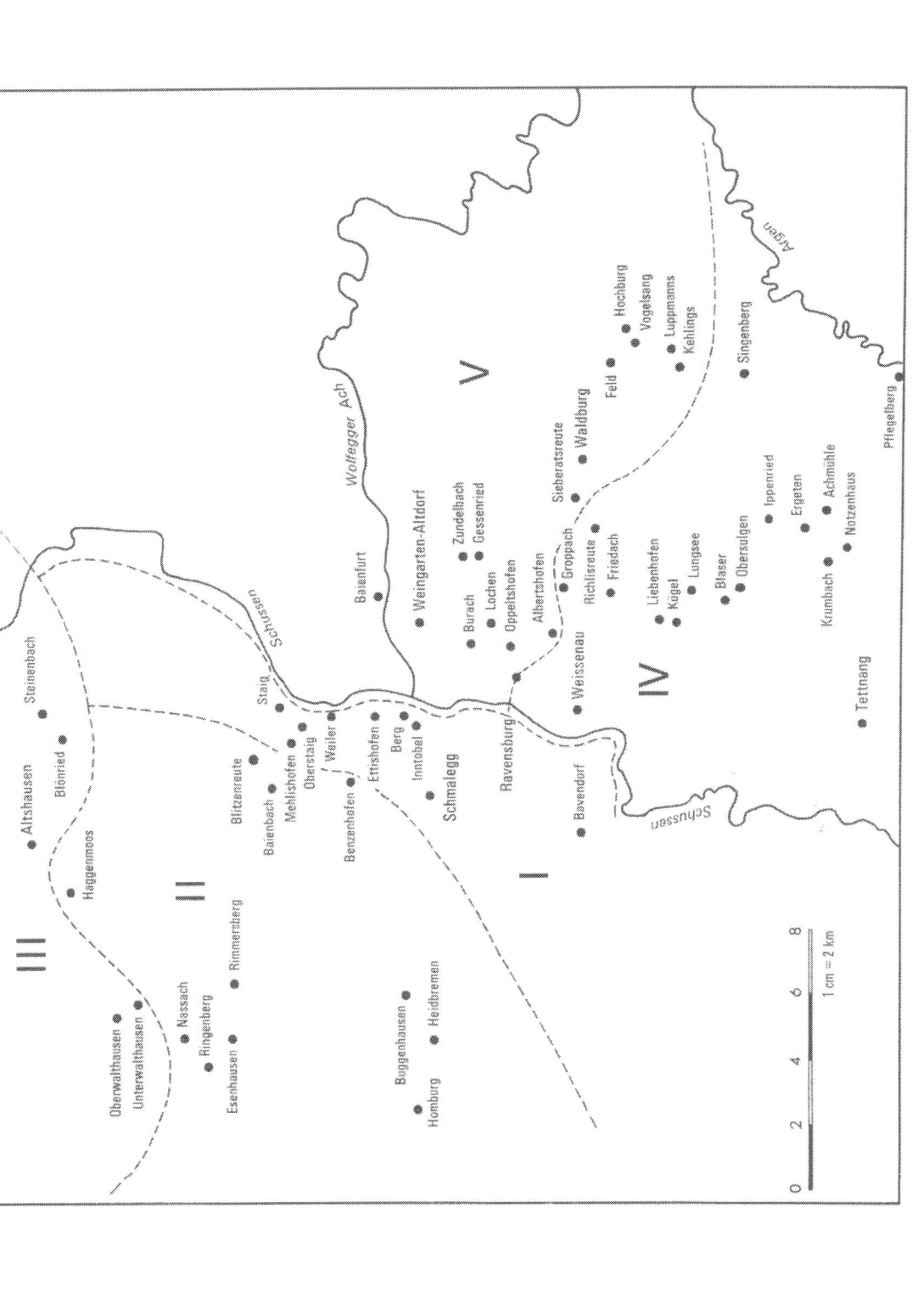

Tab. 4.6 Weingartner Höfe 1531, Standard-Abweichung des Durchschnittszins

	1 - 10	11 - 20	21 - 30	31 - 40	41 - 50
Mittel	56	38	23	26	18
Standard-Abweichung	29	19	10	15	6

Vergleicht man die erste Spalte mit der letzten, so ergibt sich: zwei Drittel der Höfe unter 11 Jauchart zahlten 85 bis 27 denarii pro Jauchart; zwei Drittel der Höfe zwischen 41 und 50 Jauchart zahlten 12 - 24 denarii.

Wir können daraus schliessen, dass viele Höfe, etwa ein Drittel, ungleich belastet waren. Für die Gruppe mit dem geringsten Bodenumfang ist der Unterschied besonders auffallend. Ausserdem ergibt sich, dass die Mehrzahl der Höfe etwa die gleiche Summe Zins pro Landeinheit zahlte.

Man kann die Unterschiede dieser Güter weiter verfolgen, indem man vergleicht, wieviel Prozent der Getreideernte als Zins abgeführt wurde. Wie schon gesagt, ergibt sich daraus kein vollständiges Bild, da die Dienste und Zinsen in Hühnern und Eiern nicht mitgezählt sind. Ausserdem hatten die Bauern auch andere Einkommenquellen, wie Milchwirtschaft, Obstbau, Gemüse und Flachs. Doch der Getreideanbau war die Hauptstütze ihrer Wirtschaft. Die Unterschiede in der Tabelle laufen parallel mit der Reihe, die den Zins pro Jauchart angibt, da die Berechnung der Getreideerträge auf demselben Zahlensatz beruht. (26) Wieder nimmt der Prozentsatz an Getreide, der als Zins abgeführt wurde, mit dem zunehmenden Umfang der Güter ab.

Tab. 4.7 Weingartner Höfe 1531, Durchschnittszins in Prozenten aus der Getreideproduktion

	1 - 10	11 - 20	21 - 30	31 - 40	41 - 50
Mittel	34	25	14	16	11

	51 - 60	61 - 70	71 - 80	81 - 90	91 - 100
Mittel	17	14	14	11	11

	101 - 110	über 110	Summe
Mittel	15	5	18

An das Kloster wurde im Durchschnitt fast 20% der Erträge abgeführt. Die Hälfte der Höfe jedoch zahlte weniger als 14% (der Mittelwert). Die Standard-Abweichung für alle Höfe beträgt 13, das heisst zwei Drittel der Höfe zahlten zwischen 5% und 31%. Für Höfe unter zehn Jauchart lag das Mittel über einem Drittel. Schliesslich fällt die Standard-Abweichung wieder steil ab.

Tab. 4.8 Weingartner Höfe 1531, Standard-Abweichung für die Durchschnittsabgaben in Prozenten aus der Produktion

	1 - 10	11 - 20	21 - 30
Standard-Abweichung	18	14	6

So ergeben sich für den Bereich, in dem zwei Drittel der ersten Gruppe liegen, 16-52%; für den zweiten 11-39%; für den dritten 8-20%. Manche Höfe zahlten bis zu 60% ihrer Ernte, manche nur 2%. Trotzdem kann man sagen, dass die Mehrzahl der Höfe bis zu einem gewissen Grad gleichmässig veranschlagt war. Wie vorher, zeigen die kleineren Güter die grössten Unterschiede; oft zahlten sie ganz unverhältnismässig hohe Summen.

Man kann noch weiter gehen und den oberen Grenzwert berechnen, bis zu dem jeder Hof bemessen wurde, indem man alle Abgaben, die im Urbarbuch erwähnt sind, sowie den Zehnten mit einbezieht. Da wir nicht wissen, ob in allen Fällen ein Zehnt eingehoben wurde, werden die Ergebnisse nur die Wahrscheinliche Gesamtbelastung der Bauern angeben. Der Durchschnitt für alle Höfe beträgt 30%, der Mittelwert 26%. Bei einer Standard-Abweichung von 14 zahlten etwa zwei Drittel der Höfe zwischen 16 und 44%. Man sieht auch, dass Abgaben, die nicht ans Kloster gezahlt wurden, durchschnittlich zwei Prozent ausmachen.

Tab. 4.9 Weingartner Höfe 1531, Durchschnitt der Gesamtabgaben

	Bodenzins an das Kloster	Bodenzins + Zehnt	Bodenzins + Zehnt + andere Abgaben
Mittel	18	28	30
Mittelwert	14	24	26
Standard-Abweichung	13	13	14

Die Gesamtsumme der Zinsen, Abgaben und Zehnten kann entsprechend der Grösse der Güter folgendermassen zusammengefasst werden:

Tab. 4.10 Weingartner Höfe 1531, Durchschnitt der Gesamtabgaben in Gruppen von 10 Jauchart

	1 - 10	11 - 20	21 - 30	31 - 40	41 - 50	51 - 60
Mittel	49	38	28	29	23	28

	61 - 70	71 - 80	81 - 90	91 - 100	101 - 110	über 110
Mittel	25	24	22	22	26	15

Wieder ergibt sich der Schluss, dass die Mehrzahl der Höfe ziemlich
gleichmässig belastet wurde. Es gab freilich immer Ausnahmen, aber von
den Höfen über 50 Jauchart zahlten zum Beispiel nur fünf einen Gesamt-
betrag von über 30% ihrer Getreideproduktion. Die Forderungen an die
kleinsten Güter beliefen sich in einigen Fällen auf fast vier Fünftel. Höfe,
die knapp über 10 Jauchart lagen, zahlten oft über 40%. All dies bekräftigt die Beschwerden der Bauern, dass einige Höfe ungerecht veranschlagt
waren. In erster Linie aber betraf dies die kleineren Güter.

Es wäre nützlich, etwas über die wirtschaftliche Rentabilität dieser Höfe zu erfahren. Wie gross musste ein Gut sein, damit unter normalen Verhältnissen eine durchschnittlich grosse Familie davon leben konnte? Leider gibt es zu viele Imponderabilien, um diese Frage genau zu beantwor-
ten. Wir können nur sehr vorläufige Schlüsse ziehen. Mir scheint, man
kann zu einigen sinnvollen Ergebnissen kommen, wenn man davon ausgeht,
wieviel Brot jeder Hof produzieren konnte. Freilich müssten noch viele
andere Faktoren berücksichtigt werden. Aber das Brot stellt immerhin
die Hauptnahrung der Bauern in dieser Zeit dar. Wenn wir seinen und seiner Familie jährlichen Bedarf annähernd feststellen können, dann können
wir die Güter finden, deren Produktion für den Lebensunterhalt gerade ausreichte.

Um die Kapazität eines Hofes, die für den Lebensunterhalt einer Familie notwendig war, zu errechnen, müssen wir zunächst den Nahrungsbedarf eines Einzelnen kennen. Wilhelm Abel gibt Ertragsziffern für einen
mittelgrossen Bauernhof in Mecklenburg im Hochmittelalter an, wobei die
Ertragsleistung nach dem Nahrungsbedarf einer sechsköpfigen Familie berechnet wird. (27) In seiner Berechnung macht das Getreide bei einer Ge-
samtleistung von 2 944 Kalorien 54% der täglichen Kalorienleistung einer
Person aus. Le Roy Ladurie stellt Zahlen für einen landwirtschaftlichen
Arbeiter in Languedoc im 16. Jahrhundert auf. (28) Er schlüsselt die tägliche Nahrung folgendermassen auf:

Tab. 4.11 Tägliche Kalorienleistung eines Tagelöhners
von Languedoc

	1480			1580-1590	
	Kalorien	%		Kalorien	%
Brot	3,531	84,6	Brot	4,417	89,9
Wein	153	3,2	Wein	153	3,1
Fleisch	186	4,6	Fleisch	86	1,7
Fett	313	7,6	Fett	261	5,3
Summe	4,163	100	Summe	4,917	100

Le Roy Ladurie nimmt eine viel höhere Zahl als Kalorienleistung an als
Abel, doch beziehen sich Le Roy Laduries Zahlen auf einen männlichen
Arbeiter, während Abels Aufschlüsselung Alter und Geschlecht ausser acht
lässt. Der tägliche Kalorienbedarf für physisch arbeitende Personen wird

vom Food and Nutrition Board, National Research Coun-
cil, Great Britain, folgendermassen angegeben: (29)

Tab. 4.12 Täglicher Kalorienbedarf

Geschlecht	Alter	Täglicher Kalorien- bedarf
Männer	25	3,200
	45	2,900
Frauen	25	2,300
	45	2,100
Knaben	10 - 12	2,500
	13 - 15	3,200
Mädchen	10 - 12	2,300
	13 - 15	2,500
Kleinkinder	7 - 9	2,000
	1 - 3	1,200

Schwangere Frauen benötigen täglich 400, stillende Mütter 1,000 zusätzliche Kalorien. Ich glaube, man kann annehmen, dass der tägliche Kalorienbedarf im Durchschnitt für eine fünfköpfige Familie um 15,000 liegt,
d. h. 3,000 pro Person.

Wenn man die durchschnittliche Kalorienleistung um 3,000 und den durchschnittlichen Anteil von Getreide in der Nahrung bei 70% ansetzt, lässt sich
mit einer gewissen Sicherheit feststellen, welche Höfe Grenzfälle waren.
Die nächste Aufgabe ist daher, festzustellen, wieviel Dinkel ein Hof pro-
duzierte. Die Zahlen stellen wie vorher ein Modell dar, das auf Durch-
schnittswerten beruht. Zuerst wurde geschätzt, wieviel Land, auf dem Dinkel produziert wurde, eine Person auf Grund des Kalorienertrages eines
Jaucharts Bodens, für ein Jahr erhalten kann. Ein Jauchart warf 5 Scheffel oder 460 Liter Dinkel im Jahr ab. (30) Davon müssen wir die durchschnittliche Summe des Bodenzinses pro Jauchart abziehen. Da jedoch
durchschnittlich 20% eines Betriebs aus Wiesen bestand, muss die Zahl
von 28 denarii proportional auf 35 denarii (28 = 80% von 35) erhöht werden; das war der Preis für 44 Liter Dinkel. (31) Zieht man ferner den Zehnten ab und ein Sechstel für Saatgut, so blieben dem Bauern 294 Liter Dinkel. (Man beachte, dass andere Abgaben in dieser Berechnung unberücksichtigt bleiben). Schliesslich blieb nach dem Enthülsen etwa die halbe Menge Getreide, 147 Liter, übrig. Beim Brotbacken ergibt ein Liter Mehl etwa ein Kilogramm Brot, das entsprach 3,320 Kalorien. Somit war die gesamte Kalorienproduktion eines Jauchart Dinkel ungefähr 488,040 Kalorien. (32) Wenn eine Person täglich 3,000 Kalorien verbraucht und 70% der
Nahrung aus Brot bestehen, dann braucht sie 2,100 solcher Kalorien täglich, oder 766,500·im Jahr, das heisst die jährliche Leistung von 1,5 Jauchart Dinkel.

Wir können zunächst die Haferproduktion ausklammern, die nicht für
Menschen bestimmt war. Von dem von Abel entwickelten Modell (33) lässt
sich ableiten, dass ein Hektar erforderlich ist, um das Futter für ein Pferd
in einem Jahr sicherzustellen, d. h. zwei Ravensburger Jauchart sind er-

forderlich. Ein Hof von insgesamt 7,5 Ravensburger Jauchart würde somit ein Pferd unterhalten. Das Modell von Abel geht weiterhin von der Annahme aus, dass ein Pferd auf vier Hektar Ackerland kam, was einem Hof von insgesamt etwa 10 Ravensburger Jauchart entspräche. Auf einem solchen Hof würde die Überproduktion an Hafer nach Abzug des Futterbedarfs 0,66 Jauchart mit einer Produktion von ungefähr 2,6 Ravensburger Scheffel gleichkommen. Von diesem Betrag wurden 1,4 Scheffel als Zins abgezogen, so dass 1,2 Scheffel übrig bleiben. Das wäre eine recht niedrige Ziffer für den Saatbedarf. Von den genannten Ziffern erscheint die Schlussfolgerung gerechtfertigt, dass insgesamt nur ein geringer Teil der Haferproduktion eines Hofes für den menschlichen Bedarf verbraucht wurde. Aus diesem Grunde habe ich ihn bei der hier angewandten Berechnung ausser Acht gelassen. Es ist jedoch möglich, dass sehr kleine Höfe ohne Pferd auskamen und mehr menschliche Arbeitskraft einsetzten, oder Pferd und Pflug von den grösseren Höfen ausliehen. Für diese kleinen Höfe kann Hafer sehr wohl ein wichtiges Nahrungsmittel gewesen sein.

Auf dieser Grundlage kann man nun mit Bezug auf die Grösse einer Familie feststellen, welcher Hof einen Grenzfall darstellt. Es sei daran erinnert, dass der Gesamtumfang eines Hofes dreimal so gross ist, wie das Land auf dem Dinkel angebaut wird, zusätzlich der Wiesen, die 20% des Hofes ausmachen. Den "Grenzfall-Hof" in Bezug auf die Grösse der Familie zeigt folgende Tabelle:

Tab. 4.13 Weingartner Höfe 1531, Grenzwerte im Verhältnis zur Familiengrösse

Grösse der Familie	2	3	4	5	6
Grösse des Hofes	11 J.	16 J.	22 J.	28 J.	33 J.

Es stehen mir keine Zahlen zur Verfügung, um die Durchschnittsgrösse einer Familie zu berechnen; lediglich für das Gebiet von Salem lässt sich die durchschnittliche Familiengrösse auf 5 Personen berechnen. (34) Wenn wir diese Zahl verwenden, würde ein Hof von knapp 28 Jauchart einen Grenzfall darstellen. Die grösseren Höfe hätten dann einen Überschuss an Erträgen, die sie auf dem Markt verkaufen können, während die kleineren ihr Einkommen durch Lohnarbeit ergänzen müssten. Hier spielen die grossen Unterschiede in den Abgaben für Höfe unter 20 Jauchart, die etwa ein Drittel der Gesamtsumme ausmachen, eine Rolle. Viele hatten entschieden Grund zur Klage, denn sie waren stark überbelastet. Unter den Höfen über zwanzig Jauchart, deren Abgaben zwar normalerweise nicht sehr verschieden waren, gab es auch immer noch genug, die sich mit Recht über ungerechte Belastungen beschwerten. Nur Höfe über 40 Jauchart konnten ständig einen Überschuss für den Markt produzieren.

Wahrscheinlich kam der Hauptanteil des Einkommens von Bauern mit weniger als 20 Jauchart aus Löhnen. Für die nächste Gruppe hing fast alles von der Ernte ab. Für alle diese Bauern müssen die Dienste, die sie den Herren schuldig waren, eine Plage gewesen sein, besonders, da die Berechnung der Dienste so ungleich war. Und vor allem müssen die Zinsen und Abgaben vielen Leuten ziemlich hoch erschienen sein. Der Graf von

Königsegg beschreibt in einem Brief an den Abt von Weingarten sehr ausführlich die Verhältnisse seiner Untertanen und fügt dann hinzu, dass er
mit den Zinsen für seine Höfe nicht mehr höher gehen könne. (35)

Wir können nun einige der langfristigen Lohn- und Preisentwicklungen
von der Mitte des 15. Jahrhunderts bis zum Bauernkrieg untersuchen. Die
Getreidepreise und alle Faktoren, die sie beeinflussten, waren natürlich
höchst wichtig für alle Bauern. Hohe Preise waren ein Zeichen für schlechte Ernte; die unmittelbare Folge war, dass viele Bauern gezwungen waren,
ihr Einkommen durch Lohnarbeit zu erbessern. Daher muss auch die Entwicklung der Löhne untersucht werden.

Es ist leider unmöglich, irgendeine verlässliche Preisreihe für Ravensburg und Überlingen aufzustellen. In keinem der fürstlichen oder Kloster-
Archive konnte ich solche Unterlagen finden, wie Elsas sie verwendet hat,
um seine Preisreihen für Augsburg und München aufzustellen. (36) Doch
dürften die Verhältnisse in beiden Städten nicht viel anders als in Oberschwaben gewesen sein, obwohl es natürlich immer regionale Verschiedenheiten gab. Eine Stichprobe liefert Hugs Chronik von Villingen, einer
Stadt aus dem Schwarzwald, in der er jeden Zeitpunkt erwähnt, zu dem die
Preise hoch gewesen sind. (37) Fast jedesmal fällt die Preissteigerung
für Getreide in Villingen mit der in Augsburg und München zusammen. Gelegentlich jedoch waren die Verhältnisse regional verschieden.

Graphik 1 (38) zeigt die Preiskurven für Kern (Dinkel, der in der Mühle
enthülst wurde) in Augsburg und für Roggen in München. Beide Kurven beginnen mit Angaben aus den Jahren um 1450 und verlaufen mit wenigen Un-
terbrechungen bis 1529. Ferner gibt es eine kurzfristige Preiskurve für
Papier aus Augsburg von 1500 bis 1529. In diesem Fall waren die Preise
nur alle zwei oder drei Jahre angegeben.

Ein Blick auf die Graphik zeigt, dass die Preise für Kern, Leinen und
Roggen ständig stiegen, während der Papierpreis ziemlich stabil blieb.
Ein Vergleich der ersten drei Preisreihen (zu Fünfjahresdurchschnitten
in den Streifen auf Graphik 2 zusammengefasst) mit den Preisen für Rind-
fleisch in Augsburg wird zeigen, dass nicht alle Durchschnittspreise so
rasch stiegen wie die für Getreide und Leinen. Die Fleischpreise sind im
letzten Jahrzehnt durchschnittlich 23% höher als im ersten. Zwei andere
Preisreihen, die in der Graphik nicht erscheinen, können dazu beitragen,
die Ursachen der Preisverschiebungen zu erklären. (39) Ziegelpreise aus
Würzburg zeigen von 1450 bis 1532 praktisch keine Veränderung, ausser
dass die Preise von 1507 bis 1530 um 30 denarii niedriger lagen als in den
vorhergehenden Jahrzehnten. Gleichzeitig ergeben die Roggenpreise eine
Kurve, die sich von der für die Getreidepreise in München und Augsburg
nicht allzusehr unterscheidet.

Ein wichtiger Faktor, der die starken Schwankungen der Getreidepreis-
Kurve beeinflusst, sind die Wetterverhältnisse. Da Getreide ein Hauptnahrungsmittel war, konnte eine Knappheit die Preise rasch in die Höhe trei-
ben. Leinen war zwar auch ein wichtiger Gebrauchsartikel, doch war die
Nachfrage im Gegensatz zu Getreide elastisch. Vergleicht man die langfristige Preisentwicklung, so ergibt sich ein Unterschied. Der Getreidepreis, an zweiter Stelle der Leinenpreis, stiegen in diesem Zeitabschnitt
am meisten. Fleischpreise stiegen nicht so rasch wie Leinen, und Ziegelpreise überhaupt nicht.

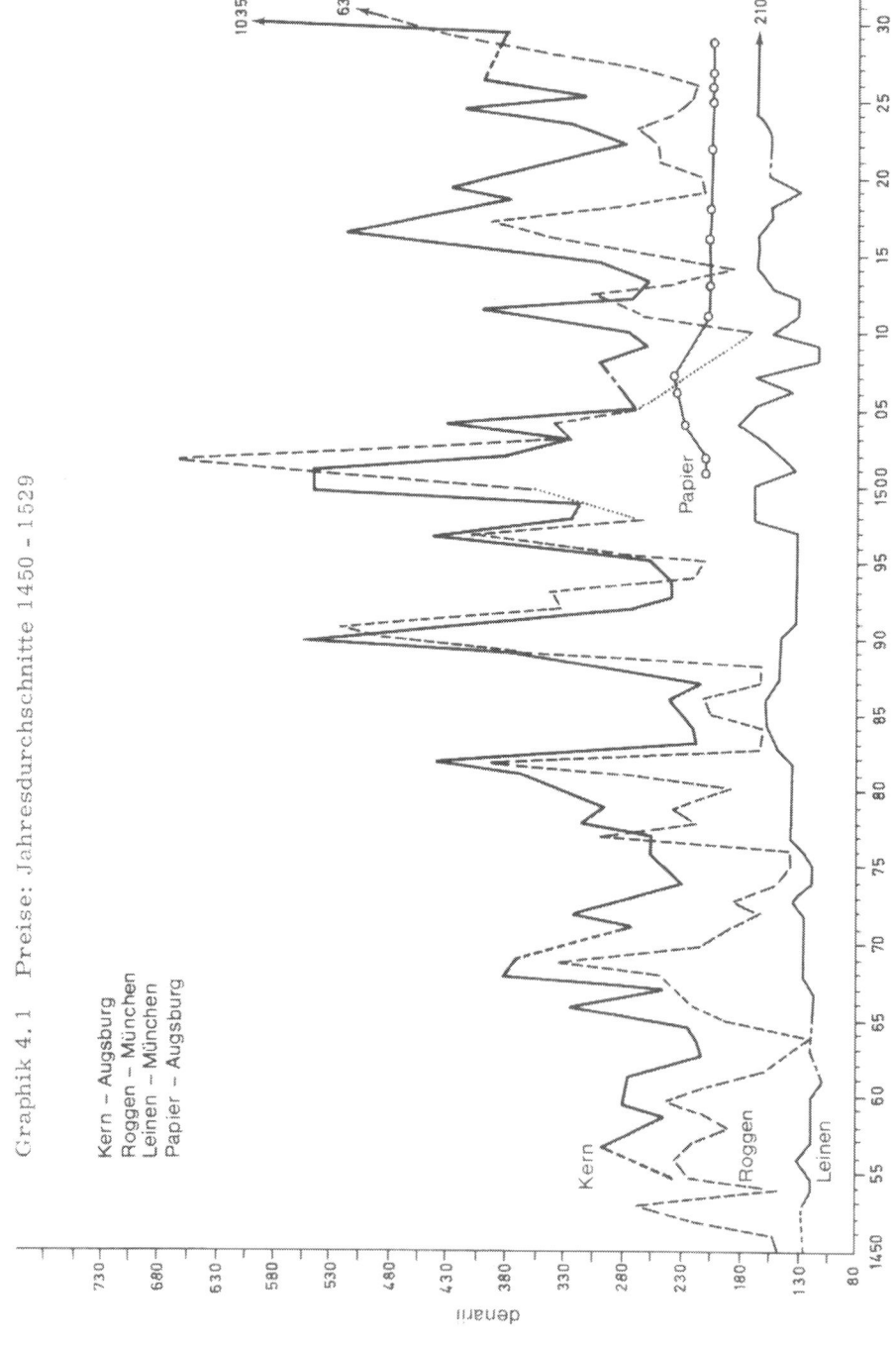

Graphik 4.1 Preise: Jahresdurchschnitte 1450 – 1529

Kern – Augsburg
Roggen – München
Leinen – München
Papier – Augsburg

Zu Graphik 4.1

	Kern	Roggen	Lein-wand	Papier		Kern	Roggen	Lein-wand	Papier
1450		148	13		1491	452	520	14	
51		154			92	284	330	14	
52		210			93	254	340	14	
53		272	13		94	253	220	14	
54		146	12		95	259	211	14	
55	236	226	12		96	298	390	14	
56		236	13		97	420	445	14	
57	298	224	12		98	328	269	17	
58	278	192	12		99	317		17	
59	241	209	12		1500	552	365	17	
60	281	240	12		01	553	560	14	210
61	278	209	11		02	370	661	15	210
62	275	157			03	327	328	16	
63	206	138	12		04	432	354	18	231
64	210	124			05	278	276	17	
65	228	177	12		06	290		14	238
66	329	221	12		07			17	240
67	224	240	12		08	312	240	11	
68	384	248	13		09	267		11	
69	369	325	13		10	285	178	16	
70		234	13		11	409	268	14	210
71	277	192	13		12	270	310	14	
72	330	163	13		13	259	236	16	210
73	273	184	14		14	303	192	17	
74	235	150	12		15	360	262	17	
75	244	140	12		16	515	346	17	210
76	258	140	13		17	480	394	16	
77	255	294	14		18	390	285	16	210
78	312	218	14		19	427	212	14	
79	298	235	14		20	390	216	16	
80	329	193	14		21	330	255		
81	364	275	14		22	285	258	16	210
82	444	388	14		23	330	271	16	
83	221	162	15		24	420	239	17	
84	223	158	16		25	310	225	17	210
85	238	204	16		26	411	220	17	210
86	244	208	16		27		270	17	210
87	225	186	15		28		345	17	
88	264	185	15		29	390	420	17	210
89	362	373	15		30	1035	765	17	
90	562	485	15						

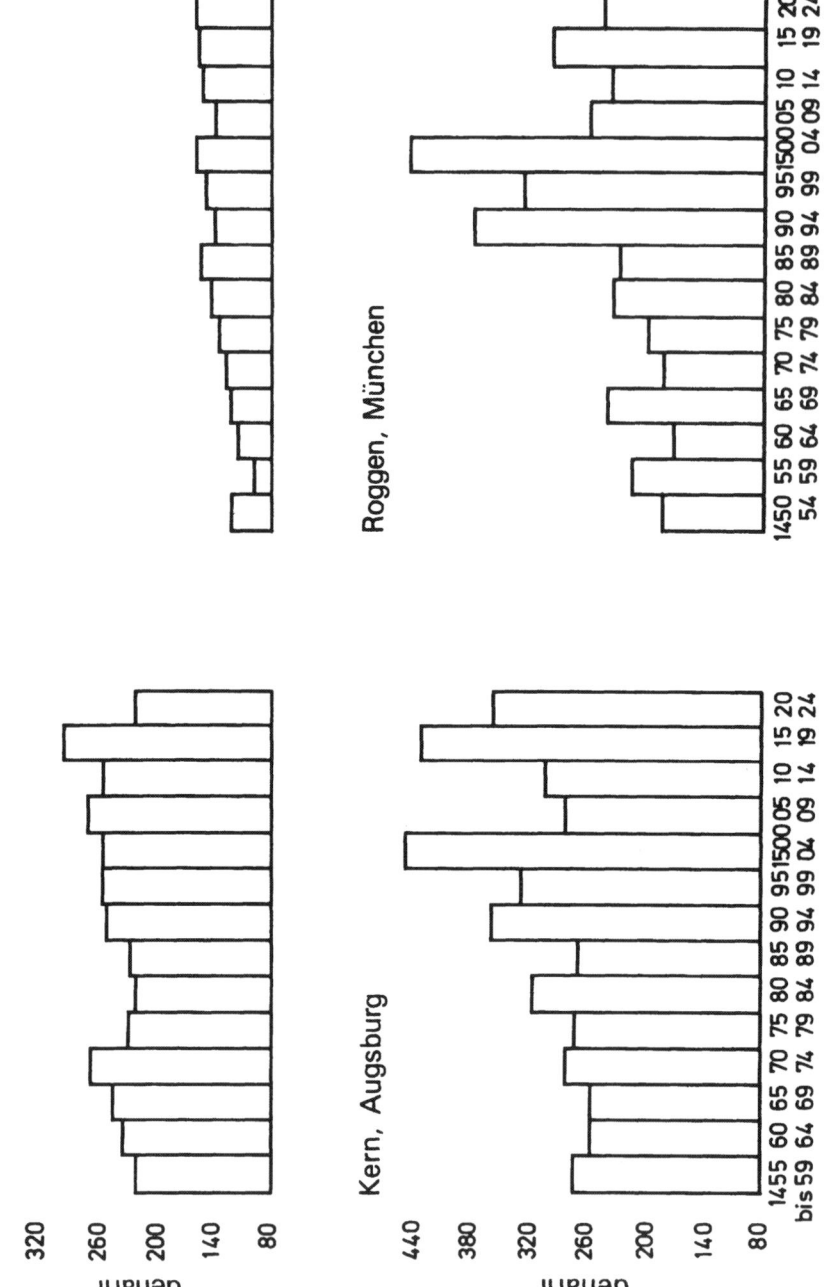

Graphik 4. 2   Preise: Fünfjahresdurchschnitte 1440 – 1524

Graphik 4.3 Preise: Zehnjahresdurchschnitte 1450 - 1529

Roggen, München

Kern, Augsburg

Zu Graphik 4. 2

	Leinwand	Rindfleisch	Kern	Roggen
1450 - 54	125	-	-	186
1455 - 59	102	216	272	217
1460 - 64	177	233	250	174
1465 - 69	124	240	347	242
1470 - 74	130	226	279	185
1475 - 79	134	223	273	205
1480 - 84	146	217	316	235
1485 - 89	154	226	267	231
1490 - 94	142	250	361	379
1495 - 99	152	252	324	329
1500 - 04	160	252	447	454
1505 - 09	140	270	287	258
1510 - 14	154	252	305	237
1515 - 19	160	296	434	300
1520 - 24	163	219	351	248
1525 - 29	170	-	-	296

Zu Graphik 4. 3

	Kern	Roggen
1450 - 59	272	202
1460 - 69	299	208
1470 - 79	276	195
1480 - 89	292	213
1490 - 99	343	357
1500 - 09	367	398
1510 - 19	370	268
1520 - 29	358	272

73

Tab. 4.14 Preissteigerung von Waren in Prozenten

Ware	Ausgangs-Jahre	Durchschnitt in denarii	Vergleichs-Jahre	Durchschnitt in denarii	% höher
Rindfleisch - Augsburg	1455 - 64	225	1515 - 14	278	23
Leinen - München	1450 - 54	125	1525 - 29	170	29
Kern - Augsburg	1450 - 59	272	1490 - 99	343	26
			1500 - 09	367	35
			1510 - 19	370	36
			1520 - 29	358	32
Roggen - München	1450 - 59	202	1490 - 99	357	76
			1500 - 09	398	97
			1510 - 19	268	33
			1520 - 29	272	35

Die langfristige Preiserhöhung ist nicht sehr stark, obwohl in bestimmten Jahrzehnten, besonders für den Roggenpreis in München zwischen 1490 und 1499 sowie 1500 und 1509, der Durchschnittspreis wesentlich höher lag. Man darf auch nicht vergessen, dass während dieser Zeit in der ganzen Gegend der Münzwert ständig sank. Der Gehalt an Edelmetall des denarius in Augsburg und München ist nachstehend aufgeführt. Die Tendenz des Wertverfalls der Münzen in den beiden Städten muss mit der Preisentwicklung verglichen werden.

Tab. 4.15 Münzverschlechterung für Augsburg und München.

Augsburg		München	
Silberfeingehalt in Gramm für einen Rechnungspfennig		Goldfeingehalt in Zentigramm für einen Denar	
1399	0,250	1400	2,44
1400 - 20	0,233	1430	1,85
1424 - 64	0,183	1460	1,42
1469 - 72	0,167	1490	1,215
1478	0,150	1497 - 1512	1,22
1496	0,158	1522 - 24	1,17
1509	0,158	1525 - 32	1,15
1509	0,127		
1524	0,116		
1530 - 35	0,105		

Man beachte, dass die Reihe der Gegenwerte für München nicht vollständig ist; doch es gab während des gleichmässigen Verfalls keine abrupten Sprünge. Zwischen den starken Schwankungen der Preiskurven und der Münz-Manipulation gab es bestimmt keinen Zusammenhang. Während der Münzwert zwischen 1478 und 1509 relativ stabil war, in Augsburg sogar stieg, zeigen die Kern-Preise ein starkes Auf und Ab. Auch die Leinenpreise in München erleben die stärksten Schwankungen dieses Zeitabschnitts während einer Periode stabiler Münzwerte. Wären die Preise infolge eines Geldwertverfalls gestiegen, dann müsste man annehmen, dass sich das bis zu einem gewissen Grad auf alle Waren gleich ausgewirkt hätte. Doch die Ziegelpreise in Würzburg blieben relativ stabil, obwohl der Geldwert ähnlich wie in München und Augsburg verfiel. (40) Getreidepreise stiegen entschieden höher als Fleischpreise. Meiner Meinung nach unterstützt dies nur die Annahme, dass die Preissteigerung eine Reaktion auf die Nachfrage einer grösseren Bevölkerung war, wobei der Druck auf die Grundnahrungsmittel und Gebrauchsgüter am stärksten war. (41) So verfiel vielleicht auch der Wert der Münzen als Reaktion auf die erhöhte Nachfrage, da als Grundlage für den Umsatz mehr Geld gebraucht wurde.

Aus alledem geht deutlich hervor, dass der nachhaltigste Einfluss der Bevölkerungszunahme auf die Preise nach 1530 erfolgte. Die Spitzen der Preiskurven vor 1530 bleiben gegenüber denen nach 1530 zurück. Doch die demographischen Voraussetzungen für die spätere Inflation wurden im letzten Viertel des 15. und im ersten Viertel des 16. Jahrhunderts geschaffen. Um die Jahrhundertwende kam es bereits zur ersten ernsthaften Krise. Die drei Fünfjahres-Spitzen für Kern in Augsburg und Roggen in München fallen in dieselbe Periode (1490 - 94, 1500 - 04, 1515 - 19).

In der "Villinger Chronik" merkt man deutlich, welches Gewicht der Autor den hohen Preisen beimass. Ab 1495 verzeichnet Hug regelmässig die Zeiten hoher Preise, die sich jedesmal nach Hagel, Frost, starkem Regen oder Trockenzeiten einstellten. Ein Beispiel aus dem Jahre 1497:

> Im selben jar war gar ein hüpscher frielling, do vermaynte man, es solte ein fruchtbares jar sein khomen, aber ahn dem hailligen pfingstaubend füel der allergreste, auch raueste reüff und erfror das bluost ahn den bäumen, dan es waren auch alle lachen überfroren. Domall was die welt gantz und gar erschrocken, und war darnach unstät wetter büs in den brauchmonet, der war vast warm. Darnach war dasselbige jar ein zimliche guote notturft .... (42)

In gewisser Hinsicht ist es natürlich keine Enthüllung, wenn man feststellt, dass die Getreidepreise und damit der Lebensunterhalt stark vom Wetter abhingen. Doch ein Blick auf die erste Graphik zeigt, dass es vor 1489 zyklische Veränderungen von etwa gleicher Dauer gab, dass die Perioden der Preissteigerung nach diesem Jahr jedoch immer ernstere Formen annahmen. Liest man die "Villinger Chronik", so bekommt man den Eindruck, dass die zunehmende Preisfluktuation die Zeitgenossen stark beschäftigte. Elsas verarbeitet Angaben über das Wetter aus Augsburg und München und weist eindeutig nach, dass die Krisenzeiten unmittelbar auf Schlechtwetterverhältnisse folgen. (43) Die "Villinger Chronik" erwähnt praktisch dieselben Zyklen und Wetterbedingungen, die sie verursachen. Ausserdem kam nach jeder Inflationszeit eine schwere Seuche. Hug betont den Gegensatz zwischen der guten Ernte und vielen Todesfällen in dem Jahr, das der schlimmsten Periode an Preissteigerungen folgte:

> Item es was ain glucksam jar im 1505 ... und was in allen landen fil fruocht worden allenthalben. Aber die welt was fasst kranck noch an den platern, was bis auf die zit 10 jar; daran was meng mensch gestorben. Aber ein geluckhafft jar ist das gewessen in allen landen an frucht. (44)

Nach Hug gab es auch einen Zusammenhang zwischen Missernten und sozialen Unruhen. Diese Chronik scheint tatsächlich Wetterverhältnisse und hohe Preise als Kontrapunkt gegen soziale und politische Ereignisse zu setzen. Er steigert sich zur Krise von 1524, die den Bauernkrieg brachte:

> Item im selbigen jar (1524) uff mitwochen for sand Jacobtag (20 Juli) kam ain solich grussam weter in das Hegew und gen Stain und Diessenhoffen und 4 mill gringsumb, und schluog der hagel win und korn gantz und gar und ward die grosst nott umb korn, das nit darvon zuo schriben ist ... und was in allen landen gros angst und nott und grosse untruw under allem folck. Es wolt niema umb kain oberkat nut mer geben, es macht jeder nach sim gefallen. (45)

Hug sagt zwar, dass der Hagelsturm auf das Westufer des Bodensees begrenzt war, aber er bringt die Missernte und den Bauernaufstand in engen Zusammenhang. In keiner anderen Chronik Oberschwabens aus dieser Zeit

wird solch eine Verbindung hergestellt, auch wird die Theorie einer allgemeinen deutschen Missernte zum Beispiel von der Kurve der München-
er Roggenpreise nicht unterstützt. Wichtig scheint mir dabei, dass Hug
die wirtschaftliche Entwicklung am Anfang des 16. Jahrhunderts und das
Gefühl der Erbitterung in der Bevölkerung eng miteinander verbindet.

In dieser Hinsicht haben viele lokale und allgemeine Artikel der Bauern
etwas auszusagen. Sie erwähnen sehr oft die Schwierigkeiten einer Missernte infolge von Hagel und Regen. Die Dörfer Öpfingen und Griesingen sagen in ihrem neunten Artikel:

> Weiter ob es sich begab, das Ungewitter kem oder anders, es wer durch
> Feüwr oder durch Wasser, dardurch der Arman umb seine Frichten
> keme, es wer uf dem Feld oder in dem Baren, vermaint der Arman,
> so söllichs geschehe, ee er die Gilten geb, so soll der Lehenher umb
> die Gilt kommen als wol als der Arman umb sein Frucht. (46)

Offensichtlich trieben die Herren die vertraglich vereinbarten Zinsen ohne
Rücksicht auf die Wetterverhältnisse ein. Das ist in einem Lehensvertrag
des Domkapitels zu Konstanz ausdrücklich festgehalten. (47) Der Lehensträger musste die festgesetzten Zinsen zahlen, ohne sich mit Krieg oder
Hagel entschuldigen zu können. Entscheidend ist, dass es im 16. Jahrhundert vor dem Bauernkrieg drei ernste Krisen infolge schlechten Wetters
gab. Viele Bauern, die normalerweise von den Erträgen ihres Hofes leben konnten, waren gezwungen, ihr Einkommen durch Lohnarbeit zu ergänzen. Möglicherweise warfen viele der kleineren Höfe überhaupt keinen
Gewinn ab.

Um die Folge der Lohnentwicklung für jene Bauern zu erkennen, die gezwungen waren, ihre Arbeitskraft unter ungewöhnlichen Bedingungen zu
verkaufen, habe ich in Graphik 4 die Kurve der Löhne gezeichnet, die in
Augsburg an Schnitter gezahlt wurde. (48) Diese Tagelöhner wurden normalerweise nicht mit Essen und Trinken verpflegt, noch erhielten sie den
gleichen Lohn wie andere Arbeiter. Die Kurve soll ein allgemeines Anstei-
gen der Löhne kenntlich machen. Um jedoch genauer zu zeigen, was diese
Löhne bedeuteten, habe ich in Zahlen angegeben, wieviel Liter Kern man
mit einem Tageslohn kaufen konnte. (49) Die Graphik mit den Ergebnissen
der Zehnjahresdurchschnitte zeigt, dass sich die Kaufkraft der Löhne für
die wichtigste Ware auf lange Sicht nicht bedeutend veränderte. Wenn wir
jedoch die Graphik mit den Jahres- und Fünfjahresdurchschnitten betrachten, sehen wir, dass sich die Kaufkraft der Löhne von Jahr zu Jahr entscheidend änderte. Erst nach 1530 fällt sie steil ab. Sie stürzte um fast
ein Drittel ihres ehemaligen Spitzenwertes. Für einige Jahre ab 1490 waren die Reallöhne hoch. Das gleiche gilt für die Zeit zwischen 1505 und
1515 und kurz vor dem Bauernkrieg. Die niedrigen Punkte auf dieser Kurve fallen mit den hohen auf der Kurve für Getreidepreise zusammen. Das
heisst, wenn die mittelgrossen Lehen von einer Missernte stark getroffen
wurden, konnten die Bauern auch mit ihrer Arbeit nicht so viel verdienen.
Die reicheren Bauern dagegen konnten den Schlag leichter abfangen, da
sie in schlechten Erntezeiten weniger Arbeitskräfte brauchten, die noch
dazu billiger zu haben waren. Besonders wichtig waren zwei Krisenzeiten
nach den Jahren 1499 und 1515, als hohe Preise und niedrige Löhne zu-
sammentrafen.

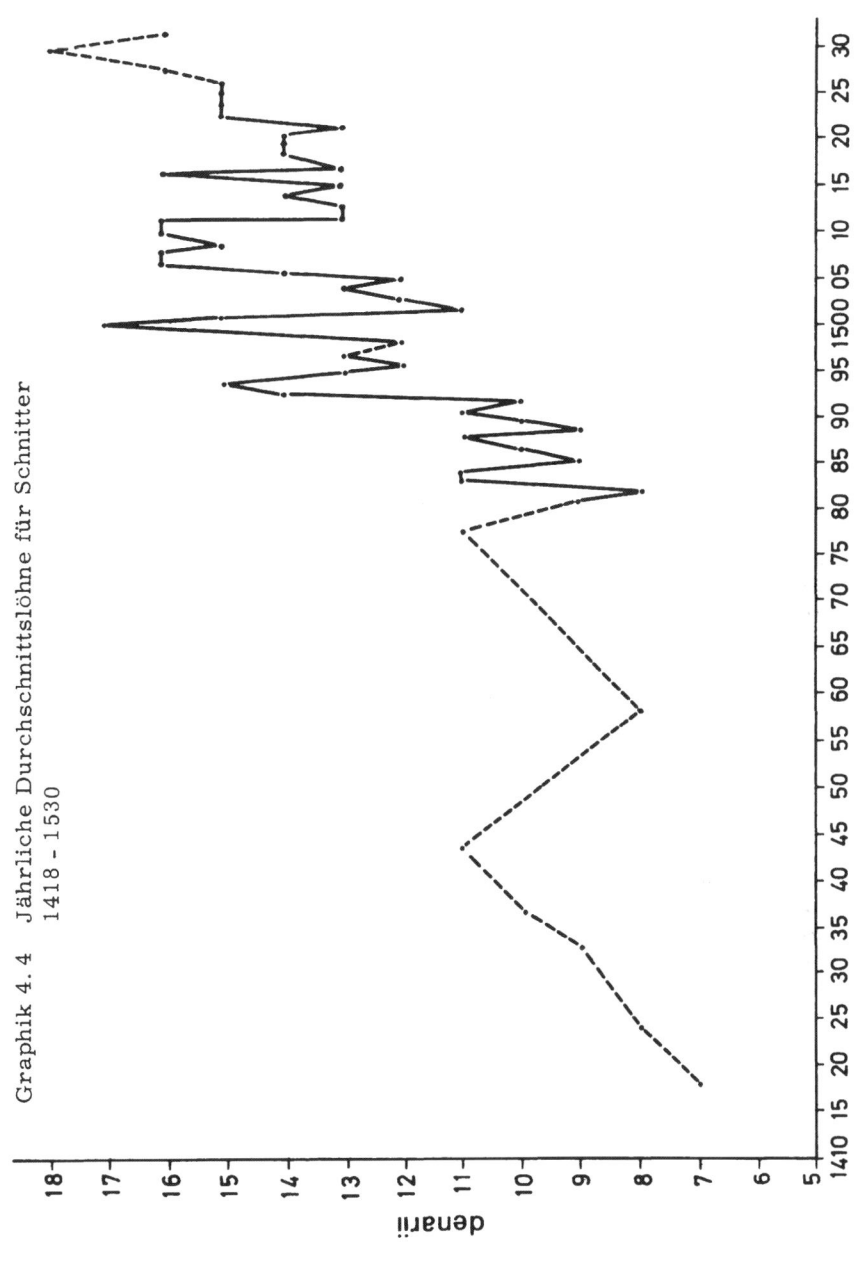

Graphik 4. 4 Jährliche Durchschnittslöhne für Schnitter
1418 – 1530

Zu Graphik 4. 4

Schnitterlöhne

1418	7	65		12	13
19		66		13	14
20		67		14	13
21		68		15	16
22		69		16	13
23		70		17	14
24		71		18	14
25		72		19	14
26		73		20	13
27	8	74		21	15
28		75		22	15
29		76		23	15
30		77		24	15
31		78	11	25	
32		79		26	16
33	9	80		27	
34		81	9	28	18
35		82	8	29	
36		83	11	30	16
37	10	84	11		
38		85	9		
39		86	11		
40		87	12		
41		88	9		
42		89	10		
43		90	11		
44	11	91	10		
45		92	14		
46		93	15		
47		94	13		
48		95	12		
49		96	13		
50		97			
51		98	12		
52		99	17		
53		1500	15		
54		01	11		
55		02	12		
56		03	13		
57		04	12		
58	8	05	14		
59		06	16		
60		07	16		
61		08	15		
62		09	16		
63		10	16		
64		11	13		

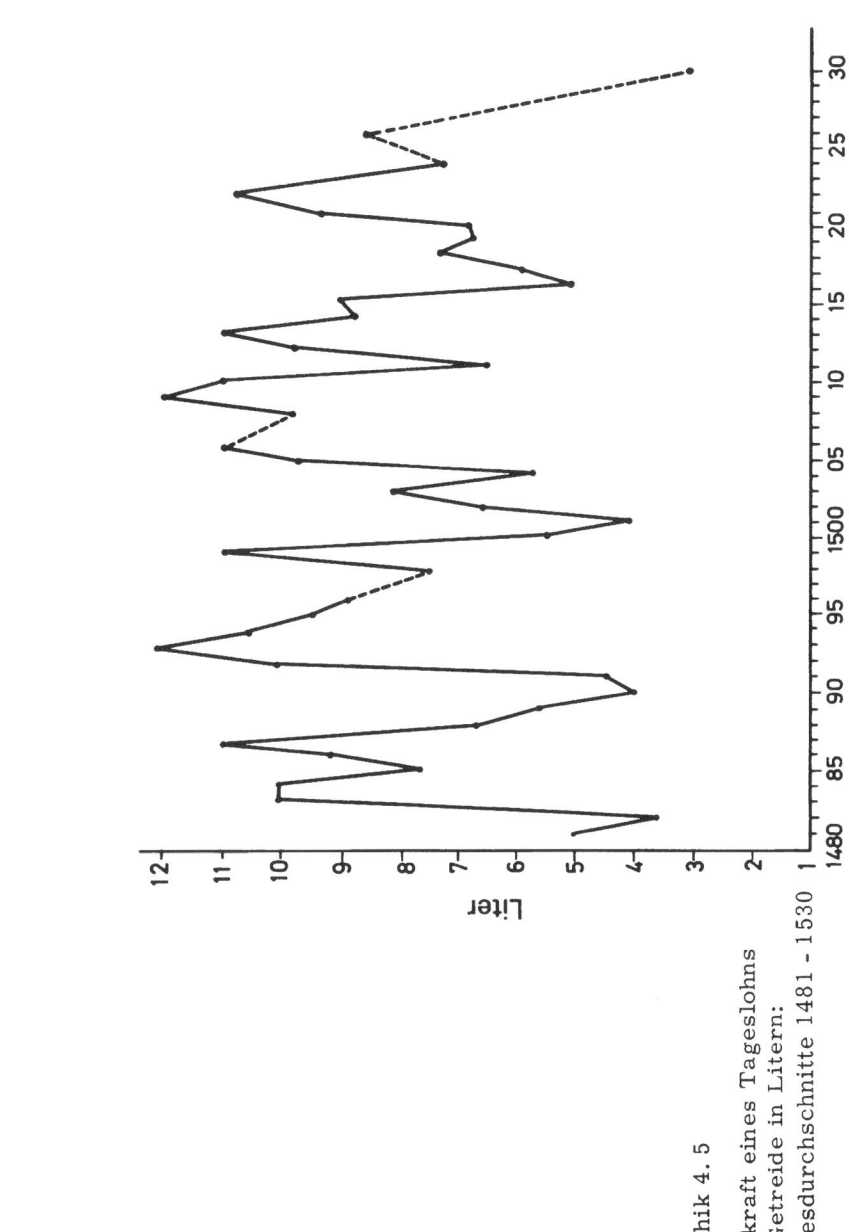

Graphik 4. 5

Kaufkraft eines Tageslohns
für Getreide in Litern:
Jahresdurchschnitte 1481 – 1530

Graphik 4.6 Kaufkraft eines Tageslohns für Getreide in Litern:
Fünf- und Zehnjahresdurchschnitte 1470 - 1534

Zu Graphik 4. 5

Kaufkraft Tagelöhne

1481	5		1500	5,5		1520	6,8
82	3,6		01	4,1		21	9,3
83	10		02	6,6		22	10,8
84	10		03	8,1		23	9,3
85	7,7		04	5,7		24	7,3
86	9,2		05	9,7		25	--
87	11		06	11		26	8,6
88	6,7		07	--		27	--
89	5,6		08	9,8		28	--
90	4		09	12		29	--
91	4,5		10	11		30	3,1
92	10		11	6,5			
93	12,1		12	9,8			
94	10,5		13	11			
95	9,5		14	8,8			
96	8,9		15	9			
97	--		16	5,1			
98	7,5		17	5,9			
99	11		18	7,3			
			19	6,7			

Zu Graphik 4. 6

Fünf Jahre	Durchschnitte		Zehn Jahre	Durchschnitte
1475 - 79	8,24		1470 - 79	8,24
1480 - 84	5,82		1480 - 89	7,03
1485 - 89	7,67		1490 - 99	7,65
1490 - 94	6,23		1500 - 09	7,65
1495 - 99	8,86		1510 - 19	7,75
1500 - 04	6,87		1520 - 29	7,45
1505 - 09	10,70			
1510 - 14	9,41			
1515 - 19	6,60			
1520 - 24	8,75			
1525 - 29	9,41			
1530 - 34	3,79			

Abschliessend kann festgestellt werden, dass gute Erntezeiten mit guten Löhnen Hand in Hand gingen. Das war ein Segen für jene Bauern (etwa ein Drittel), deren Lebensunterhalt gewöhnlich von Tagelöhnerei abhing. Schlechte Erntejahre brachten niedrigere Löhne mit sich, deren Folgen das mittlere Drittel der Bauern am deutlichsten verspürte - jene, die
in guten Jahren relativ gut auskamen. Im ganzen hat sich die Lage der
Lohnarbeiter bis nach 1530 nicht verschlechtert. Will man alle diese Auswirkungen abschätzen, so kann man vielleicht sagen, dass die Schwankungen eher eine Missstimmung schufen oder verstärkten, als eine wesent-
liche Ursache des Bauernkrieges abgaben.

Wir haben uns in diesem Kapitel mit der wirtschaftlichen Lage der Grundholden beschäftigt. Nur sie waren - wie wir noch zeigen werden - vollbe-
rechtigte Mitglieder der Gemeinde. Sie hatten Rechte auf Benützung des
gemeinsamen Landes und hatten ein wichtiges Interesse an der Führung
der Dorfangelegenheiten. Infolge einer raschen Bevölkerungszunahme begannen andere Mitglieder der bäuerlichen Gesellschaft Ansprüche auf deren Vorrechte zu machen. Lehensbauern und Häusler kamen über die Benützung des gemeinsamen Landes in direkten Konflikt. Wo die Herren ein-
griffen und dieses Land aufteilten, um Betriebe für Häusler ohne Land zu
errichten, sahen sich die Lehensbauern wirtschaftlich direkt bedroht.

Ein anderer Faktor machte sich für diese Lehensträger geltend: für sie
wurde es in zunehmendem Masse schwierig, ihre Kinder zu versorgen. Nur
ein Kind konnte den Hof erben; die anderen füllten die Reihen der Tagelöhner, wenn nicht in besserer Form für sie gesorgt werden konnte. Die
wirtschaftliche Lage der Lehensbauern verschlechterte sich also etwas.
Gleichzeitig mit diesen verringerten Aussichten, die gegen Ende des 15.
Jahrhunderts spürbar wurden, begann eine Zeit intensiver wirtschaftlicher Schwankungen. Alle paar Jahre standen etwa 60% dieser Bauern vor
der Tatsache, bei sinkenden Löhnen mehr Arbeitskraft verkaufen zu müssen. Man kann nicht sagen, dass die wirtschaftlichen Schwankungen den
Krieg verursacht haben, aber man kann daraus ableiten, dass sie den Wettbewerb in der bäuerlichen Gesellschaft verschärften. Sie steigerten die
Unruhen jener Lehensbauern, denen es darum ging, den Bereich der Selbstverwaltung der Gemeinde zu erweitern.

Zum Abschluss dieses Kapitels wollen wir die zwölf Artikel und die Rappertsweiler Artikel betrachten, um die Rolle, die wirtschaftliche Faktoren in den Klagen der Bauern spielten, deutlicher zu erkennen. Die "Zwölf
Artikel" sind eine gute Zusammenfassung der lokalen Beschwerdeartikel,
die von den zum Baltringer Haufen gehörenden Dörfern aufgezeichnet wurden, und geben einen ausgewogenen Eindruck von den Hauptschwierigkei-
ten der Bauern. Obwohl es keine lokalen Artikel aus dem südlichen Oberschwaben gibt, die man zum Vergleich mit den "Rappertsweiler Artikeln"
heranziehen können, können wir vielleicht dennoch zeigen, dass sie regionale Wünsche in grösserem Ausmass enthalten. (50)

Zunächst eine Liste der wichtigsten Punkte in den beiden Artikelsamm-
lungen, auf die sich der anschliessende Kommentar beziehen wird.

Die "Zwölf Artikel"

1. Die Gemeinde soll den Pfarrer berufen, der Gottes Wort predigen soll.

2. Der Zehnte soll von einem Dorf-Amtmann eingehoben werden und zum Unterhalt des Pfarrers und der Armen des Dorfes verwendet werden.

3. Die Herren sollen die Obrigkeit behalten, aber es soll keine Leibeigenschaft geben.

4. Die Gemeinde soll am Wild und Fischfang teilhaben.

5. Die Gemeinde soll den Wald verwalten und jedem genügend Brenn- und Bauholz zur Verfügung stellen.

6. Die Dienste sollen nicht erhöht werden.

7. Niemand soll gezwungen werden, Dienste ohne Entlohnung zu leisten.

8. Bodenzins, der zu hoch ist, soll gesenkt werden.

9. Verbrechen sollen gestraft werden, Urteil soll nach dem Gesetz und nicht nach der Willkür des Herrn gesprochen werden.

10. Gemeinsames Land, das veräussert worden war, soll der Gemeinde zurückgegeben werden.

11. Es soll keinen Todfall mehr geben.

12. Alles soll dem Wort Gottes gemäss sein.

Die "Rappertsweiler Artikel"

1. Die Pfarrer sollen das Wort Gottes ohne Hinzufügung predigen und kirchliche Beamte sollen keine weltliche Autorität ausüben.

2. Die Gemeinde soll die Pfarrer bestellen und sie aus dem Zehnten versorgen.

3. Leibeigenschaft und Frohndienste sollen abgeschafft werden. Jeder soll das Recht haben, sich frei von Ort zu Ort zu bewegen. In jedem Gericht soll ein Untertan der Obrigkeit Gehorsam erweisen und Steuern zahlen.

4. Jeder Richter soll nach eigenem Gewissen, nicht nach neuen Gesetzen urteilen.

5. Fische und Wild sollen nicht nur dem Herrn gehören.

6. Die Richter sollen von der Gemeinde gewählt werden und drei Jahre im Amt bleiben.

7. Keiner soll verhaftet oder eingesperrt werden, ausser nach gesetzlicher Vorschrift.

8. Jeder kann gegen ungesetzliche Gebühren oder Befehle Beschwerde führen.

9. Der Zins auf Darlehen sollte nie höher als 5% sein.

10. Wenn ein Gefangener peinlich verhört wird, sollen vier gewählte Richter zugegen sein.

11. Bei Eheschliessungen, Aufteilung einer Erbschaft und Grenzmarkierungen braucht kein Beamter anwesend sein.

12. Wenn jemand noch weitere Vorschläge hat, soll er sie der Liste hinzufügen.

Der erste Eindruck ist, dass es den Bauern im Süden mehr als den Bauern im Norden um die gemeinsame Kontrolle des herrschaftlichen Gebots - und Verbotsrechts und um Verhinderung willkürlicher Bestrafung geht. Im Norden drängten die Bauern, die zum Baltringer Haufen gehörten, mehr auf gemeinschaftliche Verwaltung des gemeinsamen Landes. Im übrigen behandeln die Urkunden ziemlich die gleichen Angelegenheiten.

Der Unterschied der beiden Dokumente kann durch den Hinweis auf die Grundlage der Gemeindebewegung in den beiden Gebieten erklärt werden. Wir werden uns damit bei der Diskussion des Gemeindeproblems genauer beschäftigen, doch sei hier darauf hingewiesen, wie diese verschiedene Gewichtsverteilung verschiedene Verhältnisse für die gleiche Führungsgruppe wiedergeben. Es wird noch genauer darauf einzugehen sein, dass nur jene Bauern zur Gemeinde gehörten, die Rechte im Dorf hatten, etwa das Nutzungsrecht am gemeinsamen Land. Vollrechte hatte normalerweise nur, wer einen Hof zu eigen besass oder ein Lehen hatte. Wir stossen hier wieder auf die Tatsache, die wir noch genauer untersuchen werden, dass der Bauernaufstand in Oberschwaben weitgehend eine Bewegung war mit dem Ziel, die gemeindliche Selbstverwaltung zu erweitern.

Wir haben gezeigt, dass es für diese Bauern immer schwieriger wurde, Gemeindebesitz und Gemeinderechte zu behaupten; ihre diesbezüglichen Forderungen sind in den "Zwölf Artikeln" enthalten. Doch gab es um Ravensburg nicht sehr viel gemeinsames Land. Das Weingartner Urbarbuch von 1531 verzeichnet sehr wenige Dörfer mit nennenswertem Allmendland. Die Bauern, und besonders die reicheren, hatten also wenig Grund, um das gemeinsame Land zu streiten. Sie verwandten ihre Energie lieber darauf, die Verwaltung der lokalen Gerichtsbarkeit in die Hände zu bekommen.

Ein weiterer Punkt, der in den "Rappertsweiler Artikeln" nicht erwähnt wird, ist die ungerechte Berechnung der Abgaben. Wie wir gezeigt haben, war dies nur für einige der kleinen Lehensträger eine Schwierigkeit. Da die Führer meistens grössere Bauern waren, unterstützen sie diese Beschwerde wohl nicht sehr nachdrücklich. Im Norden waren die Dörfer, wie wir zeigen werden, grösser. Das heisst, dass die Tagelöhner und kleinen Bauern sich bewusster als Gruppen sahen, da sie in grosser Zahl zusammenleben mussten. Wenn die Struktur der Überbelastung im Norder der von Weingarten glich, konnten die Kleinbauern den Aufstand hier leichter beeinflussen. Wie wir im dritten Kapitel gezeigt haben, gelang es den Tagelöhnern in Ochsenhausen sogar, den Aufstand anzuführen, was sonst nirgends vorgekommen ist.

Zusammenfassend kann man nach der Untersuchung der wirtschaftlichen Veränderungen sagen, dass die Bevölkerungszunahme ein wichtiger Faktor der Umschichtung war. Die ganze Gegend in Oberschwaben war bald nicht mehr in der Lage, den Zuwachs ohne strukturelle Veränderungen aufzunehmen; soziale Unterschiede wurden grösser. Die Lehen wurden so eingerichtet, dass die Güter nicht zersplittert wurden. Infolgedessen nahm die Schicht der Tagelöhner ohne Land zu, aus der viele als Landsknechte angeworben wurden. Obwohl sie sich noch nicht ganz als Gruppe sahen, agitierten die Tagelöhner in einigen Fällen für Gleichberechtigung in der Gemeinde und für die Aufteilung der Güter.

Diese Spaltung bedeutete, dass der Lehensbauer oft in eine Situation geriet, in der er andere Interessen verfolgte als seine Verwandten, was ihn zwang, seine Sympathien anderen gleichberechtigten Mitgliedern der Gemeinde zuzuwenden. Ihre Lage war relativ günstig, da sie langfristige Lehensverträge hatten und ihnen noch keine Zinserhöhungen bevorstanden. Doch waren ihre Aussichten begrenzt, wenn das gemeinsame Land veräussert oder ihre Versorgung mit Holz verringert wurde. Ausserdem versuchten sie die Dienste, die nicht gleichmässig bemessen waren, abzuschütteln und, wo die kleineren Bauern Gelegenheit hatten, ihre Beschwerden vorzubringen, bemühten sie sich um eine gerechtere Bemessung des Bodenzinses. Da viele bei Missernten ihre Arbeitskraft verkaufen mussten, wollten sie die Frohndienste abschütteln.

Die wirtschaftliche Lage der Bauern war im ganzen genommen freilich nicht wirklich verzweifelt. Doch schufen die wirtschaftlichen Verhältnisse die Bedingungen, aus denen heraus mehr Wert auf die Gemeinde gelegt wurde. Ferner spielten wirtschaftliche, soziale und politische Aspekte der Leibeigenschaft bei dieser Entwicklung mit.

KAPITEL 5

Wirtschaftliche und politische Aspekte der Leibeigenschaft

In diesem Kapitel werden wir uns mit zwei Aspekten der Leibeigenschaft beschäftigen: dem wirtschaftlichen und dem politischen. (1) Für die Bauern spielte der wirtschaftliche Aspekt wahrscheinlich die grössere Rolle, obwohl die Leibeigenschaft, wie sich zeigen wird, auch wichtige politische Konsequenzen hatte. Für die Herren war im Jahre 1525 der politische Aspekt vorrangig, doch hatte die Leibeigenschaft auch für sie besonders im 15. Jahrhundert wirtschaftliche Bedeutung. Der politische Aspekt bedarf zunächst der Klärung, ehe wir an eine Untersuchung der Gemeinde gehen können. Wie sich im nächsten Kapitel zeigen wird, waren die Interessen der Herren in Bezug auf die Leibeigenschaft denen der Gemeindebewegung entgegengesetzt.

Wie bisher werden wir uns hauptsächlich mit dem Gebiet des südlichen Oberschwaben befassen, aber um die Diskussion zu erleichtern, Informationen aus anderen Gebieten verwenden. Obwohl es über die Leibeigenschaft viele Untersuchungen gibt, wurde unsere Gegend bisher kaum beachtet. Daher müssen wir die Probleme ziemlich genau an Hand der Quellen untersuchen. Wir wollen deutlich machen, dass die Bauern mit ihrer Forderung nach Aufhebung der Leibeigenschaft nicht die Herrschaft stürzen wollten. Aufhebung der Leibeigenschaft bedeutete nicht die Aufhebung der Grund- oder Gerichtsherrschaft. Die Bauern beklagten sich, dass die Leibeigenschaft für sie einschneidende wirtschaftliche Folgen hatte, da der Leibherr als Todfall bis zu einem Drittel der Erbschaft einzog. Wie sich zeigen wird, konnte ein Herr auf diese Weise eine beträchtliche Menge freieignen Gutes erwerben. Dieser Status machte sich auch im System der Erblichkeit und in der Freiheit der Eheschliessung bemerkbar. Von den Herren aus gesehen, bot die Leibeigenschaft eine Möglichkeit, ihre Herrschaft auszudehnen und ihre Rechte zu vermehren. Sie versuchten eine geschlossene Gemeinschaft zu schaffen, die nur aus ihren Leibeigenen bestand. Dieses Ziel aber überschnitt sich mit der natürlichen Gemeinschaft eines Dorfes, da in jedem Dorf Leute wohnen konnten, die zu verschiedenen Leibherren gehörten. Aus dem selben Grund kollidierte eine auf Leibherrschaft beruhende Gemeinschaft mit einer, die auf Gerichtsherrschaft aufgebaut war. Es wird sich zeigen, dass die Gemeinde-Bewegung gegen den Versuch der Herren gerichtet war, ihre Rechte durch Leibeigenschaft zu erweitern.

Eines muss von Anfang an klar gemacht werden: Die meisten Bauern um Ravensburg waren Leibeigene. Diese Tatsache bedeutete keine Standeserniedrigung. Amtmänner von Herren, Besitzer grosser Güter waren vielfach Leibeigene. Wir werden auf die Belastungen, die dieser Status mit sich brachte, einzugehen haben, auch wenn es sich nicht um einen Abstieg in der gesellschaftlichen Rangstufe handelte. Im Norden um Memmingen und Biberach waren viele Bauern-Gruppen vor dem Bauernkrieg in der

Leibeigenschaft gezwungen worden. (2) Auch im Allgäu hatten die Bauern fünfzig Jahre vor dem Krieg mit dem Abt von Kempten um die gleiche Sache gestritten. (3)

Von den über dreihundert Beschwerdeartikeln, die die Bauern des Baltringer Haufen an den Schwäbischen Bund gesandt hatten, sind nur wenige erhalten. Da sie unter lokalen Bedingungen entstanden, sind die Informationen, die sie über Leibeigenschaft und die Einstellung der Bauern dazu geben, äusserst lehrreich. Das Dorf Achstetten setzte zum Beispiel die Leibeigenschaft an die erste Stelle. Unmittelbar nach der Einleitung heisst es: "so beger wir, dass wir ken Lipheren sol han, dan Got alen." (4) Danach behandelt die Mehrzahl ihrer Beschwerden wirtschaftliche Probleme, wie wir sie bereits kennen, etwa hoher Zins, Missernten, Zehnten, Waldnutzung und Dienste.

Auch die Bauern der Vogtei Mittelbiberach setzten die Leibeigenschaft an die erste Stelle. (5) Offensichtlich hatte die Äbtissin von Buchau, ihre Herrin, den Status kürzlich eingeführt. Es ist wichtig, in dieser Beschwerde einen Umstand besonders zu beachten: die Bauern von Mittelbiberach sagen zwar wie andere Bauern dieser Gegend, sie wollten keinen Herrn, aber damit meinen sie nicht, sie wollten keinen Grundherrn. Auch wollten sie die Gerichtsherrschaft des Herrn nicht in Frage stellen. Wenn sie am Anfang sagen, "Mer wend kain Heren han dan alain Got den Allmechtigen", dann meinen sie damit den Leibherrn. Meistens geht aus den übrigen Artikeln klar hervor, dass die Bauern nicht vollständige Freiheit verlangten, denn sie verlangten lediglich die Herabsetzung der Zinsen und Reform der gerichtlichen Verfahren. Über die Äbtissin von Buchau beschwerten sie sich folgendermassen:

> Item als die götlich Gschrift clar anzaigt, das ain Cristenmensch kain andern Herren hab dan Got den Almächtigen, so hat sich die Äptissin von Bucho bi kurzen Jaren understanden und die Kornölgerleut (Zinser des St. Cornelius-Altars in Buchau) geaignet und die beschwärt mit Fällen, Gläss, Ungnössin und Hauptrecht wie Aigenleut, das die götlich Gschrift nit ausweist, und stat clarich in iren Freiheitbriefen, das ain jeder Kornölgermensch sei als frei als der Vogel auf dem Zweig und mug ziechen und sich setzen in Stöt, Markt und Dörfer unverhindert aller Herren. Von der Freiheit hat si uns gwaltiglich trungen und uns grösslich bschwärt mit Fäll, Gläss, Ungnössin und Hoptrecht wider das götlich Gsatz und alle Billichait, auch wider ier aigne Freihaitbrief, und ist unser Beger, von sollicher unbillichen Beschwärung entlediget zu werden.

Das obige Zitat enthält alle entscheidenden Elemente der Folgen der Leibeigenschaft. Zum einen war die Möglichkeit beschränkt, den Wohnsitz zu verändern. Ferner mussten die Bauern einen Todfall entrichten, und ausserdem war ihre Freiheit zu heiraten und zu erben begrenzt. Bevor wir die Bedeutung dieser Folgen klären, sei noch ein weiteres Dokument ausführlich zitiert. Die Gemeinde Attenweiler, die sich dem Baltringer Haufe angeschlossen hatte, gehörte zum Kloster Weingarten. Die Quelle enthält eine kurze, prägnante Erklärung der Folgen der Leibeigenschaft; da es eine der wenigen Urkunden ist, die wir von den Bauern von Weingarten aus der Zeit des Bauernkrieges haben, ist sie besonders wertvoll.

Die seint beschwert mit der Lübaigenschaft, wann sie wellent kain andern Her haben, dann allain Gott den Allmechtigen, wann der hat uns
erschaffen. Wann mir vermainden auch, das die gotlich Geschrift, das
nit auswisse, das kain Hern kain Aigenmensch haben soll, wann Got
ist der recht Her.
Aber mir seint berlich beschwert mit der Vassnachthenne, auch mit
dem Vall- und Hauptrecht, auch wider wann ainer stierb, so kumt dann
er und tailt mit der Frou oder mit Man. Wann mir mainden, es sie wü-
der die gotlich Gerechtickait, das er unsere Kinder erben soll. Das er-
barm Gott in deim ewigen Reich und darum liebe Brieder, das seint
unsere Beschwert. (6)

Auch in den Forderungen der anderen Dörfer stand die Leibeigenschaft im
Mittelpunkt. Als Lotzer die "Zwölf Artikel" verfasste, lehnte er sich stark
an diese lokalen Artikel an, so dass sie, wie gesagt, als eine Zusammenfassung vieler lokaler Beschwerden gelten können. Artikel 3, der von der
Leibeigenschaft handelt, folgt ziemlich genau dem Text der Memminger
Artikel, die ebenfalls von Lotzer verfasst wurden. Beide Dokumente betonen, dass die Abschaffung der Leibeigenschaft nicht die Zerstörung aller Herrschaft bedeutete.

Züm dritten ist der Brauch bisher gewesen, das man uns für ir aigen
Leüt gehalten haben, wölchs zuo erbarmen ist, angesehen das uns Chri-
stus all mit seinem kostparlichen Pluotvergüssen erlösst und erkauft
hat .... Darumb erfindt sich mit der Geschrift, das wir frei seien und
wöllen sein. Nit das wir gar frei wöllen sein, kain Oberkait haben wel-
len, lernet uns Gott nit. (7)

Um zu sehen, wie dringlich dieses Anliegen für die Bauern tatsächlich war,
können wir eine Reihe von Vereinbarungen untersuchen, die zwischen verschiedenen Herren und ihren Untertanen im 15. und frühen 16. Jahrhundert
getroffen wurden. Zunächst gibt es in den Verzeichnissen von Weingarten
verschiedene Abschriften eines Dokuments aus den Missivbänden von Weingarten von 1432. (8) Das verlorengegangene Original war ein Vertrag zwischen dem Kloster und allen seinen Leibeigenen. Er folgte auf einen früheren Vertrag aus dem selben Jahr zwischen dem Abt und den Untertanen
des Dorfes Hagnau am Bodensee. (9) Der Vertrag kam unter der schieds-
richterlichen Aufsicht eines Reichshofrichters zustande und bildete damit
einen Präzedenzfall für den späteren, der unter der Aufsicht dreier Schiedsrichter, des Landkomtur des Deutschordens von Altshausen, des Truchsess von Waldburg und des Reichserbmarschalls von Pappenheim abgeschlossen wurde. Beide Dokumente behandeln die gleiche Angelegenheit
unter ähnlichen Voraussetzungen. Als Diskussionsgrundlage wollen wir
den Vertrag, der alle Kloster-Leibeigenen betraf, verwenden; ausführliche Zitate sollen alle Bedingungen deutlich machen, die damit verbunden
waren.

In dem Vertrag sind die Bestimmungen über den Todfall angegeben. Die
erste Klausel lautet:

... wann ain mennsch bey seinem genoss verfert und von tod abgaut
und dhain kind haut oder haut es kind, die gesonnder hausset sind, das
dem genanten Gotzhaus vorauss werden soll ain vall mit namen das best
gewannd, alls es am stollzen sontag zu kirchen unnd zu strausse gienng-
gen geverde, unnd das best houpt vichs fur das houptrecht, unnd darzu

ain drittaÿl alles seins guots, das es nauch tod verlaussen haüt, ausgenommen alles eysengeschir mit namen wagen, karren und pflug, das
zu dem buw gehört, wann das billich auff dem gut beleiben soll alles
ungevarlich.

In dieser Klausel sind die Grundbestimmungen über den Todfall für einen
Untertan des Klosters festgelegt. Es handelt sich dabei um eine Person
innerhalb des klösterlichen Leibeigenschaftsverbandes ("bey seinem genoss"), der zwar Erben hatte, aber entweder überhaupt keine Kinder, oder
Kinder, die nicht auf dem Gut lebten. Bei seinem Tod ging der "Fall" an
das Kloster. Es bestand in seinem besten Kleid ("best Gewand") und dem
besten Stück Vieh ("houpt vichs", Hauptrecht genannt), sowie einem Drittel des übrigen Besitzes ("drittayl"); ausgenommen Geräte wie zum Beispiel
ein Pflug. Die nächste Klausel enthielt Bestimmungen über das Erbe eines
Mannes, der Kinder als Erben zurückliess, die zu Hause lebten. Von ihnen erhielt das Kloster nur den Fall und das Hauptrecht, der Rest gehörte
den Kindern. Schliesslich der entscheidende Fall:

... stirbt ain man, der sein ungenössinen haut unnd das nit hat abge-
tragen mit der eegenanten unser herren des abbtz und convenntz willen, das dem Gotzhuws vonn dem selben werden soll ain vale mit namen das best gewannd und ain houptrecht mit namen das best houpt vichs
und darzu ain halbtayl alles guts, so er gelaussen haut, es sy ligen oder
varend gut nichtz ausgenommen ongeverlich.

Im Gegensatz zu den anderen Klauseln hat der Bauer in diesem Fall ausserhalb der Genossami geheiratet. Vorher hiess es, der Mann war "bei seinem Genoss". Beides bezieht sich auf den Begriff "Genossenschaft", das
heisst auf alle, die demselben Herrn durch Leibeigenschaft verbunden waren. Hier wurde dem Bauern, der eine Frau ausserhalb dieser Genossenschaft heiratete, eine Busse auferlegt, das heisst, sein halbes Erbe fiel an
das Kloster. Wichtig ist dabei der Ausdruck "ligend oder varend gut", der
jedes freieigene Gut einschliesst, falls der Bauer solches besessen hatte.
Wenn es in dieser Gegend am Anfang des 15. Jahrhunderts viel freieignes
Gut gegeben hat, dann kam auf diese Weise gewiss ein beträchtlicher Teil
in die Hände des Klosters. Sollte seine Frau auch noch Land in die Ehe eingebracht haben, ging bestimmt auch davon etwas an das Kloster, denn ein
Teil ihrer Mitgift gehörte dem Mann schon zu Lebzeiten der Frau, und bei
ihrem Tod gehörte ihm das Ganze.

Die letzte Klausel des Dokuments bezieht sich auf eine Frau, die dem
Kloster als Leibeigene verbunden ist und ausserhalb der Genossami heiratet. Bei ihrem Tode erhielt das Kloster den Fall, das Hauptrecht und
ein Drittel des Besitzes, wobei wieder freieignes Gut an das Kloster fallen konnte.

Es ist schwer festzustellen, was den Streit verursacht hat, der zu diesem Vertrag zwischen dem Kloster und seinen Bauern führte. Möglicherweise setzte der Vertrag der Summe, die das Kloster nach dem Tod eines
Untertans beanspruchen konnte, eine gewisse Grenze.

Die Bauern, die zum Kloster Weissenau gehörten, konnten 1448 einen
besseren Vertrag durchsetzen, nachdem sie 1550 Rheinische Gulden gezahlt hatten. (10) Am Anfang des Weissenauer Vertrags steht ein Verzicht
auf die früheren Ansprüche auf Fall, Hauptrecht und "Tailung". Von da an
ging alles Eigentum nach Abtretung des besten Stücks Vieh und des besten
Gewandes an die Erben

Wir (das Kloster) ... in kunftig zit ... nach irem tod und abgang nit
niemen und begären söllend noch wöllen den ain hobtrecht und aine fale
mit namen von ainem man das best houpt visschs, so er nach Tod ver-
lauset, und sin bester gewand, rock, mantel und ander gewand, als er
denne zu hochzitlichen tagen zu kirchen und zu straussen gangen ist,
und von ainer frowen daz best houpt vischs äne arns und ouch ir bestes
gewand und gestüch .... und sollend ouch von innen nit mer ervordren
noch begärren sonder nit wyter drengen .... Daz übrig ir verlaussen
gut alles, es syge ligend oder farend gut, sol allweg vallen und beliben
iren nächsten fründen und erben nach erbschaft recht ....

Die Folgen der Leibeigenschaft waren auch nicht bedeutungslos für das Le-
hensverhältnis. In Oberschwaben folgten die Kinder dem Stand der Mutter.
Wenn Kinder einen Besitz erbten, der dem Vater von seinem Leibherrn
verliehen worden war, die Mutter dagegen einen anderen Leibherrn hatte,
so hatte es der Grundherr in der zweiten Generation mit Lehensleuten zu
tun, die nicht seine Leibeigenen waren. So beschränkte sich Weingarten
zum Beispiel darauf, keines seiner Güter an Bauern zu verleihen, die nicht
seine Leibeigenen waren. Jeder Lehensvertrag unterstreicht, dass das Lehen verfällt, wenn der Lehensträger ausserhalb der Genossami heiratet.
(11) In der Praxis war es freilich unmöglich, Ehen zwischen Bauern verschiedener Herren zu verhindern, und es gibt viele Zeugnisse gerichtli-
cher Vertreibung, wenn ein Bauer den Vertrag auf diese Weise verletzte.
(12) Gelegentlich machte das Kloster Zugeständnisse, etwa in dem Fall
einer Kloster-Leibeigenen, die einen Bürger Altdorfs geheiratet hatte. 1459
erlaubte das Kloster einem Bürger den Todfall seiner Frau bis zu seinem
eigenen Tod zu nutzen. (13) 1479 traf ein anderer Bürger eine Vereinbarung mit dem Kloster zwecks Eheschliessung mit einer Leibeigenen des
Klosters. (14) Die Vertragsbedingung lautete, dass das Kloster keinen Todfall erhalte, falls die Frau des Bürgers vor ihm stürbe. Falls jedoch der
Bürger vor ihr sterben sollte, ging sein halbes Erbe, "fahrendes" und "lie-
gendes", an das Kloster. Nach ihrem Tod würde dann auch noch der Rest
an das Kloster gehen.

Aus diesen Beispielen und aus dem Vertrag von 1432 geht hervor, dass
das Kloster die Leibeigenschaft abgesehen von politischen Gründen auch
dazu benützte, seinen Besitz zu festigen und zu vermehren. Da es praktisch keine Aufzeichnungen über freieignes Gut in dieser Gegend gibt, kann
man schwer schätzen, wieviel Besitz das Kloster auf diese Weise erworben hat. Südlich des Klosters, wo Weissenau viel mehr Güter als Weingarten besass, gab es eine ansehnliche Zahl freieignen Guts, das bis ins 19.
Jahrhundert hinein bestand. (15) Doch um Ravensburg, wo Weingarten als
Grundherr dominierte, findet sich in der späteren Zeit kaum freieignes
Gut. Aufgrund verschiedener Verkaufsdokumente kann man aber annehmen, dass freieigene Güter im 15. Jahrhundert keine Seltenheit waren. Es
trifft zu, dass hier in der Umgebung von Tettnang und auch in dem Trauch-
burger Gebiet viele Bauern mit freieigenem Gut sassen, die ihren Besitz
an einen Herrn verkauften, und ihn dann als Lehen zurückerhielten. Für
Weingarten und Ravensburg gibt es gleichfalls Beispiele hierfür. Doch während im 15. Jahrhundert in allen diesen Gebieten ähnliche Zustände herrsch-
ten, waren später nur in der Gegend um Weingarten freieigene Güter fast

völlig verschwunden. Es ist möglich, dass diese Entwicklung mit der Todfall-Politik des Klosters zusammenhing.

In dem Vertrag von Weissenau erlaubte das Kloster, im Gegensatz zu Weingarten, einem "auswärtigen" Erben die Erbschaft eines klösterlichen Untertanen anzutreten, wenn es mit dem Herrn des Erben eine gegenseitige Vereinbarung gab. Wo solche vertraglichen Abmachungen nicht bestanden, musste das Erbe binnen einem Jahr innerhalb der Weissenauer Genossami verkauft werden. Ferner besagte der Vertrag, dass alle Rechte eines Untertans auf das Eigentum verfielen, wenn er den Herrn ohne Erlaubnis verliess. Ausserdem wurde verlangt, dass alle Bauern, die sich freikauften, jeglichen Besitz, den sie in Zukunft erben würden, an klösterliche Eigenleute verkauften. Durch diese Praxis blieb dem Kloster seine Steuerkraft erhalten.

1523 liess sich das Kloster Weingarten von Altdorf und dem Dorf Hagnau einige Zugeständnisse abkaufen. Der Vertrag mit Altdorf (16) erwähnt am Anfang eine Kontroverse über die Leibeigenschaft, die über Jahre geführt worden war. Die Hauptschwierigkeit war anscheinend, dass Todfall und Teilung den Lebensunterhalt der Lehensinhaber immer schwieriger machten. Ein besonderes Problem war die Versorgung der Kinder. Es musste um so drückender werden, je geringer der prozentuale Anteil des Landes für einen Menschen wurde. In zunehmendem Masse empfand man es als eine Last, einen grossen Teil der Erbschaft abzugeben. Die Folgen des Halbteils und Dritteils bedeuteten auf die Dauer gesehen ein starkes Zurückgehen der freieigenen Güter in dieser Gegend. Es ist daher nur natürlich, wenn die Bauern an dem Land, das ihnen geblieben war, mit allen Mitteln festhalten wollten. Das Dokument beginnt:

> ... als von vil und menichen langwirigen jaren byssher weylund unser vorfarn gotzhus und wir einichen solhen bruch gehabt, auch gemeinlich geübt und herbracht, das wir von unsern gotzhus lewten allen gemeinlich, sovil der im fleckhen Altdorff gesessen und unserm gotzhauss mit leibeigenschaft zugehörig sein, nach irem absterben in mas wie von andern unsern gotzhus lewten auf dem land alles irs verlassen guts ligends und varends in einem val den halbtail und in dem andern val den drytteil, wie sich dann solh todfel zebegeben genomen haben, alles nach vermäg unsers gotzhus stiftung auch egemeltz langen gebrauchs herkommens, freÿhaiten und sonderlicher vertrag desshalben ettwouil jarn hieruber aufgericht. Welcher halbteils und drytteils sich oder dieselben unter gotzhus lewt auch vor Jarn bey zeiten unser vorfarn mermals merglich beclagt und beswert, wie sy dann gleichweys auch yetzo bey uns getan haben, der meinung das sy solcher bürdin und lasts halben zu dhainem statthafften aufnemen oder vermögen komen und auch mit iren kinden ir leibs narung hertiglich und besverlich erarnen und erobern müssen ..

Nach der Einleitung wird festgelegt, dass der Untertan keinen Halbteil oder Dritteil mehr bezahlen muss. Der übrige Text nennt die Bedingungen für Todfall und Hauptrecht bei Leibeigenen und Ungenossamen.

Vom Zeitpunkt des Vertrages an erhielt das Kloster beim Tode eines seiner männlichen oder weiblichen Leibeigenen, oder beim Tode eines Ehepartners aus einer Ehe, in der ein Partner Leibeigener des Klosters war, nur einen Fall und das Hauptrecht. Sie bestanden in einer kleinen Summe

Geld und dem besten Stück Vieh. Wenn der Verstorbene keinen Boden besessen hatte, bekam das Kloster fünf Prozent des beweglichen Eigentums bis zum Werte von 5 Gulden. Ferner wurde einem Mädchen, das keinen Besitz hatte und ausserhalb der Genossami heiratete, keine Busse mehr auferlegt, da ihre Kinder Leibeigene des Klosters wurden. Das Kloster hatte nichts dagegen, wenn seine weiblichen Untertanen sich nach "auswärts" verheirateten, da die Herrschaftsbefugnisse über ihre Kinder erhalten blieben. Daraus wird nach allgemeiner Ansicht abgeleitet, dass eine Leibeigene im Falle ihrer Heirat nach auswärts frei wurde. Auf Grund des hier zitierten Falles scheint aber auch die Ansicht möglich, dass der Status der Untertanin in diesem Falle unverändert blieb. Gleichzeitig überwachte das Kloster alle scharf, die ein Lehen besassen. Heiratete ein Mann ausserhalb der Genossami, war er verpflichtet, seine Frau freizukaufen und sie dem Kloster binnen einem Jahr als Leibeigene zuzuführen. Wer keinen klösterlichen Grund und Boden besass und diese Bedingungen verletzte, musste eine Geldstrafe im Werte von drei Prozent seines persönlichen Eigentums bezahlen. Wenn jemand jedoch Land besass, musste er dieselbe Strafe zahlen und ging ausserdem des Landes verlustig.

Daraus geht zumindest teilweise hervor, was die Leibeigenschaft für den Herrn und seine Bauern bedeutete. Der Todfall gehörte dem Herrn in seiner Eigenschaft als Leibherr. Während des 15. und bis in das 16. Jahrhundert hinein bedeutete dies, dass der Herr einen grossen Prozentsatz der Erbschaften seiner Untertanen erhielt, obwohl auch hier die Verhältnisse sehr verschieden waren. Normalerweise verlangte der Herr seinen Anteil unmittelbar nach dem Tod des Untertanen. Das konnte für eine Witwe oder einen Witwer einen harten Schlag bedeuten. Wenn das Paar etwas Land besass, waren die Folgen womöglich noch härter, es sei denn der Herr verlieh das Eigengut wieder an den überlebenden Teil.

Man sieht daraus, dass die Erbschaft für Kinder, deren Eltern kurz nacheinander starben, stark reduziert wurde. Wenn die Eltern Leibeigene verschiedener Herren waren und ohne deren Erlaubnis geheiratet hatten, konnte es geschehen, dass den Kindern nur ein Sechstel blieb. All das legt den Schluss nahe, dass die Leibeigenschaft sehr wichtige wirtschaftliche Folgen hatte. Wir haben gezeigt, dass die Kinder einer Familie gegen die Jahrhundertwende immer schwierigeren Bedingungen gegenüberstanden. Wenn die Eltern eines Mädchens starben, bevor es volljährig war, musste es sich mit den anderen in eine Erbschaft teilen, die für eine Mitgift vielleicht nicht ausreichte. Ausserdem hatte Weingarten wenige Erblehen, und Ravensburg bemühte sich, die Zahl zu verringern. Das bedeutete, dass die Kinder sich nicht in ein Erbe teilen konnten, denn nach dem Tode des ursprünglichen Lehensträgers fiel der Hof an den Herrn zurück und wurde wieder verliehen. Und selbst wenn ihn dann einer der Nachkommen bekam, hatten die anderen keinen Anteil daran, es sei denn, sie blieben als Tagelöhner auf dem Hof. Wie wir jedoch gesehen haben, reichten normalerweise volle zwei Drittel der Weingartener Höfe nur für ein einziges Ehepaar mit Kindern aus. Es wäre unmöglich gewesen, mehrere Geschwister zu unterhalten. Tatsächlich setzte Weissenau vertraglich fest, wieviele Verwandte auf dem Hof bleiben konnten - selten mehr als einer. Nach 1485 bezeichnete Weingarten in seinen Verträgen auf "drei Lebtag" den jüngsten Sohn als Erben. Auch in diesem Fall waren die anderen Kinder an der Nützung von Grund und Boden nicht beteiligt. Wo echte Erblehen vorhanden waren, musste das Gut oft als Ganzes erhalten bleiben, das heisst, dass ein Familienmitglied die Erbschaftsanteile der anderen kaufen musste. In diesem Fall erhielten wenigstens alle Kinder einen Teil von der Erbschaft.

Ein weiterer Aspekt der Leibeigenschaft war die Beschränkung der Freizügigkeit. Dieser "Abzug" bedeutete nicht nur die physische Entfernung, sondern konnte auch einen neuen Eid bedeuten, den jemand einem anderen Herren schwor. Das Kloster Weingarten überwachte solche "Bewegungen" genauestens und es gab mehrere Fälle, in denen jemand wegen "flucht" mit Gefängnis oder Geldbussen bestraft wurde. (17) In allen Lehensverträgen gilt die "flucht" als Grund für Lehensentzug. (18) Ein Leibeigener konnte sich die Freiheit jedoch erkaufen. In Weingarten gibt es keine Manumissionsreverse, viele dagegen in Weissenau; die meisten davon wurden gegen ein paar Gulden für die Freilassung von Frauen ausgeschrieben. (19) Damit konnten sie in eine andere Herrschaft einheiraten, da normalerweise verlangt wurde, dass der Mann seine Frau freikaufte. Es kam auch vor, dass sich Männer freikauften, wobei die Gebühr meistens bis auf zehn Gulden anstieg. Das bedeutete, dass sie anderswo grössere Chancen sahen als in der Weissenauer Herrschaft, denn nach dem Freikauf konnten sie von dem Kloster kein Land mehr leihen.

Aus alledem wird deutlich, dass Leibherrschaft und Grundherrschaft miteinander verbunden waren. So waren die Herren sehr darum bemüht, die Belehnung mit einem Gut stets von der Ergebung in die Leibeigenschaft abhängig zu machen. Da der Leibherr die wirtschaftliche Kraft seiner Bauern beanspruchte (Weingarten, u. a. die Reissteuer), konnte es sich ein Grundherr nicht leisten, Leibeigene eines anderen Herren auf seinem Besitz zu haben.

Andere oberschwäbische Herren hatten die gleichen Kontroversen mit ihren Untertanen wie Weingarten und Weissenau. Es lohnt sich, vergleichsweise einige spezielle Punkte daraus zu nennen. Die Bauern des Klosters Schussenried zum Beispiel fochten während des ganzen 15. Jahrhunderts einen Todfall an, der sich auf die Hälfte oder ein Drittel der Erbschaft belief. 1439 trafen sie mit dem Kloster eine Vereinbarung, nach der sie gegen Entschädigung künftig die Hälfte oder das Drittel nicht mehr abgeben mussten. Es blieben nur Fall und Hauptrecht bestehen, die mit dem besten Tier bezahlt wurden. (20) Für Eheschliessungen ausserhalb der Genossami gab es jedoch als Strafe den Verlust der halben Erbschaft für einen Mann, für Frauen ein Drittel. Diese Vereinbarung wurde von den Bauern angefochten, doch das Kloster erliess 1483 ein ähnliches Gebot. (21) Auch im dritten Vertrag von 1483 gab das Kloster in diesem Punkt nicht nach. (22) Aus der Erbitterung der Bauern über diese Hartnäckigkeit ist vielleicht der abrupte Anfang der Schussenrieder Beschwerdeartikel zu erklären, die 1525 an den Schwäbischen Bund gingen:

> Und dem ist zum 1. also: mer wend kain heren han den alain Got den Allmechtigen, der uns erschafen hat. (23)

Das Kloster Langnau südöstlich von Ravensburg schlichtete 1524 einen Streit mit seinen Bauern über einige Fragen der Leibeigenschaft. (24) Einer der strittigen Punkte war das Recht eines ausserhalb der Genossami stehenden Erben auf seine Erbschaft:

> Nachdem und dann bissher vil freffenlicher irrungen erwassen und zum-
> tail noch vor augen sind, mit dem so die genossen uff der gotz grund
> gutern mit thod abgand und erbenn vorhand, die des Gotzhus Langnow
> leibeigen sein, und noch mer erben, die dem Gotzhus nit mit aigen-
> schaft zugehern, und aber die erben die der guter nit genoss ind, ver-
> maint, sy sollen ouch innhabung und besitzung der guter haben oder mit
> gelt und varender hab hindan gelesst werden ....

Das Kloster stimmte zu, dass in Zukunft alles bewegliche Eigentum und
Geld unter allen Erben gleich aufgeteilt würde; doch durfte ein Nicht-Leib-
eigener keinen Grund und Boden erben, der dem Kloster gehörte. Es wurde festgesetzt, dass alles freieigne Gut unter allen Erben geteilt werden
sollte.

1526 schloss der Truchsess von Waldburg im Zuge der Beendigung des
Bauernkrieges eine Reihe von Verträgen mit verschiedenen Teilen seines
Gebietes. Sie machen die politisch-wirtschaftliche Bedeutung der Leibeigenschaft ganz deutlich. Da sie alle gleich lauten, sei hier nur einer zitiert, der Vertrag mit den Bauern der Herrschaft Zeil. (25) Angesichts
der Tatsache, dass er sich ausschliesslich mit Fragen von Todfall und Ungenossami wie die bisher genannten anderen Vereinbarungen beschäftigt,
müssen wir diese Probleme als eine der Hauptursachen für die Bauern-
Unruhen sehen.

> ... als sich dann mein aigenleut und unnderthan in meiner Herschaft
> Zeil gesessen der leibeigenschaft damit sy mein vordern und mier ver-
> bunden gewest, und noch zugehörig seind und was derselbigen anhangt,
> als väll und geläs, ungenossami, hochzeitgelt, und verkoufung der leut,
> beschwert und gemeint haben, es söllte ander mas dann wie bisherr
> beschehen ....

Die Reform legte eine bestimmte Summe für den Todfall und das Hauptrecht in Verhältnis zur Grösse des Hofes fest. Die Höchstgrenze war 6 Gulden Hauptrecht für einen Mann, drei Pfund fünfzehn Schilling für den "häs
vall" (Gewandfall; bestes Kleid). (26) Eine Frau zahlte drei Gulden Hauptrecht und ein Pfund zehn Schilling "häs vall". Die Zahlungen nahmen entsprechend der Grösse der Höfe ab. Ein Mann, der nur ein Haus besass,
musste einen halben Gulden Hauptrecht ("rosfall") und zehn Schilling "häs
vall" entrichten. Ferner beschäftigte sich der Vertrag mit der Ungenossami:

> Verrer der Ungenossami halb ... hinfuro ... die mans personen auch
> töchtern und frauen ungestraft wol macht haben sollen zu weiben und
> zu mannen, wa sÿ wollen.

Doch wie beim Weingartner Vertrag von 1523 musste der Mann, der ausserhalb der Genossami heiratete, seine Frau binnen eines Jahres frei-
kaufen. Statt bei Verletzung dieser Vorschrift eine Geldbusse festzusetzen, wurde vertraglich festgelegt, dass der Mann ausgeschlossen wurde,
bis er seine Frau in die Genossami einbrachte. Der Betrag für die Freilassung wurde ebenfalls bestimmt: drei Gulden für eine Frau, vier Gulden
für einen Mann. Wie im Falle Weissenaus musste alles Land an Leibeigene des Herrn verkauft werden. Einer der Zwecke, die mit der Leibeigenschaft verfolgt wurden, wird durch einen weiteren Punkt deutlich. Wer sich

freigekauft hatte, wurde von der Gerichtsherrschaft des Herrn ausgeschlossen und ohne Erlaubnis nicht mehr zugelassen. Ferner setzte der Vertrag fest, dass die Gebühr für Freilassung sich verdoppelte, falls der Freigelassene trotzdem unter der Rechtsprechung des Herrn bleiben und sich vielleicht auf einem anderen Hof niederlassen wollte. Es scheint darauf hinauszulaufen, dass die Herren sich bemühten, Leibherrschaft, Grundherrschaft und Gerichtsherrschaft zu vereinen. Die Herren versuchten also ihre Rechte territorialer Grundlage zur Wirksamkeit zu bringen. Die Herren tauschten Höfe und Untertanen beschränkten die Rechte der Eheschliessung und der Freizügigkeit. In heftigem Widerstand gegen diese Politik erzwangen die Bauern einige Reformen, aber meistens liessen sich die Herren erst dann zu einem Zugeständnis herbei, wenn sie ihr Ziel schon so gut wie erreicht hatten. Selbst dann gestatteten sie den Bauern nicht, die Verbindung von Lehen und Leibeigenschaft zu durchbrechen.

Bisher haben wir uns mit den wirtschaftlichen Aspekten der Leibeigenschaft beschäftigt und nachzuweisen versucht, dass für die Herren auch der politische Aspekt an Bedeutung zunahm. Zweifellos war ein Todfall von einem Drittel oder der Hälfte der Erbschaft für die Bauern sehr hart. Wenn ein Gut an alle Nachkommen vererbt wurde, waren wenigstens alle an dem restlichen Teil beteiligt. Das bedeutete, dass sich die Erben nur in die übrigen zwei Drittel oder die Hälfte des beweglichen Eigentums teilen konnten. Es wurde auch darauf hingewiesen, dass der Konkurrenzstreit um einen anderen Hof unter Geschwistern, die keinen Hof erbten, sich verschärft haben muss. Je kleiner die Erbschaft war oder wurde, um so schwieriger wurde es, mit dieser Lage fertig zu werden.

Wirtschaftlich profitierten die Herren natürlich von den Einnahmen aus dem Todfall. Aber dieser Gewinn nahm allmählich ab. Da der meiste Boden mit der Zeit in ihren Besitz gekommen war, wurde ein Todfall, der aus einem Prozentanteil am unbeweglichen Eigentum bestand, für sie weniger interessant. Daher wurde ihm auch immer weniger Gewicht beigemessen. Doch gab es noch Herren, die in Bezug auf den Todfall eine andere Einstellung zeigten. Weissenau zum Beispiel verkaufte in der Mitte des 15. Jahrhunderts sein Recht auf einen Anteil der Erbschaft an die Bauern. Schon der Verkauf an sich bezeugt die wirtschaftliche Bedeutung.

Seit dem späten 15. Jahrhundert wurde die Leibeigenschaft immer mehr ein Werkzeug in den Händen der Herren, um ihre Rechte auszudehnen. Eine Kontroverse zwischen der Stadt Überlingen und dem Kloster Weingarten zeigt, wie das Kloster mit der Leibeigenschaft seine Steuerhoheit erweiterte. In einem Streit mit der Landvogtei kämpfte das Kloster darum, seine Gerichtsbarkeit, Steuerhoheit und Grundherrschaft gegen Übergriffe zu verteidigen oder zu erweitern.

Zunächst wäre zu klären, worum es in dem Streit zwischen den Herren ging. Die Ursache dieses Konfliktes lag letztlich darin, dass es verschiedene Arten der Rechtsprechung gab. Zum Beispiel war es möglich, dass ein Gerichtsherr bestimmte Steuern dafür verlangte, dass er Recht sprach und Frieden stiftete. Wenn er in finanzielle Schwierigkeiten kam, konnte er versuchen, die Steuern zu erhöhen. Da die meisten Herren ausserdem nur ihren Leibeigenen Land verliehen, entstand auch hier ein Konflikt zwischen Gerichts- und Leibherren. Wie sich zeigen wird, sind Weingarten und Überlingen tatsächlich über die Steuern in Streit geraten. Weingarten begann nämlich gegen Ende des 15. Jahrhunderts seinen Leibeigenen zu verbieten, Reissteuern an andere Herren zu bezahlen.

1523 schlichteten Weingarten und Überlingen ihre Streitigkeiten über die Leibeigenen in den zwei Vogteien Hofen und Hagnau. (27) 1436 hatte die Stadt diese Gebiete mit dem Recht auf niedere Gerichtsbarkeit von Weingarten gekauft, das das Kloster zuvor von einem Ritter erworben hatte. Das Kloster, das viele Höfe in den Vogteien hatte, gestattete gemäss dem Wortlaut des Verkaufsvertrags mit Überlingen der Stadt das Recht, von jedem Hof eine jährliche Vogtgült bis zu einem Malter Dinkel und einem Malter Hafer einzuheben; diese Abgabe sollte nie erhöht werden. Die Stadt verpflichtete sich ihrerseits, keinem Leibeigenen des Klosters das Bürgerrecht der Stadt zu gewähren. Ein Argument in der Beweisführung des Klosters war, dass die Stadt versucht hatte, Leibeigene des Klosters aus der Vogtei Hagnau auszuweisen, weil sie nicht verpflichtet waren, Reissteuer, Dienste und Abgaben an die Stadt abzuführen. Die Stadt verlangte auch ein Zuzugsgeld für Untertanen des Klosters, die in ihr Gebiet einwanderten. Überlingen versuchte damit durchzusetzen, dass zwischen Leibeigenen des Klosters, die Einwohner der Vogtei waren, und solchen, die anderswo siedelten, genau unterschieden wurde. Dies wollte das Kloster nicht hinnehmen.

Das Dokument beruft sich auf viele Zeugenaussagen. Ihre Aussagen unterstützen, wie nicht anders zu erwarten, die Beweisführung des Klosters, dass seine Leibeigenen seit langem die Vogtei frei betreten durften. Entscheidend war jedoch der Rechtsgrund für die Reispflicht. Das Kloster beanspruchte das Recht, auf Grund der Leibherrschaft eine Reissteuer einzuheben; die Stadt jedoch behauptete, der Inhaber der niederen Gerichtsbarkeit habe die Pflicht, Schutz zu gewähren und somit das Recht, die Reissteuer einzuheben. Die Folge dieser Kontroverse war, dass die Stadt den Zuzug von Untertanen des Klosters, die von den Stadt-Steuern befreit waren, zu unterbinden suchte. Der ganze Konflikt war nichts anderes als der Streit zweier Herren, die die Verpflichtungen seitens der Untertanen auf zwei verschiedenen Grundlagen errichteten. Daher wurde die Rolle der Leibeigenschaft für die Erweiterung der Rechte wichtig.

Neben dem Konflikt mit Überlingen führte das Kloster einen langen Kampf gegen die Landvogtei Oberschwaben, in dem die Leibeigenschaft eine entscheidende Rolle spielte. Wir haben schon früher davon gesprochen, dass die Landvogtei von Kaiser Rudolf von Habsburg geschaffen wurde, um Eigentum des Reiches sicher zu stellen und wieder unter die Verwaltung zu bringen. (28) Das Amt des Landvogts war vom Kaiser kündbar und gewöhnlich an einen mächtigen Herren dieser Gegend verpfändet. Seit 1247 übte die Landvogtei die hohe Gerichtsbarkeit aus - ausser wo eine Herrschaft wie etwa Waldburg sie bereits innehatte -, vergab kaiserliche Lehen und hob Steuern von den Städten und Schutzgeld von den Klöstern ein. (29) Die Zuständigkeit des Landvogtes erstreckte sich über grosse Teile des südlichen Oberschwaben, doch das Zentrum lag um Altdorf und Ravensburg. Da die Habsburger versuchten, ihre Macht in diesem Gebiet zu konsolidieren, kam es zu einem Konflikt zwischen der Landvogtei und Weingarten.

1415 wurde die Landvogtei an Waldburg verpfändet, das sofort versuchte, seine eigene Stellung zu verbessern, um dem Pfand höhere Steuern auferlegen zu können. Davon waren die Gegenden, die auf dem Gebiet der Landvogtei lagen, also Weingarten und Weissenau, die Städte Ravensburg, Leutkirch und Buchhorn und der Flecken Altdorf unmittelbar betroffen. Solange das Pfand in Händen der Waldburger war, hatte man hauptsächlich mit Geld-

Auflagen zu rechnen. Als jedoch gegen Ende des Jahrhunderts die Habsburger die Landvogtei selbst übernahmen, versuchten sie auch die Reichsunmittelbarkeit der Klöster zu unterdrücken. Die Beamten der Habsburger mischten sich in die klösterliche Ausübung der niedrigen Gerichtsbarkeit und nützten oft die Gelegenheit, die Bauern zum Ungehorsam aufzuhetzen. So verlieh der Landvogt zum Beispiel Weingartener Höfe an neue Lehensmänner, die er gegen richterliche Entscheidungen seitens des Klosters beschützte. Ein wichtiger Streitfall wurde der unmittelbar vor den Klostermauern gelegene Flecken Altdorf. Nachdem Weingarten das Recht, den Ammann des Fleckens zu berufen, gekauft hatte, versuchte es durchzusetzen, dass nur Leibeigene in dem Dorf wohnen konnten. Aber in seinem Unabhängigkeitsbestreben konnte der Flecken auf die Unterstützung des Landvogts zählen. Altdorf begann, Leibeigene aufzunehmen, die nicht zum Kloster gehörten, und gleichzeitig beanspruchte der Landvogt das Recht, den Ammann zu bestellen. 1479 jedoch gewann das Kloster mit Unterstützung des Bischofs von Konstanz und des Papstes vorläufig den Streit. Erst nach wiederholten Angriffen gelang es Habsburg, das Kloster praktisch ganz in seine Abhängigkeit zu bringen. 1491 kam ein neuer und starker Abt, einer der Hauptbegründer des Schwäbischen Bundes, an die Macht, Er machte sich den Habsburgern äusserst nützlich und erreichte damit ein grösseres Mass an Unabhängigkeit. Schliesslich bestätigte 1496 der Reichstag in Lindau die Gerichtsherrschaft des Abtes, seine Macht über das Amt des Ammanns in Altdorf und sein Recht, Steuern einzuheben. Später versuchten die Landvögte immer wieder, Weingartens Privilegien anzugreifen; 1499 gingen sie sogar so weit, dass sie das Kloster mit 200 Mann besetzten.

Schliesslich wurde die Unabhängigkeit des Klosters von zwei Seiten gerettet. Zum einen drängten die Anhänger Erzbischofs Berthold von Mainz ständig darauf, zwischen dem Haus Habsburg und dem Reich zu unterscheiden, das heisst, sie wehrten sich gegen Kaiser Maximilians Auslegung, dass Haus und Reich identisch seien. Zum anderen gewann Weingarten neben dieser Unterstützung seiner Stellung als freie Reichs-Abtei einen weiteren Rückhalt für seine Rechte durch die Mitgliedschaft im Schwäbischen Bund. Da die Habsburger auf die militärische Zusammenarbeit mit dem Bund angewiesen waren, war die Vermittlerrolle des Bundes zwischen Habsburg und dem Kloster entscheidend. Trotzdem gewann das Kloster seine Unabhängigkeit erst unter Gerwig Blarer, einem bedeutenden Abt unter Karl V. Im Jahre 1526, nach dem Bauernkrieg, ermunterte er seine Untertanen, sich bei der Landvogtei zu beschweren, so dass er als der grosse Beschützer und Verteidiger seiner Leute auftreten konnte. (30) Dieses Dokument der Beschwerden gegen die Landvogtei, verfasst von zwei Pfarrbezirken des Klosters, zeigt deutlich, dass der Landvogt in die Rechte des Klosters als Leibherr eingegriffen hatte. Die erfolgreiche Verteidigung dieser Rechte sicherte dem Kloster seine Unabhängigkeit.

Am Anfang machten die Bauern geltend, dass nur das Kloster eine Reissteuer von seinen Leibeigenen einheben könne. In den vergangenen 25 Jahren hatte jedoch der Landvogt zweimal solche Steuern eingetrieben. Ihre Einwendungen gegen diese Steuer beruhten auf zwei Argumenten: erstens sei sie illegal und zweitens zu hoch. Wenn man bedenkt, dass die beiden Hauptsteuern 1499 - 1500 beziehungsweise 1519 in Kraft tragen, das heisst zu Zeiten, als die Ernte schlecht und die Reallöhne niedrig waren, erscheint die Klage der Bauern glaubwürdig, dass sie zur Entrichtung der Steuer Grund und Boden hätten verkaufen müssen. Ausserdem behaupteten die Bauern, dass die Reissteuer in diesen Fällen so hoch gewesen sei, dass sie dem Kloster den Zins für ihre Lehensgüter nicht zahlen konnten. So wurden sie von ihrem Hof vertrieben,

> ... wurden wir inn kurzen zeit dermassen von inen (der Landvogtei) verderben, das wir unsern herren (das Kloster), der gutter wir besitzen, von irn gutern, die wir von inen zu lehen innhaben und puwen, nit mer zins und gelt geben .... Muesten auch von unsern wibern und kindern gen, damit worden wir von hüsslich eren vertriben.

Man sieht daraus die Einstellung der Bauern. Sie wollten deutlich machen, dass viele von ihnen selber am Rande des Existenzminimums lebten, und die Reichssteuer daher eine grosse Belastung war, ganz gleich, wer sie erhob. Wenn sie wirklich, wie sie behaupteten, gezwungen waren, ihren Hof zu verlassen, dann bedeutete dies wahrscheinlich, dass sie als Landsknechte dienten, wofür es genug Gelegenheit gab. Doch könnte die Bemerkung auch einfach bedeuten, dass sie als Lohnarbeiter weit entfernt von ihrem Hof Arbeit suchen mussten. In jedem Fall hat man den Eindruck eines wirtschaftlichen Umbruchs. Ausserdem geht aus dem zitierten Abschnitt hervor, dass das Kloster die Verpflichtung, Reissteuer zu zahlen, von der Leibeigenschaft abhängig machen wollte. Das heisst, es stellte sich den Absichten des Hauses Habsburg, auf Grund der Hochgerichtsbarkeit einen "Staat" zu errichten, mit seinen Rechten auf Leibeigenschaft entgegen. Als das Kloster 1533 schliesslich alle seine Rechte fest in der Hand hatte, hatte es damit auch die Grundlage eines geschlossenen Territorialstaates geschaffen, der dann im 17. Jahrhundert ausgebaut wurde. (31)

Andere Beschwerden der Bauern (und es muss noch einmal daran erinnert werden, dass der Abt sie dazu brachte, sich zu beklagen) beziehen sich auf die Tatsache, dass der Landvogt seinen eigenen Gerichtshof an die Stelle des klösterlichen gesetzt hatte. Jedesmal wenn ein Untertan des Klosters die Grenzen seines Besitzes markierte, musste ein Beamter des Landvogts zugegen sein. Dasselbe galt für Eheschliessungen, Unterzeichnungen offizieller Verträge, Aufteilung einer Erbschaft. Der Landvogt versuchte also, die Rechte des Klosters als Leibherr und Grundherr zu untergraben.

Während des Streits zwischen Weingarten und der Landvogtei beanspruchte das Kloster die Niedergerichtsbarkeit über alle seine Leibeigenen, während die Hochgerichtsbarkeit zur Landvogtei gehörte.

> Item nachdem das Gottzhus Weingartten aigen leuth, zinser und hindersessen allain für desselben Gottzhus brudergericht gehören... doch in dem allem namblich aussgeschlossen und hin dann gezaigt die ... die das hochgericht, malfitz und frevel beruren. (32)

An diesem Punkt musste sich das Kloster im Vertrag von 1533 mit der Landvogtei vergleichen.

> ... darum ain Landvogt ausserthalb der hohengerichten zu den Gotzhusleuten zusprechen hat, da soll ein convent bruder von einem abbt verordnet ... das gericht mit zwolf urteilsprechern, daran ain Landvogt vier und ain abbt zu Weingartten acht ... (33)

Aus diesen beiden Kontroversen, in die Weingarten verstrickt war, sehen wir die Bedeutung der Leibeigenschaft für die Herren. Sie war ein Mittel, die Herrschaft auszudehnen, sowie Rechte und Privilegien zu verteidigen. Leibherrschaft wurde dazu benutzt, um Rechte abzustützen, die aus
der Grundherrschaft und der Gerichtsherrschaft herrührten. Dagegen konnte sie auch dafür eingesetzt werden, die Machtstellung benachbarter Herren zu brechen. Indem Weingarten sein Recht der Reissteuererhebung verteidigte, wurde es Überlingen erschwert, seine Herrschaft auf dem Wege
der niederen Gerichtsbarkeit auszubauen.

KAPITEL 6

Entwicklung und Erweiterung
des Einflußbereiches der Gemeinde

Die Bewegung zur Erweiterung des Einflussbereiches der Gemeinde hatte zwei Wurzeln.(1) Erstens ging sie aus von dem Bedürfnis der Bauern, die in enger Nachbarschaft zueinander lebten, ihre gemeinsamen Angelegenheiten zu regeln. Zweitens veranlasste der Druck der Bevölkerungszunahme, der eine grössere Unterscheidung der Interessen zwischen Bauern mit und ohne Lehen mit sich brachte, die Lehensbauern zu engerer Zusammenarbeit. Sie werhten sich gegen Versuche, das gemeinsame Land aufzuteilen, und bemühten sich, die Kontrolle der Gemeinde über lokale Verwaltungsbeamte und Gerichtshöfe durchzusetzen. Ausserdem wollten sie die Ernennung des Ortspfarrers, den sie aus dem Gemeinde-Zehnten versorgen wollten, in ihre Hände bekommen.

Wir konnten immer wieder feststellen, dass viele Probleme im Norden Oberschwabens denen im Süden ähnlich waren. Das gilt in erhöhtem Masse für die Veränderungen, die aus dem Bevölkerungszuwachs hervorgingen. Trotzdem gab es sehr wichtige Unterschiede zwischen beiden Gebieten, da im Norden das grosse Dorf, im Süden dagegen der Weiler und Einzelhof vorherrschte. Daher kann man kaum annehmen, dass die Gemeinde-Bewegung in beiden Gegenden in gleichem Ausmass und gleicher Form zum Ausdruck kam. Wir werden also die Voraussetzungen der Bewegung im Süden untersuchen unter der Annahme, dass sie zwar gleich stark war wie im Norden, jedoch auf einer Einheit beruhte, die grösser war als das Dorf, nämlich dem Gericht, und daher andere Ziele betonte.

Bevor wir uns den Gemeinden zuwenden, wollen wir die wichtigsten Ergebnisse zusammenfassen, auf denen dieses Kapitel beruht. Wir stellten fest, dass eine Bevölkerungszunahme am Ende des 15. Jahrhunderts zu einer relativen Überbevölkerung Oberschwabens am Beginn des 16. Jahrhunderts führte. Obwohl es durch Urbarmachung neuen Ackerlandes gewisse Ausweichmöglichkeiten gab, so waren sie doch durch die Bodenverhältnisse begrenzt. Die Folge war, dass die ganze Gegend ein wichtiger Exporteur militärischer Kräfte wurde. Gleichzeitig musste eine grössere Bevölkerung von den landwirtschaftlichen Möglichkeiten dieser Gegend leben. Das führte zu verschärftem Konkurrenzkampf und relativer Knappheit hinsichtlich des gemeinsamen Landes, der Fischwässer und der Wälder.

Ein entscheidender Zug im späten 15. Jahrhundert war die Entwicklung der Leiheformen. Jene Herren, wie etwa die Stadt Ravensburg, die ihre Güter als Erblehen vergaben, wurden dazu gedrängt, die Güter aufzuteilen. Die Gepflogenheit, dass alle Familienmitglieder, die auf dem Hof blieben, ein Erbteil bekamen, führte zu Schwierigkeiten, als es für die überzähligen Angehörigen immer weniger gleiche Berufschancen anderswo gab. Die Folge war, dass die Stadt die Lehen aufkaufte und sie nur noch auf Lebenszeit verlieh. Das Kloster Weingarten änderte nach 1480 seine Lehen in der Weise, dass nicht mehr alle Kinder eines Ehepaares den Hof erbten, sondern der jüngste Sohn. Das Kloster Weissenau verbot seinen Lehensmännern, mehr als ein "Hausgesinde" auf dem Hof zu haben. Diese Veränderungen entstanden unter dem Druck, Höfe infolge der Bevölkerungszunahme aufzuteilen. Sie bedeuteten, dass jede Generation weniger Kinder mit einem Hof versorgen konnte. Wer keinen Hof hatte, wurde Tagelöhner oder Landsknecht. Die Veränderungen gingen verhältnismässig rasch vor sich, so dass innerhalb von ein bis zwei Generationen die Entfaltungsmöglichkeiten vieler Leute stark beeinträchtigt wurden.

Ein Absatz in der "Zimmerischen Chronik", der den Aufstand in Messkirch, einige Kilometer westlich von Ravensburg, beschreibt, liefert eine gute Illustration der Tatsache, dass sich der Interessengegensatz zwischen Lehensbauern und anderen Bevölkerungsgruppen vertiefte.

> Es sollte ain billich verwundert haben, das die underthonnen in der Herrschaft Mösskirch von herrn Gotfriden Wernhern, irem herren, also abgefallen, dann sie dess kein ansehenliche oder erhebliche ursach anzaigen, sonder allain furgewendt haben, in dem beschwert zu sein, das sie mit söldnern oder taglönern in den dörfern übersetzt, die inen mit abnutzung der waiden zu überlegen, das sie ire narung und underhaltungen von iren guetern nit in massen, wie von alterhero, haben künden, wiewol sich in warheit hernach befonden, das mertails derselben dagdienster der mair sone, dochtermener oder nechste verwandte gewesen. (2)

Aus diesem Zitat werden die Folgen der Überbevölkerung deutlich. Zwei Gruppen standen einander gegenüber; die Teilung ging quer durch die Familien. Lehensbauern wollten die Wirtschaftlichkeit ihrer Höfe nicht gefährden, indem sie ihren Geschwistern einen Anteil am Nutzrecht des gemeinsamen Weidelandes überliessen. Sie taten sich zusammen, um die anderen auszuschliessen und die Verwaltung solcher gemeinsamen Rechte in ihre Macht zu bekommen.

Infolge solcher Verschiebungen suchten die Bauern andere gesellschaftliche Verbindungen. Statt sich mit der ganzen Familie in einen Kampf um Besitz und Erhaltung eines Besitzes einzulassen, entwickelten sie einen Sinn für Partnerschaft. Das Gefühl der Verbundenheit wandte sich von der Familie ab zu einem Kollektiv anderer Bauern aus der Nachbarschaft. Sie wurden die kollektiven Hüter der Eigentumsrechte gegen die Übergriffe der Tagelöhner. Gleichzeitig mussten sie mit den Herren fertig werden, die möglicherweise aus Sorge um alle ihre Untertanen die Güter etwas verkleinern oder das gemeinsame Land aufteilen wollten. Sie wollten ihre Zuständigkeit auf die Nutzungsrechte an Wald und Gewässern ausdehnen.

Der oben zitierte Abschnitt macht auch deutlich, dass der Aufstand gegen Herren und Tagelöhner gerichtet war. Wenn Aufstände an anderen Orten auch nicht so deutlich gegen Tagelöhner gerichtet waren, so gingen sie vielleicht doch hauptsächlich von Lehensbauern aus. Die Führung kam - wie wir zeigen werden - aus dieser Gruppe; die Ziele und die Organisation des Aufstandes sprechen deutlich für die Interessen und die Erfahrung jener Leute. Man kann gewiss mit gutem Grund annehmen, dass sie von den Tagelöhnern nur wenig unterstützt wurden. Jedenfalls ist sicher, dass man von jenen Teilen der Landbevölkerung, die als Dienstleute oder Handwerker mit der Gemeinde wenig zu tun hatten, nicht erwartete, dass sie am

Aufstand teilnahmen. Das erklärt auch bis zu einem gewissen Grad, warum die niedrigeren Stände in den Städten mit den Bauern nie wirklich zusammengegangen sind. Sie hatten ihren eigenen Grund zur Klage, aber mit den Zielen der bäuerlichen Gemeinden hatten sie einfach nichts zu tun. Da sie sich manchmal auch als Landarbeiter verdingten, standen sie allenfalls den Tagelöhnern nahe.

Neben dem zunehmenden Gruppenbewusstsein der Tagelöhner, das wie z. B. der erwähnte Beschwerdeartikel von Ochsenhausen zeigt, in den grösseren Dörfern stärker entwickelt war, gab es bei den Landsknechten eine ähnliche Tendenz. Man muss kaum eigens betonen, dass alle diese Gruppen einander noch nicht mit einem klaren Klasseninteresse gegenüberstanden, da Familienbande oft mit Gruppenloyalität in Widerspruch gerieten. Dieses Dilemma lässt sich am besten mit einer Untersuchung der Rolle der Landsknechte während des Krieges in der Gegend des südlichen Oberschwabens illustrieren.

Wir haben schon darauf hingewiesen, dass Oberschwaben ein Reservoir für Landsknechte war. Wir wissen, dass immer mehr Landsknechte vom Lande kamen. Da es infolge des Systems immer mehr Arbeiter ohne Land gab, wandten sich viele dem Kriegshandwerk zu, um ihr Auskommen zu finden. Redlich behauptet, die Landsknechte seien ein völlig wurzelloser Haufen gewesen, hätten keinerlei Bindungen mehr an ihre Heimat gehabt, woraus ihr unmoralisches und ungeregeltes Leben zu erklären sei. (3) Mir scheint diese These zweifelhaft. Zum einen schrieb Mark Sittich von Ems, dass die Landsknechte aus der Gegend des Bodensee normalerweise Frauen und Kinder hatten, die dort in der Umgebung wohnten. Er schloss daraus, dass sie gut bezahlt gewesen sein müssen. (4) Zum anderen wissen wir, dass ein beträchtlicher Teil des Bauernheeres vor Weingarten aus Landsknechten bestand; das heisst, dass viele davon normalerweise in dieser Gegend lebten, in den Krieg zogen und wieder zu ihren Familien zurückkehrten. Da sie als Soldaten gerade unbeschäftigt waren, konnten sie leicht die Streitkraft der Bauern verstärken.

Doch das Verhältnis zwischen den Landsknechten und den Bauern lässt sich nicht deutlich fixieren. Einerseits waren die Landsknechte mit den Bauern verwandt, andererseits hatten sie sehr oft andere Interessen. Sie hatten die gleichen lokalen Bindungen wie die Bauern. Sie hatten keine Hemmungen gegen Bauern zu kämpfen, solange es nicht die eigenen Väter und Brüder waren. Truchsess Georg schrieb am 19. April, dass die besten Landsknechte, die er gegen die schwäbischen Bauern geführt habe, aus dem Schwarzwald stammten, dass sie sich aber weigerten, gegen die Aufständischen in der Gegend um Villingen zu kämpfen. (5) Am nächsten Tag schrieb er, dass sich die Allgäuer Landsknechte angeboten hatten, mit ihm in den Schwarzwald zu ziehen.

Truchsess Georg meinte auch, dass viele unbeschäftigte Landsknechte in einer Gegend nur die Bauern unterstützten und rebellisch machten. Nach dem Vertrag von Weingarten empfahl er, 1 000 Landsknechte aus der Gegend des Bodensees anzuwerben, damit diese Gegend zur Ruhe komme. (6) Doch trotz der Bindungen zwischen Bauern und Landsknechten waren ihre Interessen letztenedes verschieden. Der Ausschuss der drei Haufen machte das in seiner Landesordnung ganz deutlich. (7) Er verlangte, dass sich die Landsknechte ihnen entweder anschliessen oder das Territorium verlassen sollten, da sie für ihren Lebensunterhalt oft von Herren abhingen.

Aus ähnlichen Gründen führten die Bauern des Rappertsweiler Haufen die Familien jener Landsknechte, die ein Schloss verteidigten als Geisseln mit sich, um die Männer dazu zu bringen, ihre Verbindung mit dem Herrn zu widerrufen.

Die verworrene Lage wurde deutlich, als das Heer des Bundes zum ersten Mal gegen die schwäbischen Bauern kämpfen sollte. Die Landsknechte zerstritten sich, da viele sich weigerten, gegen die Bauern ins Feld zu ziehen, vor allem, weil sie ihren eigenen Brüdern und Söhnen gegenüberstehen würden. Truchsess Georg musste mit dieser Situation irgendwie fertig werden, und so hielt er eine Ansprache. (8) Zunächst nahm er die Bauern beim Wort und sagte, dass auch er für das Göttliche Recht und die Heilige Schrift sei. Doch die Bauern selbst, fuhr er fort, hätten gegen die Gerechtigkeit verstossen, weil sie ihren Eid nicht hielten. Dann jedoch kam er auf den entscheidenden Punkt: die Landsknechte verdienten ihren Unterhalt, indem sie Fürsten und Herren dienten. Wenn sie diesen Dienst aufkündigten, wäre das zu ihrem eigenen Schaden, denn nach einem Sieg der Bauern gäbe es für sie keine Verwendung mehr. Und ausserdem würden sie gezwungen werden, den Interessen der Bauern zu dienen. Das Ergebnis dieser feierlichen Rede war, dass die Mehrheit entschied, in erster Linie seien sie Landsknechte und damit an den Dienst des Herren gebunden. Es zogen zwar mehrere Einheiten ab, doch stammten sie meistens aus Städten, hauptsächlich aus Memmingen. Sie folgten der Politik der Städte, die den Aufstand friedlich beilegen wollten.

Nachdem wir beschrieben haben, wie sich die Entwicklung entgegengesetzter Interessengruppen in der ländlichen Bevölkerung verschärfte, wenden wir uns speziell den Zielen des Bauernkrieges in Oberschwaben im Hinblick auf die Gemeinde zu. Der Schwerpunkt liegt auf dem Argument, dass das Bestreben der Gemeinde, ihren Einfluss auf lokale Angelegenheiten zu vergrössern, eine Bewegung zur Machterweiterung der Lehensbauern war.

Das Dorf Achstetten brachte Beschwerden vor, die die Spannung zwischen der Dorfgemeinde und dem Herrn deutlich machen. (9) Der Herr (Artikel 7) hatte zum Beispiel willkürlich anderen Bauern gemeinsames Land zur Bewirtschaftung gegeben. Ausserdem hatte er dem Dorf das Gemeindegewässer genommen.

> Wider so haben mir en Gmen, dass ist en gmen Wasser, das mecheim Man noch wissen ist, dess ist uns durch Gewalt entwert warden, ist ouch die Herrschaft.

Der letzte Artikel verlangt, dass der Herr Hirten- und Weidegebühren genauso wie die übrige Gemeinde bezahlen solle.

Die Dorfgemeinde stellte sich hier direkt gegen jene, die aus der Veräusserung des gemeinsamen Landes einen Vorteil gezogen hatten. Da das Nutzungsrecht am gemeinsamen Land Vorrecht der Lehensinhaber war, wuchs die Spannung zwischen den beiden Gruppen. Die Spannung entsprang dem Verlangen der Gemeinde, gewisse Rechte unter ihrer Aufsicht zu halten. Das wird bekräftigt mit der Forderung, dass der Herr die gleichen Gebühren wie die übrige Gemeinde zu tragen habe, womit ein grösseres Mass an Zusammenarbeit zwischen Herr und Gemeinde erreicht worden wäre. Wie sich zeigen wird, war die Kontrolle der Gemeinde über bestimmte Rechte an sich nichts Neues, wohl aber die Veräusserung dieser Rechte zugunsten besitzloser Bauern. Eine wachsende Zahl von Dorfbewohnern, die Anspruch auf Benutzung der Allmende erhoben, lief den Interessen der bestehenden Höfe erwartungsgemäss zuwider. Der Messkirchner Konflikt zeigt deutlich, dass die Lehensinhaber versuchten, die Benutzung des Gemeindelandes durch Tagelöhner zu unterbinden. Es könnte daher sein, dass die Wegnahme von einigen Gemeinderechten durch die Herren erfolgte, um mehr Dorfbewohnern einen Zugang zu diesen Rechten zu verschaffen.

Die Bauern der Vogtei von Mittelbiberach betonen, wie verschieden die Interessen der Bauern ohne Land und der Gemeinde waren:

> Item der Vogt hat auch Heüser lassen bauen in der Vogtei, da vor kain hofstat ist gwesen, darab ist ein Gemaind auch beschwart, dan es von alterher kain Brauch ist. (10)

Artikel 4 ihrer Beschwerden weist auf einen wichtigen Bestandteil des politischen Standpunktes der Bauern. In Bezug auf Bestimmungen über den Gebrauch von Feldern und Wäldern verlangte die Gemeinde zumindest ein Mitspracherecht bei diesen Geboten. Schon weil er so oft wiederholt wird, muss dies ein entscheidender Punkt gewesen sein.

> Item ain Gemaind der Vogti hat alweg Macht gehabt, mit dem Vogt Bot und Verbot ze machen in Holz und in Veld, bei dem lat uns der Vogt nit bleiben und macht Bot für sich selbs, darab wir ser beschwärt sind.

Ähnlich wie das Dorf Achstetten verlangen hier die Bauern, dass das Gemeindegewässer unter die Aufsicht der Gemeinde gestellt werden sollte.

Aus den Beschwerden der Dörfer Öpfingen und Griesingen gewinnen wir ein gutes Bild der typischen Organisation eines Dorfes. (11) Artikel 8 erwähnt die "Vierer", die vom Dorf gewählt wurden. Sie waren ermächtigt, Gebote in dörflichen Angelegenheiten ergehen zu lassen und unabhängig vom Ammann des Herrn Strafgebühren zu verhängen. Wenn jemand eine Vorschrift verletzte, ging die Strafgebühr an die Gemeinde selbst. Die Macht, Bussen festzusetzen, war ihnen kürzlich genommen worden:

> Weiter so die Fierer in aim Dorf dem Amman glopt hand, dem Dorf das Böst und das Vegerest zetuond, so söllen dieselben Fierer selbs Aingen und Verbot ufsetzen, und was sie bieten der Gmaind und dasselbig Bot übergangen wurd, so soll dasselbig Verbotgelt ainer Gemaind gefallen; uf söllichs so habend unsers Junkhers Angewelt söllichs Verbotgelt zuo ieren Handen genomen, darmit ain Gemaind beschwert und überladen ist.

Sie wollten auch verhindern, dass der Ammann in Sachen, für die die Gemeinde zuständig war, eine unabhängige Stellung erlangte. Ferner weigerten sie sich, einen Beamten auf den sie keinen Einfluss hatten, finanziell zu unterstützen.

> Weiter muoss ain Gemaind zuo Griesingen alle Jar dem Amman feinfunddreissig β geben, und fier Hopt Vichs miessen mier in uf unser Waid vergebens lassen gon, mit söllichem vermaint ain Gemaind beschwert und überladen sein.

Der Wunsch, ihre Pfarrer selbst zu berufen, spielte bei der Forderung der Bauern, die Dorfangelegenheiten durch ihre eigenen Amtmänner zu regeln, auch eine Rolle. Während keiner der lokalen Beschwerdeartikel vom Baltringer Haufen diese Forderung vorbrachte, steht sie im Mittelpunkt der Forderungen der Memminger Dörfer. Gleich am Anfang verlangten sie das Recht, ihre Geistlichen zu wählen oder, falls sie den Erwartungen nicht entsprachen, zu entlassen. (12) Dabei sollte der Geistliche wirtschaftlich von der Gemeinde abhängig sein.

> Furs 1. ist unser diemutigist, hochst Bit und Beger, das wir nun hinfuro selb ainen Pfarrer erkiesen und erwollen, der uns das gotlich, allmechtig, lebendig Wort und hailig Ewangelion, welhes ist ain Speiss unserer Sell, rain, lauter und clar nach rechtem Verstand verkind und predige on allem Menschenzusatz, Ler und Gepott. Denselben Pfarrer wol wir auch mit zimlicher Aufenthaltung seiner Leibsnarung versechen. Wa sich aber ain sollicher Pfarrer ungebürlich wurde halten, das wir alsdann im wider Urlaub geben mugen und ainen andern an sein Stat wollen, das alweg mit wissen ainer ganzen Gemaind, dann wir je unverkinden des gotlichen Worts nit selig werden mugen, wie der hailig Paulus uns anzeigt etc.

Ausserdem verlangten die Bauern, dass verschiedene Felder und Wälder, die veräussert worden waren, wieder unter die Aufsicht der Gemeinde kämen.

Auch der erste der "Zwölf Artikel" verlangt das Recht, Geistliche zu berufen und abzusetzen. (13) Doch im Gegensatz zu den Memminger Artikeln sollte der Zehnte nicht abgeschafft, sondern vielmehr von der Gemeinde verwaltet werden. Sie wollten Verwalter (Kirchpröpste) wählen, die für die Verwendung verantwortlich sein sollten. Von den Einnahmen würde die Gemeinde den Pfarrer bezahlen, aus dem Rest die Armen des Dorfes unterstützen und die Reissteuer entrichten, wann immer es notwendig sein sollte.

> Seien wir des Willen hinfüro disen Zehat unser Kirchbröpst, so dann ain Gemain setzt, sollen einsemmln und einnemen, darvon ainem Pfarrer, so von ainer ganzen Gemain erwölt wirt, sein zimlich, gnugsam Aufenthalt geben, im und den Seinen, nach Erkantnus ainer ganzen Gemain. Und was überbleibt, sol man armen Dürftigen, so im selben Dorf verhanden seind, mittailen, nach Gestalt der Sach und Erkantnus ainer Gemain. Was überbleibt, soll man behalten, ob man raisen müsst von Lands Not wegen; darmit man kain Landsteuer dürf auf den armen Man legen, soll mans von disem Überschuss ausrichten.

Wie viele andere versuchten auch die "Zwölf Artikel" die Fisch- und Wildrechte unter die Aufsicht der Gemeinde zu bringen. Sie legten ausdrücklich fest, dass Wälder, Wasser und Wild Eigentum der Gemeinde sein sollten. Gemeinsames Land, das veräussert worden war, sollte an die Gemeinde zurückgegeben werden.

Im dritten Artikel verteidigen sich die Bauern gegen den Vorwurf der Anarchie. Sie machten deutlich, dass das Ende der Leibeigenschaft nicht das Ende aller gesellschaftlicher und herrschaftlicher Ordnung bedeutete. Nichtsdestoweniger versuchen die Artikel doch, das Prinzip der Obrigkeit zu durchbrechen und etwas mehr als das vertikale Verhältnis Herr - Bauer zu erreichen. Sie sagen, dass sie a l l e n Menschen Gehorsam und Verantwortung schulden und kommen zu einer Vorstellung von sowohl gewählter wie nichtgewählter Obrigkeit. Entscheidend ist, dass die Bauern

versuchten, die Obrigkeit ihrer selbstgewählten Amtmänner zu legitimie-
ren und gleichzeitig darauf hinzuweisen, dass das Christentum ein höhe-
res Prinzip der Obrigkeit darstelle als das von den Herren ausgehende.

> Nit das wir gar frei söllen sein, kain Oberkait haben wellen, lernet uns
> Gott nit. Wir sollen in Gepotten leben, nit in freiem fleischlichen Muot-
> willen; sonder Got Lieben, in als unsern Herren in unsern Nechsten er-
> kennen und alles das ton, so wir auch gern hetten, das uns Got am Nacht-
> mal gepotten hat zuo ainer letz. Darumb sollen wir nach seinem Gepot
> leben, zaigt und weist uns dis Gepot an, das wir der Oberkait nit kor-
> sam seien, nit allain der Oberkeit, sunder wir sollen und gegen jeder-
> man diemütigen, das wir auch geren, gegen unser erwelten und gesetz-
> ten Oberkait (so uns von Got gesetzt) in allen zimlichen und christli-
> chen Sachen geren gehorsam sein. (14)

Die Artikel der Rappertsweiler Gruppe, die für die Bauern nördlich des
Bodensees eine gewisse Norm angeben, zeigen noch deutlicher das Geprä-
ge des Gemeinde-Prinzips. (15) Sie verlangten, wie die "Zwölf Artikel",
die Wahl des Pfarrers durch die Gemeinde.

> Item zum andern, dz wir dieselbigen predicanten, priester und under-
> wiser des wort gots und waren christenlichen glaubens allain mit un-
> sern christenlich gemaind erwellen, setzen und entsetzen, dieselbigen
> auch mit gepurlicher und erlicher narung und besoldung aus unser ge-
> maind zehenden und andern zu versehen mach(t) haben sollen.

Diese Bauern wollten noch weiter gehen und die Amtmänner der Rechtsprechung der Gemeinde unterstellen. Und um deren Unabhängigkeit einzuschrän-
ken, wollten sie die Amtszeit auf drei Jahre begrenzen.

> Zum sechsten, als dann die herren bisher gerichtsamptman irs gefal-
> len gesetzt und solang inen fuglich alda gehalten haben, begeren wir hin-
> furo nit mer der gestalt gesetzt, sonder derselbig soll mit wissen und
> willen ainer gemaind des gerichts gesetzt und entsetzt werden, auch
> über drew jär ain andern bey solhem ampt nit beleiben.

Vieles, wofür die Bauern kämpften, war in Teilen Oberschwabens bereits
verwirklicht. So sassen in den Dorfgerichten häufig bäuerliche Geschwo-
rene, während es ebenso vorkam, dass die Bauern das Recht hatten, zusammen mit dem Herrn den Ammann zu wählen. Es gab von Ort zu Ort
grosse Unterschiede. Doch kam es immer wieder vor, dass diese Rechte,
mal hier mal da, in Frage gestellt wurden. Die "Zwölf Artikel" zeigen,
dass die Spannungen grundsätzlich gegeben waren; sie wurden unserer Ansicht nach noch durch die Tatsache erhöht, dass die Bauern sich der Gefahr ausgesetzt sahen, ihre Wirtschaftsbasis beschnitten zu bekommen.
Den Bauern ging es besonders darum, eine gemeinsame Rechtsprechung
zwischen Herr und Gemeinde durchzusetzen. Artikel 4 muss im Lichte der
Grundsätze, die in Artikel 6 formuliert werden, gelesen werden. Er verlangt, dass die Richter nach ihrem eigenen Urteil richten. Damit würden
Richter, die unter Zustimmung der Gemeinde und nur auf drei Jahre gewählt werden, die Interessen der Bauern vertreten. Das Prinzip der Zuständigkeit der Gemeinde kommt ausserdem in Artikel 10 zum Ausdruck,
der sich mit den peinlichen Verhören beschäftigt. Auch dies sollte nur mit

Wissen und Wollen eines Gerichtes geschehen. Das Verhör hatte in Gegenwart von vier Männern aus der Gegend stattzufinden.

> Zum zehenden ob sich begeb, das ainer oder mer auf verbundung oder sunst fengclich angenomen vermainen aus notturft peinlich zu fragen, ist unser beger, dieselben peinlich nit zu fragen, sy seyen dann zuvor eem gericht, darin er angenommen, mit recht beclagt und so sich mit recht erfindt dieselbigen peinlich gefragt werden sollen, das alsdann vier erber menner, desselbigen gerichts zu der peinlichen fråg dieselbigen zu verhören beysein, auf ir erkanntnus der pein genug oder nit genug zu sein sten soll.

Wir können jetzt die Ziele der Bewegung zur Erweiterung der Gemeindezuständigkeit zusammenfassen: diese Zuständigkeit lag in erster Linie im Interesse der vollberechtigten Gemeindemitglieder, also der Vollbauern. Sie wollten der Veräusserung gemeinsamen Landes und gemeinsamer Rechte ein Ende machen, wobei sie oft mit den Herren und den besitzlosen Bauern in Konflikt gerieten. Sie trachteten danach, die Ernennung lokaler Amtmänner zu kontrollieren und in der Verwaltung der lokalen Angelegenheiten ein Mitspracherecht zu haben. Dieser Wunsch wurde dann auf die Kontrolle der Gerichtsbarkeit und die Berufung von Geistlichen ausgedehnt. Der Bauernkrieg in dieser Gegend wurde also offensichtlich nicht im Interesse der gesamten Landbevölkerung geführt.

Bevor wir die Gemeinde-Bewegung im Süden im einzelnen betrachten, sei noch auf eine weitere Tatsache verwiesen, die unsere Annahme, dass der Krieg im Interesse der begüterten Bauern geführt wurde, unterstützt: die führende Gruppe des Aufstandes in der Gegend von Ravensburg setzt sich aus den reicheren Grundholden zusammen. Es ist schwierig, Beweismaterial zu finden, das über die einzelnen Führer genaue Auskunft gibt. Wir kennen die Namen der meisten aus den Unterschriften des Vertrags von Weingarten. Andere Namen erscheinen in den Chroniken und Korrespondenzen. Meistens fehlen in diesen Quellen weitere Angaben über diese Leute, und man ist darauf angewiesen, andere Quellen heranzuziehen, in denen sie zufällig erwähnt sein könnten. Wo es sich um Untertanen des Klosters Weingarten handelt, kann man ihre wirtschaftliche Lage anhand des Urbarbuchs von 1531 feststellen. Über die anderen Führer können wir nur in wenigen Fällen genaueres aussagen, da es von den übrigen Herrschaften keine dem Urbarbuch vergleichbaren Aufzeichnungen gibt.

Der Führer des ganzen Rappertsweiler Haufen war Dietrich Hurlewagen, ein Bürger von Lindau, der auf einem Gut vor der Stadt lebte. (16) Die anderen Führer stiessen nach dem Krieg kaum auf Schwierigkeiten, ihre verantwortliche Stellung wiederzugewinnen - Hurlewagen ist dies nie gelungen. Er war jeder Obrigkeit verdächtig und wurde bis zu seinem Tode im Jahre 1531 verfolgt.

Ein weiterer Anführer des Rappertsweiler Haufen, Hans Jakob Humpis, stammte gleichfalls aus einer Patrizierfamilie. Im Gegensatz zu Hurlewagen verschaffte er sich nach dem Krieg eine gute Position: 1526 war er bereits ein Amtmann der Äbtissin von Lindau und in der Mitte der dreissiger Jahre war er Vogt des Bischofs von Konstanz in Meersburg und Markdorf. (17) Während des Krieges spielte er hauptsächlich in militärischer Hinsicht eine Rolle in der Bauernbewegung. Auf seinen Befehl wurden die Klöster gezwungen, sich den Bauern anzuschliessen. Er bemühte sich, die

Verteidigung der Bauern gründlich zu organisieren und war damit so erfolgreich, dass Truchsess Georg davor zurückschreckte, die Bauern bei Weingarten anzugreifen.

Ausser diesen beiden scheinen die übrigen Anführer Bauern gewesen zu sein, die in keiner Weise dem Landproletariat zuzurechnen sind. In vielen Fällen waren sie Dorf- oder Gerichts-Ammänner. Mitglieder der ländlichen Oberschicht, die zwar genaugenommen keine Bauern, aber dennoch eng mit deren Interessen verbunden waren, traten gleichfalls aktiv hervor. Der Führer der Weissenauer Bauern war zum Beispiel ein Gastwirt aus Herbisreute (heute: Rahlen) namens Stefan Ral. Dass er auch einen Hof hatte, geht deutlich aus der Tatsache hervor, dass seine Gebäude vom Heer des Bundes niedergebrannt wurden - eine der wenigen Vergeltungsmassnahmen. (18) Ein Führer der Weingartner Bauern war ein Müller, der aber auch an die 25 Jauchart Land besass. (19) Der Hauptanführer der Bauern südwestlich von Ravensburg war Eitelhans Ziegelmüller aus Oberteueringen. Er stand auf seiten derer, die die Bauernbewegung mit Gewalt vereinigen wollten. (20) Nach dem Krieg wurde er Amtmann der Landvogtei und starb laut Grabstein als Ritter mit Wappen. In der Blarer-Korrespondenz und auf der Unterschriftenliste des Weingartner Vertrags sind sieben Männer aufgeführt, deren Teilnahme am Bauernkrieg in der Weingartner Gegend als sicher gelten kann. Ihre Namen, Herkunft und Grösse ihres Besitzes ergeben Folgendes Bild: (21)

Peter Lutz (und Bruder)	Blönried	60 J.
Urban Hermann	Wielatzried	59 J.
Melchior Katzmaier	Staig (?)	10 J.
Jos Müller (ein Müller)	Staig	24,5 J.
Thias Seltenreich	Enzisreute	50,5 J.
Thoman Michelberg	Lutzelbach	46,5 J.
"Der Klein"	Mynnenreute (?)	62,5 J.
	Stuben (?)	46,5 J.

Diese Liste ist natürlich zu dürftig, um irgendwelche gültigen Schlüsse für die Anführerschaft des ganzen Gebietes daraus abzuleiten, aber sie entspricht vielleicht den Verhältnissen von Weingarten. Es ist nicht sicher, dass sie alle Anführer waren; von Katzmaier und Müller wissen wir nur, dass sie nach dem Vertrag von Weingarten vom Truchsess eingekerkert wurden. Somit kennen wir fünf, von denen man weiss, dass sie Führer waren. Alle hatten beträchtliche Güter.

Eine interessante Rolle spielt der Führer Hans Käm aus Altdorf. Seine Funktion ist nicht genau zu bestimmen, doch aus seinen Briefen kann man schliessen, dass er ein Amtmann des Abtes von Weingarten war. (22) Er wohnte in Altdorf und scheint in dem Flecken ein bedeutender Mann gewesen zu sein. Am Anfang des Aufstandes spielte er eine entscheidende Rolle in den Bemühungen, den Flecken als neutral zu erklären. Nachdem sich der Flecken den Bauern angeschlossen hatte, wurde er jedoch sein Anführer. Im April schrieb er an Humpis, dass er laut Befehl mehrere Zentren und Klöster besetzt habe. Nach dem Aufstand finden wir ihn jedoch wieder in seiner früheren Stellung im Kloster. (23) Als ein führendes Mitglied der Gemeinde blieb er selbst dann massgebend, als man gegen seinen Rat beschloss, sich dem Bauernaufstand anzuschliessen. Dasselbe gilt für die Ammänner der verschiedenen Gerichte. Einige übernahmen die

Führung in der Absicht, die Weingartner Bauern davor zurückzuhalten, sich dem Aufstand anzuschliessen, aber nachdem die Entscheidung gefallen war, machten sie trotzdem mit. (24)

Es deutet alles daraufhin, dass der Bauernkrieg im südlichen Oberschwaben eine Gemeinde-Bewegung war. Das bedeutete, dass die Führung sowie die Ziele und der Verlauf des Aufstandes auf der Dorf- und Gerichts-Gemeinde beruhten. Die Bauern wählten Führer wie Hurlewagen und Hampis, wenn sie jemanden brauchten, der mit dem Schwäbischen Bund verhandeln konnte. Das heisst nicht, dass die Bewegung ipso facto gegen die Interessen der Tagelöhner und bäuerlichen Handwerksleute gerichtet war; es bedeutet einfach, dass Gemeinschaften, die sich als Ganzes erhoben, es natürlich fanden, Leute als Anführer zu wählen, die auch unter normalen Umständen ihre täglichen Angelegenheiten regelten. Wo jedoch die Gemeinde überwiegend auf den gemeinsamen Dorf-Rechten und Aufgaben beruhte, vertrat die Bewegung die Interessen jener, die den grössten Anteil daran hatten, also der grossbäuerlichen Schicht.

Das erklärt auch, warum der Aufstand eine regionale Angelegenheit blieb. Viele Gemeinden wurden zunächst gezwungen, sich anzuschliessen, hatten aber nachher nichts dagegen, zusammenzubleiben. (25) Der Rappertsweiler Haufe hatte es von Anfang an darauf angelegt, andere zum Anschluss zu zwingen oder zu ermutigen; doch steckt dahinter vermutlich die Politik von Hurlewagen und Humpis. Aus den Rappertsweiler Artikeln geht jedoch deutlich hervor, dass die Bauern ihre Ziele nicht weiter als bis zur Gemeinde gesteckt hatten; die Gemeinde sollte den Pfarrer wählen und versorgen und sie sollte ihre Zuständigkeit auf Rechts- und Strafsachen ausdehnen, ohne jedoch über die lokalen juristischen Gepflogenheiten hinauszugehen. (26) Die Bauern dachten offensichtlich nicht an einen vereinigten oberschwäbischen Bauernstand. (27)

Zum Abschluss der Diskussion über die Gemeinde wollen wir die Unterschiede in der Autonomie der Gemeinde im Norden und Süden von Oberschwaben betrachten. Der Ursprung der Selbstverwaltung des Dorfes liegt weit vor dem 16. Jahrhundert. Es gibt zahlreiche Wurzeln für die Gemeindebewegung. Die wichtigste unter ihnen ist aber wohl die Gemeinnutzung des Bodens. Infolge des damals einsetzenden Trends zu dichteren Siedlungsformen setzte eine Rationalisierung des Feldbaus und die Errichtung eines Selbstschutzes der Dörfer ein. Diese Dorfgemeinschaften beschäftigten sich unvermeidlich auch mit der Frage des Anbaus sowie der Ernte- und Saatzeiten. Zweifellos bestand auf diesem Gebiete eine Kooperation mit dem Herrn, dessen Machtstellung aus dem "Hof" herrührte. Nach dem 13. Jahrhundert löste sich das Villikationssystem auf, und der Herr mischte sich weniger in Anbaufragen. Es kam jetzt häufiger vor, dass mehrere Herren verschiedene Rechte in einem Dorf ausübten, mit dem Ergebnis, dass die Dorfgemeinschaft eine grössere Bewegungsfreiheit erhielt. Die Amtmänner des Dorfes waren nunmehr häufig Vertreter sowohl des Herrn als auch der Gemeinde. Diese Entwicklung vollzog sich je nach der Örtlichkeit verschieden schnell, machte aber in den Gebieten, in denen vorwiegend Einzelhöfe und Weiler lagen, langsamere Fortschritte. (28)

Die Entwicklung zur Selbstverwaltung des Dorfes ging sehr langsam vor sich und erreichte an verschiedenen Orten zu verschiedener Zeit verschiedene Stadien. Im 15. Jahrhundert hatten in Oberschwaben viele Gemeinden ein gewisses Mitspracherecht bei den Vereinbarungen, die den landwirtschaftlichen Betrieb betrafen. (29) In den grösseren Dörfern hatte die Gemeinde darüber hinaus oft bei der Wahrung des Friedens und im Rechtswesen ein Wort mitzureden. Gegen Ende des 15. Jahrhunderts begannen viele dieser Dörfer, auf eine Erweiterung ihres Einflussbereiches hinzuarbeiten. Wir werden nachstehend einige Beispiele anführen, die charakteristisch für die Art der Kontroversen in dieser Zeit und in grösseren Dörfern sind. Wie wir gezeigt haben, waren sie im Norden Oberschwabens deutlicher ausgeprägt; hier war die Gemeindebewegung, soweit es die Verwaltung der eigenen Angelegenheiten betraf, auch weiter fortgeschritten. Ferner wollen wir die Form der Gemeinde-Selbstverwaltung im Norden untersuchen und nachprüfen, bis zu welchem Grad es im Süden eine ähnliche Entwicklung gab.

Das Dorf Alleshausen, das zum Kloster Obermarchtal gehörte, hatte eine Dorfverfassung, an der Herr und Gemeinde beteiligt waren. (30) 1520 einigten sich Kloster und Dorf auf ein Verfahren, nach dem die Mitglieder des dörflichen Gerichts bestellt wurden. Abt und Gemeinde sollten je zwei Mitglieder wählen. Diese vier würden zwei weitere Mitglieder hinzuwählen und danach die sechs noch einmal zwei. Dieser Vorgang sollte fortgesetzt werden, bis das Gericht voll besetzt war. Im Gegensatz dazu sollte der Ammann nur vom Kloster bestellt werden. Gericht und Ammann waren berechtigt, in allen Dorfangelegenheiten gemeinsam Gebote und Verbote zu erlassen.

1480 wurde ein Streit zwischen dem Kloster Weissenau und der "gants gemaind" Ummendorf geschlichtet, wobei der Truchsess von Waldburg als Schiedsrichter auftrat. (31) 1494 wurde derselbe Konflikt noch einmal verhandelt. Diesmal fungierte der Abt von Kempten als Schiedsrichter. (32) Als Parteien standen sich in diesem Fall der Abt auf der einen und "Amann, Richter, und ganze Gemaind zu Ummendorf" auf der anderen Seite gegenüber.

1480 legte der Truchsess grundsätzlich fest, dass die Dorfgemeinde durch ihre gewählten Vertreter (die "Vier") innerhalb ihrer Grenzen alle Angelegenheiten regeln könne, soweit sie sich auf die gemeinsamen Weiderechte beziehen ("Trib und Trat").

> ... als die Gemeind zuo Umendorff vermaint, was trat und trib, so man und ain gemain antreffe, sollen die vier des dorfs schaffen zu gebietten und nit mins herren von Ow (Weissenau) anwalt .... hab ich si also entschaiden, warumb die vier zum anwalt komen, das ains gemainen dorf nutz und notturft sy zu gebietten, das (sollen) sy tuon ....

1494 verlangten die Bauern das Recht, für die Gemeinde eine jährliche Steuer für gemeinsame Zwecke einzuheben. Der Abt lehnte dieses Ansinnen unter Hinweis auf seine Obrigkeit ab. Es wurde festgelegt, dass er ermächtigt sei, die Ordnung im Dorf aufrechtzuerhalten sowie Friedensstörern Geldbussen aufzuerlegen. Auch die Bestimmungen über die Nutzung des Waldes wurden dem Herrn und seinen Verwaltern vorbehalten. Über die Aufnahme fremder Untertanen im Dorf entschied künftig der Abt und nicht die Gemeinde.

Zuletzt wird die allgemeine Verfassung des Dorfes beschrieben. Die Vier hatten Vollmacht über die Regelung der Dorfangelegenheiten. Aber nur bei Hinzuziehung des Ammanns wurden ihre Bestimmungen rechtskräftig. Der Ammann hatte somit eine doppelte Funktion im Dorf: als Vertreter der

Obrigkeit des Klosters und damit jedweder Obrigkeit und als Vertreter der Wünsche, die die Vierer vorbrachten. Wenn die Vierer nicht gewählt wurden, hatte der Ammann kein Recht, ohne Wissen und Zustimmung der Gemeinde Vorschriften über die Interessen der Gemeinschaft zu erlassen.

> Wann och wir von Umbendorff oder unsere nachkomen vierer erwelen, das wir och zuo tuon haben söllen mit des gedachten unsers gnadigen heren von Ow und siner gnaden nachkomen wissen und willen. Was den die vier erwellten vermainen, das zuo veld und sust zuo verbotten sey, das sollen sy an ainen amman bringen laussen, der soll alssdenn söhl verbott tuon. Es mag och der selb amman usserhalb der vierer alle verpott tun, ussgenomen, was die gemaind angät. Ob aber die vier nit erwelt werden und der ammann ain gepott tuon wölt, das uns die gemaind und unsere nachkomen berurte, das sol er anders nit tuon denne mit wissen und gunst unser der gemaind und unser nachkomen, alles trulich und ungevarlich.

Aus dem Zitat geht deutlich hervor, dass der Kampf um Gemeinde-Unabhängigkeit vor und während des Bauernkrieges nicht unbedeutend war. Es ist jedoch nicht klar, wie weit die Gemeinde-Bewegung im südlichen Oberschwaben fortgeschritten war. Viktor Ernst hat einen in dieser Hinsicht entscheidenden Unterschied zwischen dem südlichen und nördlichen Oberschwaben festgestellt. (33) Die Gemeinde wurde durch die Lebensbedingungen in den Gegenden mit grösseren Dörfern verstärkt. Die enge Nachbarschaft und die gegenseitige Abhängigkeit in landwirtschaftlichen Angelegenheiten machte die Zusammenarbeit und gemeinsame Organisation geradezu notwendig. Seit der Veränderung der Agrarstruktur im 13. Jahrhundert erreichten die Dorfbewohner allmählich einen höheren Grad von Selbstverwaltung. (34)

Es lässt sich erkennen, dass sich diese Tendenzen am ehesten in einer Gegend mit grösseren Dörfern entwickelten, wie es im nördlichen Oberschwaben der Fall war. Im Süden finden wir jedoch Weiler und Einzelhöfe als typische Siedlungsform. (35) Viktor Ernst hat darauf hingewiesen, dass die wenigen Höfe in einem Weiler und ihre relativ lose Verbindung die Entwicklung eines bedeutenden Gemeinde-Lebens geradezu ausschlossen. Er weist darauf hin, dass es oft keine genauen Grenzen gab, die anzeigten, wo die Felder eines Hofes aufhörten und die eines anderen begannen. Auch gab es in dieser Gegend nicht viel gemeinsames Land. (36)

Diese verschiedenen Siedlungsarten hatten eine unterschiedliche Entwicklung der Gemeinde zur Folge. Im Norden war das Gemeinde-Prinzip z. B. in dem Dorfe Alleshausen, das zum Kloster Obermarchtal gehörte, schon am Anfang des 16. Jahrhunderts weit entwickelt. Wie wir aus dem Beispiel von Ummendorf gesehen haben, war diese Tendenz auch weiter im Süden vorhanden. Im allgemeinen kann man zwischen dem südlichen und nördlichen Oberschwaben eine Grenze ziehen, die durch Siedlungsstruktur - grosse geschlossene Dörfer auf der einen, Weiler und Einöden auf der anderen Seite - charakterisiert ist; sie verläuft entlang der Linie Saulgau - Bondorf über Sattenbeuren, Steinhausen, Winterstettenstadt, Fischbach, Ochsenhausen, Tannheim. Ummendorf liegt also gerade auf dieser Linie. Doch gab es auch im Süden grosse Dörfer, die dieselben Merkmale aufweisen wie im Norden; nur waren sie an Zahl geringer. (37)

Wenden wir uns nun nach dieser Abgrenzung den Beschwerdeartikeln aus dem Bauernkriege zu, so müssen wir feststellen, dass die Artikel der Bodenseebauern deutlicher auf dem Gemeinde-Prinzip beruhen als die "Zwölf Artikel" oder die einzelnen Artikel der Baltringer Dörfer.

Wenn in dieser Gegend auch die Vorstellung von der Dorf-Gemeinde nicht so entwickelt war, so gab es doch ein anderes Konzept, das auf der Gerichtsgemeinde beruhte. Das wird aus den Rappertsweiler Artikeln deutlich, die darauf ausgerichtet sind, die Gerichtsbarkeit der Aufsicht der Gemeinde zu unterstellen. Sie forderten, dass die Ammänner des Gerichts mit Wissen und Zustimmung "ainer gemaind des gerichts" bestellt würden. Hier entwickelte sich ein Gemeinde-Prinzip nicht auf der Grundlage wirtschaftlicher und sozialer Aufgaben, sondern aufgrund eines Rechtsverbandes; das heisst, dass sich ein Bewusstsein der Zusammengehörigkeit unter den Bauern herausgebildet hat, die Untertanen desselben Gerichtsherren waren.

Anfangs war das natürlich eine von den Herren erzwungene Entwicklung. 1440 kerkerte zum Beispiel Kloster Weingarten einen Mann ein, weil er versucht hatte, eine Zivilklage gegen einen anderen Untertan des Klosters vor ein anderes Gericht zu bringen. (38) Ein ähnlicher Fall ereignete sich 1468. (39) Entscheidend ist dabei, dass das Kloster offensichtlich scharf darauf achtete, dass seine Gerichtshoheit über die Untertanen nicht angetastet wurde. Das Wort "Gericht" bedeutete sowohl den Gerichtshof wie dessen Zuständigkeitsbereich. Öfters diente es auch als Bezeichnung für einen Verwaltungsbezirk. Die Untertanen des Klosters jenseits des Schussen waren zum Beispiel in fünf Gerichte eingeteilt. (40) Ein Beispiel für den genossenschaftlichen Charakter solch einer Gerichtsgemeinde liefert ein Vertrag zwischen dem Truchsess von Waldburg und seinen Bauern aus dem Jahr 1515. (41) Hier gab die ganze Gemeinde eines Gerichts mehreren Vertretern die Vollmacht, den Vertrag abzuschliessen. Die Vertreter waren "verordnet von ainer ganzen Gemaind des Gericht zu Wolfegg". Jedes einzelne Gericht ermächtigte auf diese Weise seine Vertreter. Auch im Vertrag von 1526, der einige Streitpunkte nach dem Aufstand klären sollte, entschieden die Vertreter für ihre eigene Person und für die "ganze Gemeind", alle die mit "Leibeigenschaft verwandt und im Gericht Wolfegg sasshaft, ... reich und arm" waren. Die Zusammengehörigkeit basierte hier auf dem Verhältnis zum Herrn. (42)

Ein Beispiel für die Autonomiebestrebungen einer Gemeinde bietet die Propstei Hofen am Bodensee. (43) 1508 befreiten die Bauern mit Gewalt einige ihrer Genossen aus dem Gefängnis. (44) Während der Herrschaft des Propstes Johann von Ramsperg (1516 - 50) fochten die Bauern ständig um die gleiche Art von Selbstverwaltung, wie sie im Norden teilweise schon vorhanden war. Sie wagten es, Versammlungen ohne die Amtmänner des Propstes abzuhalten, legten einen Eid auf ihre Gemeinde ab und beschlossen ihre eigenen Verordnungen über den Gebrauch des Waldes, über den zu verfügen der Propst das alleinige Recht beanspruchte. Darüber hinaus erhob die Gemeinde Geldbussen, überwachte die Zuwanderung und erteilte den Amtmännern des Propstes Anweisungen.

Zum ersten haben sie zusammen in ihre Gemeind geschworen, das nie gewesen ist; meine Gotteshausleute haben dazu keine Macht.

Sie unterstehen sich, Herr über Trieb und Tratt zu sein, das sie nicht Macht haben; Trieb und Tratt kommt vom Gotteshaus, dieses legt in Trieb und Tratt ob 300 Jauchart zu Holz und Feld, das ganze Dorf nicht 20; Trieb und Tratt gehört dem Gotteshaus zu verwalten nicht dem Dorf.

Die Bauern fahren zu und gebieten mit Geld in eine Gemeinde aus ihrem Gewalt; das ist Sache des Gerichtsherren und sonst niemands. (45)

Zusammenfassend lässt sich feststellen, dass einige Dörfer im südlichen Oberschwaben dieselbe Entwicklung durchmachten wie im Norden. Es entstand ein Gemeinschaftsbewusstsein und sie versuchten ihre Zuständigkeit auf das Steuerwesen, die Berufung der Amtmänner und die Rechtsprechung in Zivilsachen auszudehnen. Selbst wo die Höfe zu weit auseinander lagen, um eine direkte Zusammenarbeit zu fördern, begannen die Bauern doch, sich bewusst als Mitglied einer Gemeinschaft zu fühlen, die auf dem grösseren Bezirk eines Gerichts beruhte. Ausserdem versuchten die Bauern auf der Basis der Gemeinde die Berufung und Versorgung der Geistlichen zu bestimmen. Das setzte eine Körperschaft voraus, die ermächtigt war, den Zehnten einzuheben, die Buchführung zu versehen, Verwalter zu berufen, den Pfarrer zu versorgen und den Überschuss an die Armen der Gemeinde zu vergeben. Nach den "Zwölf Artikeln" sollten die Einnahmen aus dem Zehnten auch für jegliche militärische Hilfe dienen, die von der Gemeinde gewährt wurde. Alle durch die Gerichtsbarkeit, das Wehrwesen und die Religionsausübung anfallenden finanziellen Bedürfnisse sollten somit in gewissem Sinne von der Gemeinde selbst gedeckt werden.

Der Bauernkrieg war in beiden Teilen Oberschwabens in hohem Masse ein Aufstand, der auf Erweiterung des Einflussbereiches der Gemeinde zielte. Die Führungsschicht setzte sich aus den reicheren Bauern zusammen, die ihre wirtschaftliche Stellung gegen die Übergriffe der besitzlosen Bauern und der Herren verteidigten. Dahinter verbirgt sich die Tatsache, dass die Bevölkerungszunahme immer mehr Druck auf die Produktionsmittel ausübte. Da die Höfe nicht aufgeteilt wurden, wurden Familienangehörige, die kein Land erbten, gezwungen, als Tagelöhner ausserhalb der Familie ihren Lebensunterhalt zu suchen. Früher, im 15. Jahrhundert, konnten viele noch anderswo ein Lehen bekommen oder auf dem Hof bleiben.

Zusammenfassung

Die Beschreibung der Hauptereignisse des Aufstandes in Oberschwaben lässt die Tatsache erkennen, dass er von den Dörfern ausging. Führende Leute in Dorf oder Gericht leiteten den Aufstand. Als sich verschiedene Bauerngruppen zu grösseren Haufen zusammenschlossen, organisierten sie sich wiederum nach dem Vorbild der Dorfgemeinschaft bzw. Landsknechtsgemeinde. Die Führer der grösseren Vereinigungen unterschieden sich jedoch oft von der regionalen Führerschaft. Die höheren Anführer im südlichen Oberschwaben stammten gewöhnlich aus den Städten. Ihre Vorstellungen gingen über die der Bauern hinaus: sie dachten an eine dauerhafte eigenständige Organisierung aller Bauern Oberschwabens.

Die Vereinigung, die tatsächlich zustandekam, hatte keinen Bestand. Die in einer Gegend lebenden Bauern weigerten sich, denen aus einer anderen zu Hilfe zu kommen. Noch wichtiger ist in dieser Hinsicht jedoch, dass die Forderungen der Bauern-Artikel auf lokale Selbstverwaltung ausgerichtet waren. Sie waren darin von der Vorstellung einer grossen Bauernrepublik oder auch nur einem vereinigten Bauernstand weit entfernt.

Zwei Hauptfaktoren bestimmen die Situation, die schliesslich in den Aufstand mündete. Der erste ist die rasche und ständige Bevölkerungszunahme. Der zweite ist ein ökologischer Faktor: die geographischen Verhältnisse dieser Gegend machten es unmöglich, die Güter in immer kleinere Einheiten aufzuteilen. Aber die Grundfläche des bebauten Bodens konnte auch nicht mehr spürbar erweitert werden. Diese beiden Faktoren banden zunächst mehr Leute an die bereits bestehenden Höfe. Im Gegensatz dazu war am Anfang des 15. Jahrhunderts die Bevölkerungszahl im Verhältnis zu den Produktionsmitteln niedrig gewesen. Angesichts der allgemeinen Regel, dass nur der an einem Lehen teilhatte, der auf dem Hof wohnte, verliessen viele Familienangehörige den Hof, wenn sie anderswo bessere Existenzbedingungen sahen. Je mehr der Wettbewerb um die Produktionsmittel zunahm und je mehr sich die Ausweichmöglichkeiten verringerten, desto stärker klammerten sich die Familienangehörigen an die Höfe.

Wir haben nachgewiesen, dass viele darauf drängten, die Güter aufzuteilen. Doch die Herren veränderten gemeinsam mit vielen Lehensbauern die Art der Lehen, so dass die Einheit eines Gutes gesichert blieb. Die Herren gingen sogar noch weiter und erzwangen, dass nur ein Familienmitglied den Hof erben und bewirtschaften konnte. Dies bewirkte eine Spaltung der Familie. Diese Teilung vertiefte sich, als jene Familienangehörigen, die kein Land bekamen, gezwungen wurden, den Hof zu verlassen. In der Zimmerschen Chronik wird darauf hingewiesen, dass dies oft zu Zwistigkeiten zwischen Geschwistern mit verschiedenem Status führte.

Wir haben die wirtschaftliche Lage dieser zwei Gruppen, der Tagelöhner und der Lehensbauern, untersucht. Daraus ergab sich, dass die Kaufkraft der Löhne für Tagelöhner vor dem Bauernkrieg im grossen und ganzen zwar nicht fiel, dass es aber nach 1500 einige Perioden von zwei- bis dreijähriger Dauer gab, in denen sich die Verhältnisse für die Tagelöhner deutlich verschlechterten. Das Hauptproblem war, dass die Zahl dieser Leute ständig stieg. Die Löhne selbst gingen zwar nicht zurück, aber da wir kein stabiles Verhältnis von Angebot und Nachfrage annehmen können, bedeuten hohe Löhne nicht ohne weiteres relativ geringe Arbeitslosigkeit. Im Gegenteil, es gab einen relativen Mangel an Arbeitsplätzen, was den Export von Soldaten zur Folge hatte.

Es ist nicht genau feststellbar, welche Rolle die Tagelöhner in den Aufständen gespielt haben. Nur in Ochsenhausen wurden Artikel verfasst, die sich direkt auf ihre Interessen beziehen. Darin verlangten sie, den freien Verkauf von Grund und Boden. Güter sollten auf Wunsch aufgeteilt werden können. Gemeinderechte sollten für alle gleichermassen zur Verfügung stehen. Die Herren suchten normalerweise, die Tagelöhner zu schützen, und sie teilten oft Gemeindeland auf, um ihnen Höfe zu verschaffen.

Die wirtschaftliche Lage der Grundholden blieb bis zum Bauernkrieg verhältnismässig günstig. Sie hatten meistens langfristige Lehen und an vielen Orten wurde entweder gar kein oder nur ein geringer Erschatz eingehoben. Wo die Lehen für kürzere Zeit vergeben waren, hatte sich oft eine de facto Erblichkeit durchgesetzt. Der Bodenzins stieg in dieser Zeit entweder gar nicht oder nur für relativ unterbewertete Güter. Doch der Bevölkerungszuwachs traf auch die Lehensinhaber durch den steigenden Druck auf die Produktionsmittel. Die Erweiterung der Gemeinderechte auf Söldner und Häusler wirkte sich am direktesten auf die wirtschaftliche Lage der Lehensbauern aus. Doch selbst wo Wälder und Fischteiche bereits von den Herren verwaltet wurden, verschärfte sich der Wettbewerb um solche Versorgungsquellen.

Es wäre falsch, die Lehensträger als eine geschlossene Schicht zu betrachten, denn die Grösse ihrer Höfe war sehr verschieden. Inhaber kleiner Lehen wurden von ihren Zeitgenossen auch als Bauern bezeichnet, aber wirtschaftlich waren sie nicht viel besser daran als die Söldner oder Häusler, doch hatten sie wenigstens Gemeinde-Rechte. (1) Der Zins für diese kleineren Lehen war, wie wir gezeigt haben, oft unverhältnismässig hoch. Im Ganzen jedoch wurde der Zins einigermassen gleichmässig bemessen. Die Dienste waren zwar normalerweise nicht sehr umfangreich, wurden jedoch aufs geratewohl bemessen. Nicht viel mehr als vierzig Prozent der Höfe produzierten wahrscheinlich regelmässig einen Getreideüberschuss für den Verkauf. Sie profitierten dabei von einem langsamen aber ständigen Preisanstieg. Die drei Perioden der Missernten, 1490 - 94, 1500 - 04, 1515 - 19, brachten sie wohl in Schwierigkeiten, doch waren sie gegen solche Schläge immer noch am besten gefeit.

Die Leibeigenschaft, in den Bauern-Artikeln allgemein verworfen, spielte bei der Verschlechterung der wirtschaftlichen Lage insofern eine Rolle, als sie den Herren erlaubte, eine beträchtliche Erbschaftssteuer einzuheben. Daraus entstanden verschiedene Schwierigkeiten; viele Bauern beklagten sich zum Beispiel, dass sie wegen des Todfalls keine Mitgift aufbringen konnten. An vielen Orten kauften die Bauern dem Herrn das Recht auf einen Todfall um einen hohen Preis ab, aber die Leibeigenschaft beeinträchtigte sie immer noch auf andere Weise. Eines der Hauptproleme war, dass sie die normale Erbfolge unterbrach. Land wurde über den Vater vererbt, der Status der Leibeigenschaft jedoch über die Mutter. Daraus entstanden komplizierte Verhältnisse, wenn die Erben eines Besitzes die Leibeigenen verschiedener Herren waren. Viele Herren versuchten auch, ihren Machtbereich zu erweitern, indem sie in Bezug auf ihre Leibeigenen mehr Rechte geltend machten. Daraus entstanden Konflikte mit der Autonomiebewegung in der Gemeinde.

Die Kompetenzerweiterung der Gemeinde war eine Bewegung der bäuerlichen Führungsschicht, die sowohl den Herren als auch den besitzlosen Bauern zumindest teilweise schadete. Die reicheren Lehensbauern führten den Bauernkrieg, um grösseren regionalen Autonomie willen, womit in erster Linie die wirtschaftlichen Rechte gesichert werden sollten. Sie versuchten, den Einfluss der Gemeinde auf lokale Verwaltungsbeamte, Gerichtsbesetzung und Pfarrerernennung auszudehnen. Diese Bemühungen um Gemeinde-Selbstverwaltung waren in Gegenden ohne grosse Dörfer nicht minder stark, nur beruhten sie dort auf grösseren Verwaltungsbezirken, den sogenannten Gerichten.

Im Lichte dieser Ziele des Bauernaufstandes muss man das religiöse Element betrachten. Die Bauern verlangten für die Gemeinde das Recht, ihre Priester zu bestellen und abzusetzen. Sie verlangten, das Wort Gottes "one allen menschliche Zusatz" zu predigen. Die Gemeinde wollte auch den Zehnten einheben und verwalten und daraus die Pfarrer versorgen. Wir wissen ausserdem, dass die Gemeinde in erster Linie aus Lehensbauern zusammengesetzt war, die vollen Anspruch auf die gemeinsamen Privilegien hatten. Im Grunde versuchten sie also, die geistlichen Angelegenheiten und den Zehnten, den nur sie zahlten, unter ihre Kontrolle zu bringen.

So betrachtet, wurde das Verlangen nach religiöser Reform ein Teil einer grösseren Reformbewegung. Es war weder das entscheidende Element noch ein unbedeutendes Anhängsel. Die Religion war als Bestandteil des täglichen Lebens von grosser Bedeutung. Ein Versuch, das Religiöse vom Weltlichen zu trennen, wäre künstlich; beide Bereiche gehen ineinander über. In den örtlichen Artikeln der Bauern werden religiöse Forderungen und Vorstellungen vom "Göttlichen Wort" nur selten erwähnt. Sie tauchen erst in den "Zwölf Artikeln" auf, die von einem sehr ausgeprägt religiösen Mann verfasst wurden, dem es ein natürliches Bedürfnis war, die Forderungen der Rebellen mit den Grundsätzen der Gerechtigkeit und der christlichen Religion in Übereinstimmung zu bringen.

Erwägt man die Bedeutung des religiösen Elements für den Aufstand, so muss man sich fragen, welche Funktion die Religion als gesellschaftlicher Rahmen hatte; wie trug sie dazu bei, soziale Ordnungen herauszubilden oder zu bewahren? (2) Genau unter diesem Blickwinkel muss die grosse Rolle gesehen werden, die zeitgenössische religiöse Ideen für die Bauern spielten. Die Gemeinde wollte die geistlichen Angelegenheiten überwachen, indem sie geeignete Diener des Wortes Gottes wählte, die der Gemeinde erklärten, was für ihr Seelenheil notwendig war. Es war ein Versuch von Seiten einer gesellschaftlich und politisch bewussten Gruppe, nicht die Religion zu revolutionieren, sondern die Veränderungen ihrer gesellschaftlichen Verhältnisse durch religiöse Sanktion zu zementieren. Sie hielten sich an jene Gedanken der religiösen Reform, die sich auf Grundsätze bezogen, um die sie bereits gekämpft hatten. Sie hatten deutlich das Bedürfnis, eine neue soziale Ordnung zu verteidigen, in die die Bauern zur Wahrung ihrer eigenen Interessen eingetreten waren. Dieses psychologische Bedürfnis musste um so grösser werden, je mehr sie erkannten, dass sie auf die Dauer mit der wachsenden Schicht der Besitzlosen zusammenstossen mussten. So verlagerte sich der Schwerpunkt einer religiösen Ordnung, die einer auf den Begriffen Herr und Untertan beruhenden Gesellschaft Sanktionen erteilte, zu einer religiösen Reform, die auf die gegenseitige Durchdringung von grundherrlichen und Grundbesitzerrechten abzielte.

Wenn wir abschätzen wollen, wieviel die von uns untersuchten sozialen Veränderungen zum Krieg beigetragen haben, so müssen wir betonen, dass unsere Ergebnisse nur für den begrenzten Raum des südlichen Oberschwabens gelten und nicht ohne weiteres auf andere Räume, etwa den Schwarzwald oder Franken übertragen werden können.

Der allgemeine Aufstand in Oberschwaben im Jahre 1525 kam nach einer Reihe lokaler Aufstände, die es während der vorhergehenden 75 Jahre gegeben hatte. Solange die Beschwerdegründe nicht beseitigt wurden, war jedermann auf neuerliche Erhebungen der Bauern gefasst. Der Aufstand von 1525 konnte sich hauptsächlich deshalb so rasch ausbreiten und nur unter grossen Anstrengungen unterdrückt werden, weil die dazu notwendigen militärischen Kräfte zu Beginn des Jahres in Italien eingesetzt waren. Der bayerische Kanzler Leonhard Eck wies darauf hin, dass dieser Bauernkrieg nicht anders ausgegangen wäre als alle früheren Aufstände, wenn die Herren in der Lage gewesen wären, von Anfang an entschieden einzugreifen.

Der Krieg begann überall in Oberschwaben damit, dass lokale Bauerngruppen Abhilfe gegen Misstände verlangten. Bald wurde allzu deutlich, dass keine Macht zur Stelle war, die grosse Versammlungen und direkte Aktionen hätte verhindern können. Die örtlichen Anführer, reiche Bauern, brachten die Forderungen der Grundholden zum Ausdruck, die ihre lokalen Angelegenheiten selbst regeln wollten. Sie beschwerten sich über die Veräusserung des gemeinsamen Landes, der Wälder und Fischereirechte. Sie verlangten die Aufsicht über Richter und Ammänner, mit deren Hilfe die Herren bisher die Macht ausgeübt hatten. In vielen Fällen verlangten sie die Verweisung der Häusler vom Gemeindeland.

Als sich der Aufstand ausbreitete, verhandelten die Bauern mit dem Schwäbischen Bund. Dazu benötigten sie gebildetere oder gesellschaftlich angesehenere Männer. Die Bauern des Baltringer Haufe wählten einen Sprecher, Ulrich Schmidt, der seinerseits in Memmingen Sebastian Lotzer gewinnen konnte. Aus dem Allgäu wurden Boten nach Tübingen gesandt, um einen Juristen zu finden. Dietrich Hurlewagen behauptete, dass die Bauern des Seehaufen ihn gezwungen hätten, ihr Sprecher zu werden. Die meisten dieser nichtbäuerlichen Führer hatten die Vorstellung einer dauerhafteren Vereinigung der Bauern, aber die Bauern selbst waren nicht bereit, diesen Gedanken zu unterstützen.

Die Untersuchung des Verlaufs des Aufstandes an verschiedenen Orten zeigte, dass die Gemeinden letztenendes eine revolutionäre Körperschaft waren. Oft waren die Mitglieder des Rates die Verwaltungsbeamten (Vierer und Vogt), die vom Herrn allein oder mit seiner Zustimmung eingesetzt worden waren. Sie verlangten nun, dass der Herr ihnen einen Eid leiste, und gleichzeitig äusserten sie den Wunsch, dem Herrn gehorsam zu bleiben. Das hätte bedeutet, dass die Gemeinde in der Verwaltung der eigenen Angelegenheiten ihre Autonomie gesteigert hatte, während die Herren immer noch die wichtigste gesellschaftliche und politische Macht in dieser Gegend geblieben wären. Die Bauern bestritten weder das Recht der Herren, Zinse von den lehenbaren Höfen zu empfangen, noch ihr Recht auf Ausübung der Obrigkeit. Sie wollten jedoch verhindern, dass ihre vitalsten Interessen verletzt werden konnten.

Schliesslich waren die Bauern nicht bereit, eine endgültige Entscheidung zu erzwingen. Sie waren bei Weingarten stark genug, den Schwäbischen Bund zu besiegen. Das hätte eine Revolution bedeutet, die sie nicht wollten. Die Kompromisslösung, die in Aussicht gestellte schiedsrichterliche Entscheidung entsprach dem, was sie die ganze Zeit gefordert hatten.

Wir haben am Anfang die These aufgestellt, dass eine genaue Untersuchung eines kleinen Gebietes der beste Ansatzpunkt für ein Studium des Bauernkrieges sei. Erstens würde solch eine Untersuchung die Bewertung der allgemeinen Aussagen über den Bauernkrieg erleichtern. Zweitens könnte sie dazu beitragen, Forschungen in anderen Gegenden anzuregen.

Wir haben immer wieder die Bedeutung der Bevölkerungszunahme in Oberschwaben hervorgehoben. Eine frühere Untersuchung leitete daraus steigende Preise, sinkende Löhne und Aufsplitterung der Güter ab. Diese Thesen wurden jedoch in jüngerer Zeit wieder in Frage gestellt. (3) Es wurde mit Recht darauf hingewiesen, dass die Preise erst nach 1530 steil anstiegen. Es gibt auch keinen Grund für die Annahme, dass die Löhne vor 1525 stark zurückgingen. Ausserdem wurden die Güter in Oberschwaben nicht in kleine Parzellen aufgeteilt. Es wurde immer schwieriger, die Verteilung des gemeinsamen Landes an die besitzlosen Bauern sowie die Aufteilung der Güter zu verhindern. Die engen Familienbindungen brachen wegen der sich verschärfenden sozialen Gegensätze auseinander. Es würde sich lohnen, die Folgen der Bevölkerungszunahme in Realteilungsgebieten zu untersuchen.

Die jüngere Literatur lenkte die Aufmerksamkeit auf die Bedeutung der Gemeinde für den Bauernkrieg. (4) Im besonderen wurde gezeigt, dass das politische Ziel der "Zwölf Artikel" die Gemeinde war. Wir gingen etwas weiter und beschäftigten uns mit einigen sozialen Veränderungen, die hinter der Gemeinde-Bewegung standen, und betonten, dass diese Bewegung den Interessen der grösseren Bauern entsprang und nicht nur gegen die Herren, sondern auch die Tagelöhner gerichtet war. Die Probleme, die mit der Gemeinde wie der Bevölkerungszunahme zusammenhängen, bedürfen noch weiterer Forschungen in anderen Gegenden. Es wäre besonders wichtig zu wissen, bis zu welchem Grad Konflikte innerhalb des Dorfes anderswo eine Rolle spielten.

Historiker haben immer wieder darauf hingewiesen, dass die Leibeigenschaft im Mittelpunkt des Aufstandes in Oberschwaben stand. (5) Sie haben die mangelnde Freizügigkeit und beschränkte Heiratsfähigkeit betont sowie die Steuern und Dienste, die den Leibeigenen auferlegt wurden. Wir haben jedoch den Akzent etwas zu verschieben gesucht. Dienstleistungen und jährliche Abgaben waren nicht sehr hoch. Es war der Todfall, der die wichtigste ökonomische Rückwirkung hatte. Allerdings konnten Abgaben, die auf Leibeigenschaft basierten, in den Fällen eine grosse Belastung bedeuten, in denen der Leibherr sein Recht der Reissteuererhebung durchgesetzt hatte. Auf jeden Fall aber wurde die Reissteuer von einem Herrn, ob Niedergerichtsherr oder nicht, eingetrieben. Damit ist aber nicht gesagt, dass eine Rebellion gegen die Leibeigenschaft ipso facto eine Rebellion gegen die Reissteuer war. Es ist zu vermuten, dass Leibeigenschaft nicht zuletzt deshalb überall so verhasst war, weil sie sich auf einen Personalverband zu einem Zeitpunkt gründete, als es den Bauern gerade darauf ankam, ihre Rechte auf der Gemeindeebene zu verstärken. Die Leibeigenschaft verlief aber gerade quer zu diesen Bindungen und unterbrach nachbarschaftliche Zusammenarbeit.

Schliesslich haben wir ein Bild gezeigt, das sich von der jüngsten marxistischen Geschichtsschreibung unterscheidet. In Ostdeutschland betont man die Bedeutung des Nationalismus im Bauernkrieg. Es wird die Meinung vertreten, die Bauern strebten nach einer klassenlosen Gesellschaft und einem einheitlichen Staat. Der ideologische Kampf sei zwischen zwei Gruppen ausgetragen worden, die durch den Widerspruch zwischen materiellen Produktivkräften und den alten Produktionsverhältnissen in Bewegung geraten seien. (6)

Nach unserer Analyse war der Nationalismus kein bedeutender Faktor und die Bauern strebten nicht einmal untereinander nach Vereinigung. Dies ist nicht auf ein ungenügend entwickeltes Klassenbewusstsein, sondern auf die Ziele selbst zurückzuführen. Die Bauern wollten Eigenkontrolle der lokalen Angelegenheiten. Vom Gedanken an eine klassenlose Gesellschaft waren sie noch weit entfernt. Denn sie waren sich deutlich bewusst, dass sie andere Interessen verfolgten als die Tagelöhner und Landsknechte.

Wir besitzen noch zu wenig Informationen, um erkennen zu können, bis zu welchem Grad Kapital in der bäuerlichen Gesellschaft um 1525 von Bedeutung war. Wenn die marxistischen Untersuchungen richtig sind, dann hätten die für eine Marktwirtschaft produzierenden Bauern versucht, die alten feudalen Bindungen zu zerstören. Aber es gibt kaum einen Nachweis dafür, dass sie sich gegen den Zins wehrten. Im Gegenteil, viele Bauern-Artikel bestehen ausdrücklich auf der Beibehaltung des Zinses.

Wir müssten auch den Prozentsatz der Bauern kennen, die nur für den eigenen Unterhalt produzierten. Im vierten Kapitel zeigten wir, dass nicht mehr als 40 Prozent der Lehensleute des Klosters Weingarten regelmässig einen Überschuss für den Markt produzieren konnten. Die übrigen lebten von ihrem Hof oder ergänzten ihr Einkommen, indem sie ihre Arbeitskraft verkauften. Auch hier müssten wir wissen, bis zu welchem Ausmass jene Leute ihre Arbeitskraft gegen Bargeld erkauften. Hoskins wies für ein englisches Dorf nach, dass die grösseren Bauern die Lage der kleineren erleichterten, indem sie ihnen in Krisenzeiten regelmässig aushalfen. (7) Die Arbeitskraft wurde oft als Gegenwert für Getreide oder die Benützung eines Pflugs oder eines Gespanns Pferde angeboten. Auf diese Weise wurden die grösseren und kleineren Bauern durch gegenseitige Dienste verbunden und die Arbeit war nicht den Unberechenbarkeiten eines Marktes ausgesetzt.

Wir können auf diese Fragen noch keine Antwort geben, aber wir können einige Entwicklungen andeuten. Kapitalismus hatte bis zu einem gewissen Grad in der ländlichen Gesellschaft Fuss gefasst, insbesondere im Hinblick auf die Landsknechte. Sie verkauften ihre Arbeitskraft nur gegen Bargeld an einen militärischen Unternehmer. Dies waren die alten feudalen Herren, die jetzt jedoch in eine neue Art von Beziehungen geraten waren. Die Landsknechte waren, wie Engels gezeigt hat, gänzlich von ihren Herren abhängig und unterstützten sie daher auch. (8) Insofern also war die Lohnarbeit bedeutend und schuf auch Konflikte in einem alten System von Beziehungen. Es wäre auch wichtig zu wissen, ob Tagelöhner innerhalb des Dorfes auf die Lohnverhältnisse angewiesen waren.

Zum Abschluss versuchten wir, einige Fragen aufzuwerfen, die mit weiteren Forschungen in anderen Gegenden beantwortet werden müssten; dann erst könnte man entscheiden, ob es grundsätzlich eine einzige gemeinsame Ursache für den Bauernkrieg gab. Die gegenwärtige Tendenz der westdeutschen Geschichtsschreibung neigt dazu, jegliche Einheit des Krieges abzulehnen, während die ostdeutsche zu viel davon anzunehmen scheint. Die fruchtbarste Lösung liegt vielleicht in Richtung der Bereitschaft, die Komplexität und grossen Unterschiede der Beziehungen in den verschiedenen Gegenden hinzunehmen und dennoch zu versuchen, die dahinter verborgenen allgemeineren Kräfte, die so verschiedene Folgen hatten, zu verstehen.

Anmerkungen

Zur Einführung

1. R. Gradmann, Das ländliche Siedlungswesen, 24; Beschreibung des Oberamts Ravensburg (1836), 20.
2. ibid.
3. Gradmann, Ländliche Siedlungswesen, 89. Th. Knapp, Der Bauer im heutigen Württemberg, 87, 121.
4. Beschreibung des Oberamts Waldsee (1834), 29.
5. Gradmann, Ländliche Siedlungswesen, 34, 35; V. Ernst, Zur Besiedlung Oberschwabens, 40 - 63.
6. Oberamt Ravensburg, 30. Die einzelnen Wohnsitze schliessen zum Beispiel auch Schlösser und Mühlen ein.
7. Gradmann, Ländliches Siedlungswesen, 43.
8. Zur Beschreibung der unterschiedlichen Territorialstruktur in dieser Gegend siehe K. S. Bader, der Deutsche Südwesten, besonders 146-147.
9. Über die Landvogtei siehe E. Gönner und M. Miller, Die Landvogtei Schwaben, II: 654 - 676.
10. Über Städte siehe Bader, Deutsche Südwesten, 152 - 159. Der bedeutendste Ankauf eines Territoriums durch das Stadtpatriziat war Weissenhorn durch die Fugger: ibid., 135 - 136. Die Familie Humpis besass viele Güter um Ravensburg; siehe das Repertorium für Ravensburg im Württembergischen Staatsarchiv Stuttgart, B 198 II.
11. Über die verschiedenen Bedeutungen von 'Herrschaft' siehe E. Walder, Der politische Gehalt der Zwölf Artikel, 10 - 14.

Zu Kapitel 1

1. J. Kessler, Sabbata.
2. H. Günter, Gerwig Blarer, Abt von Weingarten 1520 - 1567: Briefe und Akten, I: 1518 - 1567 (Württembergische Geschichts-Quellen 6, 1914).
3. In F. L. Baumann, Akten zur Geschichte des deutschen Bauernkrieges aus Oberschwaben (1877).
4. Der Text der Chronik von Weissenau befindet sich in F. L. Baumann, Quellen zur Geschichte des Bauernkrieges in Oberschwaben, 497 - 503. Die Salemer Chronik ist veröffentlicht in F. J. Mone, Quellensammlung der badischen Landesgeschichte 2, 118 - 133.
5. Die Rappertsweiler Artikel sind veröffentlicht in W. Vogt, Correspondenz Ulrich Artzt, Nr. 895.
6. Viele lokale Artikel des Baltringer Haufe finden sich in G. Franz, Hrsg., Quellen, 152 - 163. Von diesen ausgehend verfasste Lotzer die "Zwölf Artikel", ibid., 174 - 179.
7. Baumann, Quellen, 527 - 606, 618 - 623.
8. SAÜ Abt. XXXIII, K. I, L. 63, Nr. 679; F. Redlich, The German Military Enterpriser, 120.
9. Baumann, Akten, Nr. 18, 9 - 10; Nr. 55, 32 - 33.
10. Baumann, Akten, Nr. 60, 49.
11. ibid., Nr. 68, 88.
12. Über Hurlewagen und die Hauptereignisse in Bezug auf den Rappertsweiler Haufe siehe W. Vogt, Der Bodenseer-Rappertsweiler Haufen, besonders 40.

13. Baumann, Akten, Nr. 145, 143 - 146; Baumann, Quellen, 498 - 499.
14. Baumann, Akten, Nr. 97, 109 - 110.
15. Baumann, Quellen, 497, 498; Blarer, Briefe, Nr. 57, 33.
16. Baumann, Akten, Nr. 99, 111.
17. Baumann, Quellen, 498, 499.
18. Baumann, Akten, Nr. 127, 134.
19. ibid., Nr. 130, 137.
20. Baumann, Akten, Nr. 128, 134 - 135; Kessler, Sabbata, 176.
21. Franz, Quellen, 189 - 190.
22. ibid., 191.
23. Franz, Quellen, 198 - 200.
24. Kanpp, Bauer in Württemberg, 95 - 100; P. Gehring, Württembergische ländliche Rechtsquellen, III: 357 ff.
25. Baumann, Akten, Nr. 132, 137 - 138.
26. Siehe den Eid der Landsknechte von Leutkirch, Baumann, Akten, Nr. 306, 290.
27. Kessler, Sabbata, 177 - 179.
28. Franz, Quellen, 195 - 197.
29. ibid., 193 - 195.
30. WSAS Missivband, Bd. IV, Folio 415 ff.
31. Eine interessante marxistische Analyse dieser Dokumente, die behauptet, es habe eine radikale und eine gemässigte Partei gegeben, findet sich in Smirin, Volksreformation (1956), 492, 497 ff. Leider untersucht er den Krieg ausschliesslich von einem ideologischen Standpunkt aus und versucht, eine Verbindung zwischen Müntzers Gedanken, den Schweizer Anabaptisten und der radikalen Partei im oberschwäbischen Bauernkrieg herzustellen. Er zeigt keine soziologischen Grundlagen für die ideologischen Unterscheidungen auf, und versucht auch nicht, die Sozialstruktur der ländlichen Gesellschaft zu diskutieren. Seine Verbindung der Schweizer Anabaptistenbewegung mit dem oberschwäbischen Krieg übergeht einige grundlegende Tatsachen. Nach dem Krieg kam aus dieser Gegend praktisch kein einziger Anabaptist. Ausserdem war das Konzept der Bauern für eine Gemeinde, die in den Dorfangelegenheiten wurzelte und die Erweiterung ihrer weltlichen und religiösen Rechte anstrebte, grundsätzlich konträr zum Konzept der Schweizer Anabaptisten, deren geistige Gemeinschaft sich von gesellschaftlichen Aufgaben und Verpflichtungen zurückziehen wollte. Über die Vorstellungen der Züricher Gruppe um Grebel, die nach Smirin die radikalen Bauern in Oberschwaben beeinflusst hat, vgl. G. H. Williams, The Radical Reformation, 89 - 101.
32. Franz, Quellen, 197 - 198.
33. Smirin, Die Volksreformation, 514 - 515.
34. Blarer, Briefe, 43, 45.
35. Baumann, Akten, Nr. 156, 151 - 157.
36. Franz, Quellen, 149 - 150.
37. ibid., 150.
38. Baumann, Akten, Nr. 165, 159 - 160.
39. Baumann, Quellen, Nr. 155, 151. Zum Text der Artikel siehe Vogt, Correspondenz Ulrich Artzt, Nr. 895.
40. Franz, Quellen, 151.
41. ibid., 152.

42. Baumann, Akten, Nr. 158, 157.
43. ibid., Nr. 166, 160.
44. ibid., Nr. 176, 169, 170.
45. Blarer, Briefe, 49 - 50.
46. Mone, Quellensammlung, 122, 123.
47. Abbildung in A. Waas, Die Bauern, zwischen 184 und 185.
48. Baumann, Akten, Nr. 176, 169-171.
49. ibid., Nr. 186, 176 - 177; Nr. 187, 177 - 178.
50. ibid., Nr. 188, 178 - 179.
51. ibid., Nr. 198, 188.
52. Zum militärischen Vorgehen gegen die Bauern siehe das wertvolle Buch von M. Bensing und S. Hoyer, Der deutsche Bauernkrieg, (o.J.), 92 - 101.
53. Baumann, Akten, Nr. 247, 254.
54. ibid., Nr. 242, 252; Nr. 260, 261; Nr. 275, 269 - 270; Nr. 276, 270; Nr. 281, 272; Nr. 318, 294, 95.
55. Der Text des Vertrags ist veröffentlicht in Franz, Quellen, 216 - 223.
56. Vogt, Correspondenz Ulrich Artzt, 200; G. Franz, Der deutsche Bauernkrieg (4. Aufl., 1956), 117 - 118.
57. Baumann, Akten, Nr. 266, 263 - 267.
58. ibid., Nr. 238, 249.
59. Der Vertrag mit der Herrschaft Zeil liegt im Zeil'schen Archiv, ZAWu Urk 196; andere befinden sich im Wolfegger Archiv: Herrschaft Wolfegg, WoWo Urk 571; Schwartztach, WoWo Urk. 1073; Winterstetten, WoWo Urk. 16324; Eberhardzell, WoWo Urk. 330.
60. Über den Ursprung des Begriffs "Hauptmann" siehe F. Redlich, The German Military Enterpriser, 11.
61. Baumann behauptet zum Beispiel, dass die Bauern nach Einheit der deutschen Nation strebten. Baumann, Akten, iii - iv. Dieses Thema wurde von ostdeutschen Historikern übernommen und betont. Zum Beispiel: "Die im Bauernkrieg gipfelnde frühbürgerliche Revolution stellt den ersten Versuch der Volksmassen dar, von unten her einen einheitlichen nationalen Staat zu schaffen." Max Steinmetz, Die frühbürgerliche Revolution in Deutschland (1476 - 1535): Thesen, in G. Brendler, Hrsg., Die frühbürgerliche Revolution in Deutschland (1961), 15.
62. WSAS B 517 Missivband IV, Folio 415 ff.
63. WSAL B 521, 8. Okt. 1478, 17. Nov. 1478, 29. Jan. 1479.
64. Baumann, Akten, Nr. 238, 249; Nr. 234, 246, 247.
65. Franz, Quellen, 152.
66. Baumann, Akten, Nr. 166, 160 - 161; Nr. 169, 164 - 165; Nr. 176, 169 - 172; WSAS H 53 Bü 71, Bü 68.
67. Baumann, Akten, Nr. 228, 240 - 241.
68. Dies wird bei der Lektüre Lotzers bemerkbar. Vor 1525 rief er in mehreren Traktaten zu Bibellesungen von Laien auf. In seinen Werken erscheinen die Hauptargumente der Reformation. Aber vor 1525 findet man keine spezielle Behandlung sozialer Fragen. Erst als er dazu aufgefordert wurde, versuchte er als gewissenhafter und einsichtiger Christ, die Last der Bauern zu erleichtern, indem er ihnen mit Ratschlägen und Manifesten half. Doch ergibt seine Theologie und seine Auffassung der sozialen Probleme keine Synthese wie bei Müntzer. Die "Zwölf Artikel" sind nicht viel mehr als eine Zusammenfassung

früherer Forderungen der Bauern, versehen mit biblischen Belegstellen. Lotzers Schriften sind veröffentlicht in A. Götze, Hrsg., Sebastian Lotzers Schriften (1902).

Zu Kapitel 2

1. Das Material für Montfort-Tettnang liegt im Staatsarchiv Stuttgart unter der Katalognummer B 123 - 124.
2. Der Archivar, Dr. Rudolf Rauh, erlaubte mir, das Material in Wolfegg einen Tag lang durchzusehen. Innerhalb der nächsten Jahre wird das Archiv wohl neu geordnet sein und seine beträchtlichen Schätze für die Erforschung der bäuerlichen Sozial- und Wirtschaftsgeschichte zur Verfügung stellen.
3. Die Quellen für Weingarten, untergebracht in den Staatsarchiven in Stuttgart und Ludwigsburg, tragen die Katalognummern B 515 - 522. Zitiert wird nach der Katalognummer, gefolgt von der Urkundennummer, falls es sich um ein Pergament handelt. Akten sind in Büscheln (zum Beispiel Bü 17) geordnet. Der Grossteil der Korrespondenz des Klosters ist gebunden und wird nach der Nummer des Missivbandes zitiert. In Ludwigsburg sind die meisten Pergamenturkunden dem Datum nach geordnet, zitiert zum Beispiel B 522 27. April 1473. Doch die meisten Pergamente, deren Siegel stark zerstört oder abgefallen sind, befinden sich in einem Sonderkatalog, B 521. Sie tragen alle eine eigene Urkundennummer. Ich habe jedoch auch eine Kopie dieses Katalogs im Stadtarchiv Ravensburg benützt, die das Datum der Urkunde, aber nicht die Nummer angibt. Daher stammen alle Hinweise auf B 521 mit Datum aus dem Katalog von Ravensburg. Schliesslich erscheinen alle Lagerbücher in einer allgemeinen Sammlung solcher Bände mit der Katalognummer H 14 - 15.
4. Quellen aus Ravensburg, die in Stuttgart liegen, tragen die Katalognummern B 198 - 200. Die des Stadtarchivs stehen unter der Rubrik SAR, die des Spitalarchivbestandes unter SpAR.
5. Die Stuttgarter Quellen aus Weissenau tragen die Katalognummern B 523 - 529.
6. WSAS H 235, Nr. 23, 24, 26, 27, 28.
7. ibid., Nr. 29, 30, 31, 32, 33.
8. Reute bei Fronhofen (G. Fronhofen, KR) WSAL B 521, Urk 1031, 389; B 522 26. Okt. 1439, 12. Febr. 1444, 10. Sept. 1473, 29. Mai 1480, 13. Febr. 1497, 7. Nov. 1513, 12. Nov. 1512, 17. Nov. 1544, 20. Febr. 1559.
   Blönried (KR) WSAL B 521 Urk 1056, 828, 653, 318; B 522 25. Jan. 1430, 26. Sept. 1469, 21. Febr. 1491.
   Esenhausen (KR) WSAL B 521 Urk 396, 574, 679; B 522 20. Febr. 1431, 16. Apr. 1476, 27. Jan. 1483, 9. Febr. 1512, 10. Febr. 1514, 12. Apr. 1518, 30. Juni 1522, 25. Febr. 1535, 8. Jan. 1539, 5. Mai 1539, 14. März 1547, 31. Okt. 1553, 8. Jan. 1555, 20. Febr. 1548, 21. Mai 1526, 12. Febr. 1526, 8. Juni 1528, 7. Mai 1471, 13. Okt. 1469, 15. März 1468, 27. März 1460, 29. Nov. 1457, 26. Okt. 1444, 21. März 1435, 19. Febr. 1432, 11. Febr. 1432, 23. März 1405, 2. Juni 1522, 28. Juli 1516, 28. März 1498.

126

Blitzenreute (KR) WSAL B 522 19. Febr. 1498, 9. Dez. 1504, 10. März
1505, 14. Apr. 1505, 7. Juni 1507, 14. Apr. 1505, 17. Jan. 1530;
B 521 Urk 186, 663, 835, 1008, 1113, 1034; B 522, 27. Febr. 1497,
27. Febr. 1497; 27. März 1497, 30. Sept. 1494, 25. Apr. 1475, 25.
Juni 1471, 13. Febr. 1438.
Schlier (KR) WSAL B 521 Urk 1201, 1209, 891, 401, 253, 193, 135;
B 522 9. Febr. 1430, 25. Jan. 1440, 17. Okt. 1446, 22. Apr. 1444,
10. Juni 1466, 21. Jan. 1480, 18. Apr. 1480, 20. Apr. 1480.
Bergatreute (KR) WSAS B 516 Urk 404a, 404b, 404c, 404d, 404e, 407a,
407b, 407c, 407d, 408a, 408b, 408c, 402a, 393a, 393b, 393c, 393d,
394a, 395a.

9. Knapp, Bauer in Württemberg 108 - 117, 119 - 121.

10. Vgl. zum Beispiel WoWo Urk 14, 2123; 14, 3480; 14, 2126; 14, 2127;
    14, 2125; 14, 2129; 14, 2128; 14, 2133.

11. WSAS B 198 Urk 515, 518, 519, 520, 521, 522, 523, 524. Für Masse
    und Münzen siehe Anhang B.

12. WSAS B 198 Urk 684, 685, 688, 690.

13. WSAS B 198 Urk 724, 725, 726, 728, 729, 730, 733.

14. WSAS B 198 Urk 449, 450, 451, 458, 459, 460, 461.

15. WSAS B 523 (Manzell) Urk 3174, 3188, 3190; 3177, 3186, 3189, 3207,
    3209; (Torckenweiler) 3686, 3695; (Oberzell) 3408, 3436; 3421, 3427;
    3410, 3445.

16. Vgl. zum Beispiel die Lehensreverse von Eschach WSAS B 523 Urk
    2664, 2669, 6677, 2695, 2696, 2689, 2690, 2688, 2698.

17. Blarer, Briefe, 33.

18. Siehe die Verträge in Fussnote 8.

19. Es ist sehr schwierig, die Lebenserwartung zu jener Zeit mit irgend-
    einem Grad von Sicherheit festzustellen. Vielleicht hilft ein Vergleich
    mit Zahlen aus Frankreich vom 17. und 18. Jahrhundert. Goubert nennt
    Zahlen über die Altersstruktur der Bevölkerung und die Sterblichkeits-
    quote pro Altersgruppe. Die Sterblichkeitsziffer für Kinder unter fünf
    Jahren war sehr hoch. Die normale jährliche Sterblichkeitsquote für
    Altersgruppen bis zu 64 Jahren ist folgendermassen angegeben:

Altersgruppen	% Todesfälle im Jahr
0 - 1	23,2
1 - 4	7,2
5 - 14	1,0
15 - 24	1,2
25 - 34	1,5
35 - 44	1,9
45 - 54	2,6
55 - 64	4,3

    Wer die Kindheit überstand, hatte also eine gute Chance, die Alters-
    grenze von 50 Jahren zu erreichen. P. Goubert, Beauvais, I: 54.

20. Der Text eines Lehensrevers lautete zum Beispiel: "Ich Paulin grässer
    von Baugentruti bekenn offenlich fur mich und alle mein erben und thün
    kund allermengklichem mit dem brieff das der erwirdig herr Hartman
    appte des Gotzhus wingartten min gnediger Herr mir auch minem eli-
    chen wib Anna Stainhuserin und dem jungsten kind so wir zway elich
    by ain anndern haben ald uberkomen und nach tode verlassent unser

dryen läben lang und nit lenger ... sins Gotzhus aigen gütlin ... zu lehen verlihen hat ... " (1496) WSAS B 516 Urk 404a. Ein früherer Vertrag (1480) bezeichnete statt des jüngsten Kindes: ". . . und darzu allen unser elichen kinden so wir yetzo händ und furo by ain ander uberkomen unser aller labtag ... ". WSAS B 516 Urk 402a.

21. Siehe dazu Goubert, Beauvais, I: 32, 33.

22. WSAL B 522 12. Febr. 1526, 31. Okt. 1553; B 521 Urk 574, B 522 25. Febr. 1535; 7. Nov. 1513, 17. Nov. 1544; 10. Sept. 1473, 7. Nov. 1513; 9. Dez. 1504; B 521 Urk 835; B 522 14. Apr. 1505, B 521 Urk 1034; B 522 30. Sept. 1494, B 521 Urk 1113; WSAS Urk B 516 393a, 402 a; 402a, 407a; 407a, 407b; 407b, 407c; 398b, 404e; 404d, 407d, 407d, 408c.

23. Blarer, Briefe, 33. "Die äcker sind der enden ruch, stainig und boes, auch die wisen rietig und mosig und die holzer vast ausgehawen, desgleich die güter auss hoechst gestaigt und der mertail auf drey leib verlihen, auch etliche darunder erblehen sein. " (Jan. 21, 1525).

24. Zum Beispiel WSAL B 522 14. Apr. 1505; B 521 Urk 253, 653; WSAS H 235. Siehe den ersten aus Bavendorf angeführten Hof.

25. Siehe Anmerkung 8.

26. Siehe unten Anmerkung 31 und Kapitel 4.

27. Siehe Anmerkung 8.

28. Siehe Anmerkung 8.

29. Alle Daten von 1531 beziehen sich auf das Urbarbuch von 1531. Die anderen Daten sind Lehensreverse und lauten wie folgt: Grosstobel (früher Tobel, G. Berg, KR) WSAS B 522 11. Jan. 1518, 27. Jan. 1522, B 521 Urk 728; Bavendorf (G. Taldorf, KR) B 521 Urk 698; Möllenbronn (G. Fronhofen, KR) B 522, 6. Nov. 1503; Moos (früher im Mos, G. Bodnegg, KR) B 522, 17. Nov. 1478; Moos (früher Im Mos, G. Amtzell, KW) B 522 2. März 1523; Niederbiegen (G. Baienfurt, KR) B 522 21. Okt. 1477, 14. März 1536, 6. Dez. 1540; Emelhofen (G. Bodnegg, KR) B 522 15. Juli 1519; Mummerazhofen (früher Kimbratzhofen, G. Gaisbeuren, KR) B 522 17. März 1446, 24. Juli 1502.

30. Dörfer, Weiler und Einzelhöfe, von denen Beispiele gewählt wurden und die eine Abnahme zeigen: Schattbuch, zum buhel, Mollen, Bruderhof. Die Höfe blieben gleich in: Eratzhaim, Wetzisreute, Gälisbrunnen, Entzisreute, Poppenhaus, auf der Staig, Niederwangen, Saitenhofen, Hochburg, Hartmannsburg, Gelisberg, Singenberg, Wustenberg, Blitzen, Gössenried, Katzhaim, Albisreute, Egg, Kesenweiler, Forstenhausen, Rüwitz, Goppelshäuser, Gutmannshof, Egarten, Hemera, Hintzistobel, Richlinsreute, Emelhofen, Lentzenrutin. Dörfer, bei denen die Erhöhung unter 20% liegt: Binningen, Edensbach, Anckenreute, Underegg, Schwinberg, Zur Wis, Steppach, Gomerschweiler, Hintzistobel, Emelhofen, Lentzenrutin. Dörfer, bei denen die Erhöhung zwischen 21 und 100% liegt: Burach, Osterhofen, Zundelbach, Ried, Baldrisweiler, Ulratsweiler, Richlinsreute.

31. In dieser Berechnung sind alle Zinsen ausser dem Bodenzins in Geld und Naturalien vernachlässigt. Kapitel 4 enthält eine ausführliche Beschreibung zusätzlicher Abgaben und Dienste sowie eine Rechtfertigung dieses Verfahrens. Zur Grösse der Bodeneinheiten und zum Wert der Münzen siehe Anhang B. Zum Preisindex siehe Elsas, Umriss einer Geschichte der Preise und Löhne in Deutschland, I (1936).

Zu Kapitel 3

1. F. Lütge, Economic Change: Agriculture (New Cambridge Modern History, 2 (1962, 33). Er argumentiert, dass die Bauern gegen Veränderungen des Rechtsstatus kämpften. "Apart from struggling against the growing power of the prices, the peasants were rather resisting legally just and materially insignificant demands by the lords which the latter, in trying to arrest their decline, were exacting more completely and intensively than in the preceding era." Andererseits behauptet Bader, dass der Adel um die Wende des 15. und 16. Jahrhunderts keinen wirtschaftlichen Abstieg erlebte; Bader, Deutsche Südwesten, 65.

2. WSAS B 198 Urk 374, 377, 380, 573, 578, 591.

3. Zum Beispiel WSAL B 521 Urk 519.

4. Franz, Quellen, 153; das Dorf Achstetten in Artikel 7: " So beger wir, dass man uns die Missbrich abdie, es si durch Geiderstagen oder Neubrich, darmit mir beschwert seind." Ibid., 155; die Vogtei von Mittelbiberacher Bauern in Artikel 3: "Item der Vogt hat auch Heüser lassen bauen in der Vogtei, da vor kain Hofstat, darab ist ain Gemaind auch beschwart, dan es von alterher kain Brauch ist." Ibid., 178; die "Zwölf Artikel" verweisen ebenfalls auf diesen Punkt: "Zum zehenden sei wir beschwert, das etlich haben inen zügeaignet Wisen, dergleichen Ecker, die dann ainer Gemain zugeherent .... "

5. Vgl. zum Beispiel die Eintragungen für Briegen (Briach, G. Baienfurt, KR) Hoffbeugen (Hof, G. Baienfurt, KR): Köpfingen (G. Baienfurt, KR).

6. Eine gute Zusammenfassung des Belegmaterials gibt Karl F. Helleiner, The Population of Europe from the Black Death to the Eve of the Vital Revolution, 1 - 95.

7. W. Abel, Landwirtschaft, 110 - 116.

8. Sebastian Franck, Germania (o. O. 1539), "Vorrede".

9. K. A. Barack, Hrsg., Zimmerische Chronik, 4 Bde. (1869) IV: 303 - 304.

10. SAR 66a/1, "Steuerbuch von der aigen leute frauen und männer von Schmalegg", 1498; SAÜ Reutlinger Collectaneen, VII, 1490. Es enthält eine Bemessung des "gemeinen Pfennig".

11. W. Schnyder, Die Bevölkerung von Stadt und Landschaft Zürich, 108.

12. Vgl. auch H. Baier, Zur Bevölkerungs- und Vermögensstatistik des Salemer Gebiets, 196 - 216. Baier gibt Zahlen aus zwei Bänden Feuerstätten-Steuer (1488 und 1505), hält sie aber für unvollständig (Seite 196 - 197). In den siebzehn Dörfern, die in den Bänden enthalten sind, waren 1488 566 Leute steuerpflichtig, 1505 waren es 671. Aus einer späteren Steuerliste (1478, Seite 200, 206) ergibt sich, dass die Zahl der Familien 97% der Zahl der Steuerpflichtigen ausmacht. Die Gesamtbevölkerung, geteilt durch die Zahl der Familien, betrug 4,9. Aus diesen Zahlen ergibt sich für 1488 eine Einwohnerzahl von 2 700, für 1505 von 3 279. Das bedeutet einen Zuwachs von 21% in 17 Jahren, eine ähnliche Zuwachsrate wie für Zürich.

13. Eine charakteristische Klausel lautete: "und sonder kain aichen oder ander bärend boum in gemelten gutlein abhowen ..." WSAS B 516 Urk 404e.

14. Zum Beispiel WSAL B 521 1. Febr. 1509, 12. Dez. 1509.
15. Das Urbarbuch von 1531 nennt den Umfang des Nutzwaldes. Einige Höfe hatten über 30 Jauchart, viele dagegen nur zwei oder drei. Oft musste der Bauer sein Holz kaufen. Die Beschwerden der Bauern von Achstetten lassen darauf schliessen, dass die Preise für Holz hoch waren. Franz, Quellen, 152. Artikel 7 der Schussenrieder Bauern: "und witer so hat unser Her arm Lit, die hand kain Hofholz, und is unser Beger, er sol inen Holz gen zuo der Notdruft." ibid., 165.
16. ibid., 177.
17. ibid.
18. Abel, Landwirtschaft, 180.
19. Es gibt eine Reihe solcher Dokumente von Weissenau, WSAS B 523 Urk 3917, 3925, 3930, 3938, 3946; vgl. Urk 3168, wo Land 1421 zum ersten Mal für Weinbau verwendet wird.
20. A. Schulte, Geschichte des mittelalterlichen Handels und Verkehrs I:639; A. Schulte, Geschichte der grossen Ravensburger Handelsgesellschaft, II:85.
21. ibid., III:57.
22. ibid., 149.
23. Schulte, Mittelalterl. Verkehr, I:623.
24. Knapp, Bauer in Württemberg, 155 ff., 120, 121.
25. WSAS B 198 Urk 445, 446, 447, 448, 449, 450, 451, 452, 453, 454, 455, 456, 457, 458, 459, 460, 461.
26. WSAS B 198 Urk 514.
27. WSAS B 198 Urk 517.
28. WSAS B 198 Urk 518, 519, 520, 521, 522, 523.
29. WSAS B 198 Urk 683a.
30. Vgl. zum Beispiel eine Kompromisslösung zwischen verschiedenen Herren in Württ. Rechtsquellen, III:145. Siehe auch die entsprechenden Kapitel in Knapp, Bauer in Württemberg.
31. Franz, Quellen, 28 - 35; WSAS B 481 Urk 233.
32. Vogt, Correspondenz Ulrich Artzt, Nr. 891.
33. Knapp, Bauer in Württemberg, 128.
34. Die Bauern der Vogtei Mittelbiberach sagten: "Item wir sind auch ainstails vast beschwert und den Eerschatzen, und weist das die Hailig Gschrift nit aus, und begeren des entladen ze werden," Franz, Quellen, 155. Vgl. Artikel 2 der Schussenrieder Bauern, ibid., 165, sowie aus Öpfingen und Griesingen, ibid., 158.
35. Vogt, Correspondenz Ulrich Artzt, Nr. 891.
36. Baumann, Akten, Nr. 104, 115.
37. Vgl. Kapitel 2, Fussnote 20.
38. Zum Beispiel WSAS B 523 Urk 2677.
39. WSAS B 523 Urk 2669.
40. WSAS B 523 Urk 2664.
41. WSAS B 523 Urk 2677.
42. WSAS B 523 Urk 2678.
43. Sebastian Franck, Chronica,(Strassburg, 1531), CCXVII.
44. ibid.
45. ibid.
46. M. Nell, Die Landsknechte, 34 ff.
47. ibid., 34.

48. ibid., 241.
49. SAÜ XXXIII Ka I. L 63, Nr. 675 - 681 a.

Zu Kapitel 4

1. Franz, Quellen, 178. Vgl. Artikel 8 von Achstetten, ibid., 153; ebenfalls die Memminger Artikel, Nr. 10, 170. Der Stadtrat von Memmingen bat Urbanus Regius um einen Kommentar zu den Forderungen ihrer Bauern. Zu dieser Beschwerde schrieb er; "Es liegt am tag, dass
an vill Orten die Güter gar zu hoch beschwert sind mit der Gült. Ob
es bei euch sei, weiss ich nit." F. Braun, Hrsg., Drei Aktenstücke,
186. Vgl. schliesslich Artikel 19 in den Ochsenhausener Artikeln, Vogt,
Correspondenz Ulrich Artzt, Nr. 891.
2. Knapp, Bauer in Württemberg, 108 ff.
3. Für alle Gegenwerte, Münzwerte und Masse siehe Anhang B.
4. Da die Lehensverträge alle auf die gleiche Formel lauten, wird nicht
auf einzelne Dokumente verwiesen. Der Leser mag einen beliebigen,
in den Fussnoten oder in die Bibliographie erwähnten Verträge heranziehen.
5. R. Reinhardt, Restauration, Visitation, Inspiration., 146 - 171.
6. In den Zinsrödeln von Weingarten findet sich oft eine "Steuer" an Weingarten. Die Zahlen sind auch im Urbarbuch von 1531 übernommen,
der Ausdruck jedoch nicht. Über "Steuern" an den Gerichtsherrn siehe
Knapp, Bauer in Württemberg, 108 f. Die Stadt Ravensburg erhob in
ihrer Herrschaft Schmalegg eine Steuer auf Grund der Leibeigenschaft.
SAR 66a/1.
7. Berg (KR), Blitzenreute (KR), Walthausen (Unterwaldhausen, G. Schmalegg, KR), Banrieth (Bannried, G. Waldburg, KR), zu Steppach (Steppach, G. Amtzell, KR).
8. Artikel 3 der Bauern von Öpfingen: "Weiter so unser Junkher uns an-
langt umb söllich gross, schwer, teglich Dienst, die wier miessen
ton one Massen, das wier kain tag wissen am Morgen, wann wier uf-
standen, das wier sicher seien vor seinen Diensten, darumb wier beschwert seien und das nimen erleiden kinde." Franz, Quellen, 157.
9. ibid., 170.
10. Baumann, Akten, Nr. 104, 113 ff.
11. Franz, Quellen, 177.
12. Über Löhne siehe Graphik am Ende von Kapitel 4 mit den Löhnen für
Schnitter, die höchstbezahlten Landarbeiter.
13. Zu militärischen Diensten vergleiche die Zeugenaussagen der Bauern
in der Kontroverse Überlingen - Weingarten, WSAL B 521 18. Sept.
1523.
14. SAÜ XXXIII Ka I 63 Nr. 675 - 681a.
15. WSAL B 521 18. Sept. 1523.
16. Franz, Quellen, 156; vgl. Artikel 12 der Schussenrieder Bauern, ibid.,
165; sowie Artikel 18 der Bauern von Ochsenhausen, die keine Steuer
oder Reisgeld wollten. Schutz sollte auf Grund des Bodenzins gewährt
werden. Vogt, Correspondenz Ulrich Artzt, Nr. 891.
17. WSAS B 515 Bü 5.

18. Vgl. die Achstettner Artikel, Franz, Quellen, 152: Vogtei Mittelbiberach, 155; Schussenried, 165; "Zwölf Artikel", 176.

19. Der Text der "Zwölf Artikel" über den Zehnten lautet: "Zuom andern nachdem der recht Zehat aufgesetzt ist im alten Testament und im Neuen als erfült, nichts destminder wöllen wir den rechten kornzehat gern geben; doch wie sich gebürt. Demnach man sol in Got geben und den Seinen mital ien, gebürt es ainem Pfarrer, so klar das Wort Gots verkindt. Seien wir des Willen hinfüro disen Zehat unser Kirchbröpst, so dann ain Gemain setzt, sollen einsammeln und einnemen, darvon ainem Pfarrer, so von ainer ganzen Gemain erwölt wird, sein zimlich, gnuogsam Aufenthalt geben, im und den Seinen, nach Erkantnus ainer ganzen Gmain. Und was überbleibt, sol man armen Dürftigen, so im selben Dorf verhanden seind, mittailen, nach Gestalt der Sach und Erkantnus ainer Gemain. Was überbleibt, soll man behalten, ob man raisen müsst von Lands Not wegen; darmit man kain Landsteuer dürf den armen Man legen, sol mans von disem Überschuss ausrichten." Franz, Quellen, 176.

20. Die Preise sind in Elsas, Geschichte der Preise, in denarii pro Schaff angegeben. 1 Augsburger Schaff = 205,3 Liter, ibid., 153. Ein im Erscheinen begriffenes Buch über die Geschichte von Ravensburg von Dr. Alfons Dreher gibt für den Ravensburger Scheffel 91.88 Liter an. Durchschnittspreis für ein Schaff Dinkel für 1511 - 20: 165 d., für Hafer: 145 d. Somit entsprach in den Ravensburger Massen 1 Scheffel Dinkel: 73 d. und 1 Scheffel Hafer 65 d.

21. 1496 und 1509 hatte der Augsburger Pfennig einen Feingehalt an Silber von 0,158 Gramm; Elsas, Geschichte der Preise, 120. 1501 betrug der Feingehalt an Silber des denarius 0,156 Gramm, J. Cahn, Münz- und Geldgeschichte von Konstanz, 315.

22. WSAL B 522 Bü 482.

23. W. Beveridge, The Yield and Price of Corn in the Middle Ages (Economic History, A Supplement to the Economic Journal, 1, 1926 - 29, 158); M. K. Bennet, British Wheat Yield per Acre for Seven Centuries (ibid., 3, 1934 - 37, 12 - 29, passim).

24. Der Zehnte für 1 Jauchart Dinkelanbau betrug durchschnittlich zwei Viertel (0,5 Scheffel); für 1 Jauchart Haferanbau 1,5 Viertel. Somit ergab 1 Jauchart 5 Scheffel Dinkel oder 4 Scheffel Hafer. Die entsprechende Menge in englischen Acres und Scheffeln siehe Anhang B.

25. T. G. Conolly u. a., An Introduction to Statistics for the Social Sciences (1962), 43.

26. Der Zins pro Jauchart wurde berechnet aus der Division der Gesamtsumme des Zins durch die Gesamtzahl der Jauchart jedes einzelnen Hofes. Die Produktion jedes Hofes ergibt sich aus der Summe der Äkker; sodann wurde die Summe dieses Bodens mit der Zinssumme in ein Verhältnis gebracht.

27. Abel, Landwirtschaft, 106.

28. Emmanuel Le Roy Ladurie, Les Paysans de Languedoc, I: 267.

29. "Nutrition" in Encyclopedia Britannica (1963), XVI: 651.

30. Alle Zahlen beruhen auf den Angaben in Anhang B.

31. Der Prozentsatz der Äcker in der Gesamtsumme des Bodens beträgt für jeden Band des Urbarbuches von 1531:

I	II	III	IV	V
74	81	80	79	76

Wiesen machten also durchschnittlich 20% des gesamten Nutzlandes aus.

32. Dinkel muss im Gegensatz zu anderen Weizenarten in der Mühle enthülst werden. In Süddeutschland gab es zweierlei Masseinheiten, eine für "rauhes Korn" (nicht enthülst) und eine für "glattes korn" (enthülst). Diese Masse verhielten sich so zueinander, dass ein Scheffel nicht enthülsten Dinkels einen Scheffel enthülsten Dinkels ergab. Vgl. A. Futterer, Kirchspiel Billafingen, 309. Der Verfasser gibt die entsprechenden Werte für die beiden Masseinheiten: 1 Malter Rauh = 492 Liter; 1 Malter Glatt = 228 Liter. Kern (enthülster Dinkel) beträgt also 47% des nicht enthülsten Dinkel. Nach Dr. Kirberg, der Archivistin in Überlingen, gewinnt man etwa 80% Mehl aus dem Kern, und 1 Liter Mehl ergibt etwa 1 Kilo Brot. Schliesslich entsprachen 100 Gramm Weizenmehl rund 332 Kalorien; vgl. A. E. Bender, Dictionary of Nutrition and Food Technology (2. Auflage, 1965), 213.
33. Abel, Deutsche Landwirtschaft, 100 - 102.
34. Vgl. Kapitel 3, Fussnote 12.
35. Blarer, Briefe, 33.
36. Elsas Geschichte der Preise, 539 - 541, 546 - 548, 554 - 555, 593 - 594, 600 - 601, 615 - 616.
37. Chr. Roder, Heinrich Hugs Villinger Chronik (1883), 2 - 3, 6, 17 - 19, 23 - 24, 28 - 29, 35 - 37, 39, 43 - 45, 65 - 69, 90 - 91, 96, 98.
38. Vgl. Fussnote 39. Die Einheiten für alle Graphiken entsprechen Elsas' Angaben, d.h. Augsburger Schaff und denarius, Münchner Scheffel und Denar. Vgl. Anhang B und Kapitel 4, Seite 117.
39. Elsas, Geschichte der Preise, 625, 626, 634.
40. ibid., 123 - 134, 625 - 626, 634 - 635.
41. Zur Analyse der Faktoren, die die Preiskurven im 16. Jahrhundert beeinflussten, siehe I. Hammerström, The 'Price Revolution' of the Sixteenth Century: Some Swedish Evidence (Scandinavian Economic History Review, 5, 1957).
42. Roder, Villinger Chronik, 3.
43. Elsas, Geschichte der Preise, 163 - 165; 182 - 187.
44. Roder, Villinger Chronik, 28.
45. ibid., 98.
46. Franz, Quellen, 156.
47. SpAÜ Bonndorf Nr. 300.
48. Elsas, Geschichte der Preise, 715 - 718. Die Schnitterlöhne sind für jedes Jahr entsprechend der Zahl der Eintragungen bei jeder Summe angegeben. Ich habe aus allen Eintragungen jedes Jahres den Durchschnitt berechnet.
49. Da man noch keine Zahlen für einen Index der Lebenskosten hat, geben wir hier einen Index, der die Löhne mit den wichtigsten Erzeugnissen in Verbindung bringt. In Elsas sind die Schnitterlöhne die höch-

sten Löhne. Wir können daher keine Aussagen über das durchschnittliche Jahreseinkommen eines Tagelöhners machen.

50. Der Text der "Zwölf Artikel" steht in Franz, Quellen, 174 - 177; zum Text der Rappertsweiler Artikel vgl. Vogt, Correspondenz Ulrich Artzt, Nr. 891.

Zu Kapitel 5

1. Für eine allgemeine Besprechung des Status siehe Knapp, Bauer in Württemberg, 128 ff.
2. Franz, Quellen, 154.
3. ibid., 124 ff.
4. Franz, Quellen, 152.
5. ibid., 154.
6. ibid., 153.
7. ibid., 156. Vgl. Rappertsweiler Artikel Nr. 3 in Vogt, Correspondenz Ulrich Artzt, Nr. 895.
8. WSAS H 14 - 15 Nr. 273, 164 ff.; Nr. 266, 20 ff.; WSAL B 522 Bü 341.
9. WSAL B 522 Bü 431.
10. WSAS B 523 Urk 408.
11. Zum Beispiel WSAS B 516 Urk 404b. "Welches ouch in yemen den ungenossame zu den hailigen ee griffet oder sunst, und unsern nachkommen und Gotzhus mit lib oder gut fluchtzig als ungehorsam wurdet, das dann dasselbig damit alle sin gerechtlichkait der besitzung egenantz geutlins gannte verwurckt und verlore haben sol in all wäg."
12. Zum Beispiel WSAL B 521 5. Apr. 1456.
13. WSAL B 521 Urk 285.
14. WSAL B 521 Urk 386.
15. Beschreibung des Oberamts Tettnang, 280.
16. WSAS H 14 - 15 Nr. 266, 62 ff.; Nr. 273, 175 ff.; Franz, Quellen, 153.
17. Zum Beispiel WSAL B 521 13. Nov. 1440.
18. Siehe Anmerkung 9.
19. Zum Beispiel WSAS B 523 Urk 2679, 2680, 2681, 2686.
20. WSAS B 505 Urk 408.
21. WSAS B 505 Urk 410.
22. WSAS B 505 Urk 437.
23. Franz, Quellen, 164.
24. WSAS B 470 Bü 4.
25. ZAWu Urk 196.
26. "Häs" bedeutet Kleidung.
27. WSAL B 521 18. Sept. 1523.
28. E. Gönner und M. Miller, Die Landvogtei Schwaben, 654 - 676. Die Untersuchung der Geschichte der Landvogtei stütz sich auf diese Quelle und das folgende Zitat.
29. E. Schneider, Kloster Weingarten, 421 - 437.
30. WSAS B 517 Missivband 41, 40 - 46.
31. R. Reinhardt, Restauration usw, 169 - 171.
32. WSAS Missivband 48, Vertrag 1496, Folio 145 - 149; Rotulus ... contra Landvogtei 1500, folio 215 - 233.
33. WSAS Missivband 41, Vertrag 1533, folio 168 ff.

Zu Kapitel 6

1. Zur allgemeinen Entwicklung der Gemeinde in Deutschland siehe die zwei Bände von K. S. Bader, Studien zur Rechtsgeschichte des mittelalterlichen Dorfes, I (1957), II, (1962). Ich verdanke ihm allgemeine Kenntnisse über dieses Thema, habe mich jedoch bemüht, mich nach den lokalen Belegen zu richten. Siehe auch Knapp, Bauer in Württemberg, 85 ff.
2. Barack, Zimmerische Chronik, II - 563.
3. F. Redlich, The German Military Enterpriser, 120 ff.
4. Vogt, Correspondenz Ulrich Artzt, Nr. 42.
5. ibid., Nr. 234, 238.
6. ibid., Nr. 256.
7. Siehe oben Kapitel 1.
8. Baumann, Quellen, 543 ff.
9. Franz, Quellen, 153.
10. ibid., 155.
11. ibid., 156 - 159.
12. ibid., 169.
13. ibid., 175 - 176.
14. ibid., 176.
15. Vogt, Correspondenz Ulrich Artzt, Nr. 895.
16. Zu Hurlewagen siehe Vogt, Der Rappertsweiler Haufe, passim.
17. Blarer, Briefe, 91, 343.
18. ibid., 54.
19. Siehe Anmerkung 22.
20. Mone, Quellensammlung, 122 - 124.
21. Zur Erwähnung der Namen siehe Blarer, Briefe, 37, 38, 54, 55; Franz, Quellen, 220 - 221; vgl. das Urbarbuch von 1531, WSAS H 253 Nr. 29 - 30.
22. Blarer, Briefe, 43, 108, 109, 552, 553.
23. Baumann, Akten, Nr. 198, 188.
24. Blarer, Briefe, 43.
25. Vgl. Abt Murers Chronik, Baumann, Quellen, 497 ff.
26. Vogt, Correspondenz Ulrich Artzt, Nr. 895.
27. Vgl. Kapitel 1, p. 26.
28. Bader, Studien, II: 37, 58 - 71, 85.
29. ibid., 72 - 78.
30. Gehring, Württ. Rechtsquellen, III: 410 - 412.
31. ibid., 357 ff.
32. ibid., 359 ff.
33. Ernst, Besiedlung Oberschwabens, passim.
34. F. Lütge, Geschichte der deutschen Agrarverfassung, 71 ff.
35. Ernst, Besiedlung Oberschwabens, 40 f.
36. ibid., passim.
37. R. Gradmann, Das ländliche Siedlungswesen, 34.
38. WSAL B 521 5. Dez. 1440.
39. WSAL B 521 28. Juli 1468.
40. Siehe die ersten drei Bände des Urbarbuchs von 1531, WSAS H 235 28, 29, 30; und Blarer, Briefe, 38.
41. WoWo 571.

42. WoWo 572.
43. Die Propstei gehörte zum Kloster Weingarten.
44. Beschreibung des Oberamts Tettnang, 332 ff. Das historische Kapitel stammt von Viktor Ernst.
45. ibid.

Zur Zusammenfassung

1. Bader, Studien, I: 57 - 60.
2. Eine interessante Analyse der "sozialen Funktion" der Religion gibt A. R. Radcliffe-Brown, Structure and Function in Primitive Society (1952), 154 - 157, 160 - 161, 164 - 165.
3. Für eine Zusammenfassung dieser Argumente siehe Lawrence Stone, That was the Reformation that was, in New York Review of Books, Dez. 29, 1966.
4. Walder, Der politische Gehalt, passim.
5. Gothein, Die Lage des Bauernstandes, passim.
6. Eine gute Zusammenfassung der ostdeutschen Geschichtsschreibung über dieses Thema gibt G. Brendler, Hrsg., Die Frühbürgerliche Revolution in Deutschland (1961), besonders 1 - 52.
7. W. G. Hoskins, The Midland Peasant (London, 1965), 171 - 179.
8. F. Engels, The Peasant War in Germany in L. Krieger, Hrsg., The German Revolutions (Chicago, 1967), 11.

Anhang A

Statistik von Bauernhöfen aus dem Weingartener
Urbarbuch von 1513

Das Urbarbuch ordnet Höfe in geographischen Gebieten nach Dörfern, Weilern oder Einzelhöfen. Für jeden Hof ist der gegenwärtige und meistens der vorhergehende Lehensmann genannt. Danach sind die Gebäude sowie Gemüsegärten und Obstgärten aufgezählt. Das Ackerland ist in drei Abteilungen gegliedert ("Öschen"), jeder Streifen wird angeführt und die Grösse ist in Jauchart angegeben. Wiesen sind in Mansmahd angegeben. (Zur Umrechnung von Mansmahd und Jauchart siehe Anhang B). Schliesslich führt das Urbarbuch Wälder an oder Grundstücke, von denen der Bauer sein Holz bezog. Am Ende kommen alle Zinsen, die der Lehensmann dem Kloster oder anderen Herren schuldig ist.

Im folgenden gebe ich eine Aufschlüsselung für jeden Hof, führe Grundbesitz und Zins an und stelle ein Verhältnis zwischen beiden her. Zu den Preisen von Dinkel und Hafer sowie zum Wert der Zahlungseinheiten siehe Anhang B. Ich habe geschätzt, wieviel Hafer und Dinkel jeder Hof produzieren konnte. Die Voraussetzungen dieser Berechnungen sind in Kapitel 4 beschrieben. Siehe ebenfalls Anhang B.

Schlüssel für die einzelnen Spalten:

1. Name des Ortes, Dorfes, Weilers, Einzelhofes.
2. Name des Lehensmannes.
3. Gesamtsumme der Äcker in Jauchart.
4. Gesamtsumme der Wiesen in Mansmahd.
5. Gesamtsumme des Grundbesitzes in Jauchart. (Summe von Spalte 3 und 4; beachte: Wälder sind vernachlässigt.)
6. Gesamtzins an Dinkel in Scheffeln
7. Spalte 6 umgerechnet in denarii.
8. Gesamtzins an Hafer in Scheffeln.
9. Spalte 8 umgerechnet in denarii.
10. Gesamtzins an Geld, hier in denarii; fast alle Zinsen wurden in Ravensburger Münzen und Massen gezählt.
11. Summe der Spalten 7, 9, 10, d. h. Summe aller Zinsen in denarii.
12. Denarii pro Jauchart Land $\dfrac{\text{(Spalte 11)}}{\text{(Spalte 5)}}$
13. Denarii pro Jauchart Acker $\dfrac{\text{(Spalte 11)}}{\text{(Spalte 3)}}$
14. Summe des angebauten Dinkel (geschätzt); $\frac{1}{3}$ Äcker x 5 (geschätzter Ertrag pro Jauchart) in Scheffeln.
15. Spalte 14 umgerechnet in denarii.
16. Summe des angebauten Hafer (geschätzt); $\frac{1}{3}$ Äcker x 4 (geschätzter Ertrag pro Jauchart) in Scheffeln.

17. Spalte 16 umgerechnet in denarii.
18. Summe der Produktion von Dinkel und Hafer in denarii (geschätzt). (Spalte 15 + Spalte 17).
19. Prozentsatz der geschätzten Gesamtproduktion (Spalte 18), der als Zins abgeführt wurde (Spalte 11).
20. Spalte 19 plus ein Zehnter.
21. Summe aller anderen Abgaben in Geld; beachte, dass alle Abgaben in Hühnern und Eiern sowie alle Dienste, die nicht in Geld umgerechnet wurden, vernachlässigt sind.
22. Prozentsatz der geschätzten Gesamtproduktion an Hafer und Dinkel (Spalte 18), der in allen Zinsen und Abgaben abgeführt wurde (Spalte 11 + Spalte 21 + ein Zehnter).

Ortsnamen des Urbarbuchs

BAND I

1. Bavendorf, G. Taldorf, KR.
2. Berg, KR.
3. Weiler, G. Berg, KR.
4. Ettishofen, G. Berg, KR.
5. Staig, G. Blitzenreute, KR.
6. Obrenstaig, Oberstaig, G. Berg, KR.
7. Mänlishofen, Mehlishofen, G. Berg, KR.
8. Eintobel, Inntobel, G. Berg, KR.

BAND II

9. Blitzenreute, KR.
10. Bienbach, Baienbach, G. Blitzenreute, KR.
11. Bentzuhofen, Benzenhofen, G. Berg, KR.
12. Esenhausen, KR.
13. Honberg, Homberg, K. Überlingen.
14. Rinckenburg, Ringenburg, G. Esenhausen, KR.
15. Remisberg, Rimmersberg, G. Esenhausen, KR.
16. Bugenhausen, Buggenhausen, G. Hasenweiler, KR.
17. Nassach, G. Esenhausen, KR.
18. Haidbremen, Heidbremen, G. Homberg, K. Überlingen.
19. Hackimos, Heggenmoos, G. Boms, K. Saulgau.

BAND III

20. Underwalthausen, Unterwaldhausen, G. Schmalegg, KR.
21. Oberwalthausen, Oberwaldhausen, G. Zogenweiler, KR.
22. Plerried, Blönried, KR.
23. Stainibach, Steinenbach, G. Zollenreute, KR.
24. Zum Boss, Boosen, G. Zollenreute, KR.

BAND IV

25. Richlisreutin, Richlisreute, G. Schlier, KR.
26. Zum Singenberg, Singenberg, G. Amtzell, K. Wangen.
27. Ippenriedt, Ippenried, G. Bodnegg, KR.

28. Zu der Ach, Achmühle, G. Bodnegg, K. Wangen.
29. Zum Notzenhaus, Notzenhaus, G. Neukirch, K. Tettnang.
30. Pflegelberg, G. Neukirch, K. Tettnang.
31. Krumbach, G. Tannen, K. Tettnang.
32. Wüstenberg, G. Amtzell, K. Wangen.
33. Zu der Egarton, Ergeten, G. Bodnegg, KR.
34. Honberg, Blaser, G. Waldburg, KR.
35. Langenthal, Kögel, G. Eschach, KR.
36. Obersulgen, G. Eschach, KR.
37. Lunsee, Lungsee, G. Grünkraut, KR.
38. Moschenmos, Menschenmoos, G. Bodnegg, KR.
39. Lybenhofen, Liebenhofen, G. Grünkraut, KR.
40. Zum Friden, Friedach, G. Grünkraut, KR.
41. Kroppach, Groppach, G. Grünkraut, KR.

BAND V

42. Bayerfurt, Baienfurt, G. Baindt, KR.
43. Gössenriedt, Gessenried, G. Schlier, KR.
44. Zundelbach, G. Schlier, KR.
45. Siburasreutin, Sieberatsreute, G. Waldburg, KR.
46. Lochen, GR.
47. Zu Springen, Kehlings, G. Amtzell, K. Wangen.
48. Storenberg, Luppmanns, G. Amtzell, K. Wangen.
49. Zum Vogelsang, G. Amtzell, K. Wangen.
50. Hohenburg, Hochburg, G. Amtzell, K. Wangen.
51. Am Veldt, Feld, G. Waldburg, KR.
52. Alburatzhofen, Albertshofen, GR.
53. Oppeltzhofen, Oppeltshofen, GR.
54. Hof Buerach, Burrach, GR.

Den Schlüssel zu den Ortsnamen enthält ein Katalog im Stuttgarter Staatsarchiv. Die Nummern 20 - 21, Unter- und Oberwalthausen, sind meiner Ansicht nach nicht richtig zugeschrieben. Es sind eher zwei grössere Dörfer einige Kilometer weiter nördlich (siehe Landkarte, Seite 61).

Ort	Besitzer	" Acker	Wiesen	" Acker + Wiesen	Dinkel-zins	Dinkel-zins in denarii	Hafer-zins	Hafer-zins in denarii	Geld-zins	Gesamt-zins indenarii
1.	2.	3.	4.	5.	6.	7.	8.	9.	10.	11.
Bavendorf	A. Gruebler	33	8,5	41,5	8	584	-	-	216	800
Berg	P. Soler	24,5	7,5	32	4	292	4	260	156	708
	E. Hund	5	4,3	9,3	2,5	183	-	-	112	295
	A. Ylerin	11,5	2,5	14	1	73	1	65	120	258
	P. Eberlin	37	11,5	48,5	7	511	2	130	360	1007
Weiler	C. Merckh	21	8,5	29,5	1	73	1	65	318	456
	U. Maier	23,5	9,5	33	6	438	6	390	396	1224
	J. Eberlin	28,5	15,5	44	3	219	3	195	320	734
	U. Schmotzlin	6	1	7	1	73	1	65	210	348
	C. Mener	6	1,5	7,5	-	-	-	-	144	144
	C. Deckher	14	2,5	16,5	-	-	-	-	204	204
	T. Sorg	21,5	7	28,5	3	219	3	195	371	785
	H. Hagenbach	7,5	3	10,5	2	146	1	65	180	391
	P. Eberlin	20,5	10,5	31	4	292	4	260	320	872
	C. Mor	22	6	28	2	146	2	130	720	996
	H. Kessler	31	7	38	6	438	4	260	276	1004

12. Denarii pro Jauchart Boden	13. Denarii pro Jauchart Acker	14. Dinkel-ertrag	15. Dinkel-ertrag in Geld	16. Hafer-ertrag	17. Hafer-ertrag in Geld	18. Gesamt-ertrag in Geld	19. % Zins des Ertrags	20. % Zins + Zehnt	21. Andere Abgaben in Geld	22. Gesamt % Zins, Zehnt und Abgaben
19	24	55	4015	44	2860	6875	12	22	195	24
22	29	40,5	2957	32,4	2106	5063	14	24	-	24
32	59	8	584	6,4	416	1000	30	40	389	79
18	22	19	1387	15,2	988	2375	11	21	146	27
21	27	61,5	4489	49,2	3288	7777	13	23	360	28
16	21	35	2555	28	1820	4375	10	20	470	31
37	52	39	2847	31,2	2028	4875	25	35	-	35
17	26	47,5	3468	38	2470	5937	13	23	437	30
50	58	10	730	8	520	1250	28	38	110	47
19	24	10	730	8	520	1250	11	21	138	33
12	15	23	1679	18,4	1196	2875	7	17	181	23
27	32	35,5	2592	28,4	1846	4437	18	28	292	34
37	52	12,5	913	10	650	1563	25	35	24	36
28	42	34	2482	27,2	1768	4250	21	31	326	38
36	45	36,5	2677	29,2	1898	4575	22	32	430	41
26	32	51,5	3759	41,2	2678	6437	15	25	-	25

1.	2.	3.	4.	5.	6.	7.	8.	9.	10.	11.
	H. Beck	12	3	15	3	219	2	130	120	489
	J. Bautz	28,5	14	42,5	1	73	1	65	282	420
	A. Gundlin	9	-	9	1	73	1	65	180	318
Ettishofen	J. Mor	22	3,5	25,5	3,25	237	1	65	456	758
	H. App	16	4	20	6	438	4	260	480	1178
	C. Bentflin	8	4	12	-	-	-	-	216	216
	H. Brendlin	16,5	6,5	23	2	146	2	130	480	756
	U. Lösen	7	1	8	1,25	110	1,25	98	180	388
	B. Atzenhofer	40	10	50	2	146	2	130	1120	1396
	J. Strauss	6	2	8	,5	37	,5	33	240	310
Staig	J. Edel	38,5	22,5	61	10,25	748	6	390	2400	3538
	S. Hans	10	3	13	3	219	5	325	504	1058
	M. Schnetz	20,5	6	26,5	3	219	3	195	-	414
	H. Buwhofer	26,5	12	38,5	7	511	5	325	1020	1856
	B. Beninger	10,5	3,5	14	2,5	183	4,5	293	160	636
	E. Geng	16	5	21	3,5	256	3,5	228	720	1204
	H. Merckh	6	2,5	8,5	2	146	2	130	436	712
	P. Steinhuser	12,5	6	18,5	4	292	3	195	318	805

12.	13.	14.	15.	16.	17.	18.	19.	20.	21.	22.
32	41	20	1460	16	1040	2500	20	30	144	35
10	14	47,5	3467	38	2470	5937	7	17	430	24
35	35	15	1095	12	780	1875	17	27	122	33
29	34	36,5	2677	29,2	1898	4575	16	26	298	33
59	73	26,5	1934	21,2	1378	3312	35	45	305	54
18	27	13	949	10,4	676	1625	13	23	208	36
32	46	27,5	2007	22	1430	3437	22	32	242	39
48	55	11,5	839	9,2	598	1437	27	37	-	37
28	35	66,5	4854	53,2	3458	8312	16	26	770	30
38	51	10	730	8	520	1250	25	35	162	48
58	92	64	4672	51,2	3328	8000	44	54	-	54
81	105	16,5	1204	13,2	858	2062	51	61	-	61
16	20	34	2482	27,2	1768	4250	9	19	-	19
48	70	44	3212	35,2	2288	5500	33	43	-	43
45	60	16,5	1204	14	910	2114	30	40	-	40
57	75	26,5	1934	21,2	1378	3312	36	46	-	46
73	118	10	730	8	520	1250	57	67	-	67
43	64	20,5	1497	16,4	1066	2563	31	41	24	42

1.	2.	3.	4.	5.	6.	7.	8.	9.	10.	11.
	C. Sorg	12	3	15	3	219	2	130	240	589
	C. Vetter (Schmied)	9,5	5,5	15	3	219	2,5	163	874	1256
	U. Mor	9	5	14	1,5	110	1	65	246	421
	H. Hagenbach	13	3,5	16,5	4	292	3	195	591	1078
	J. Kesar	12	4	16	4	292	3	195	584	1071
	C. Thrunn	11,5	5	16,5	3	219	3	195	522	936
	C. Vetter	9,5	8	17,5	6	438	2,75	179	745	1362
	G. Prenner	3	2	5	3	219	1	65	156	430
	"	2,5	1,5	4	1,8	131	1,5	98	108	337
Obrenstaig	J. Schnitz	55	17,5	72,5	14	1022	14	910	360	2292
Mänlishofen	G. Dentnier	56	10,5	66,5	8	584	8	520	720	1824
Eintobel	M. Muller	9,5	2	11,5	1 (Kern)	166	–	–	288	454
	S. King	14,5	3	17,5	1	73	1	65	387	525
	U. Zunberger	50	11,5	61,5	2	146	2	130	960	1236
Band II Blitzenreute	J. Buwhofer	79	14	93	19	1387	19	1235	496	3118
	C. Hagenbach	33	7	40	3,25	237	3,25	211	312	760
	C. Dentnier	48,5	13,5	62	7	511	7	455	527	1493
	H. Plumer	48,5	12	60,5	4,5	329	4,5	293	558	1180

12.	13.	14.	15.	16.	17.	18.	19.	20.	21.	22.
39	49	20	1460	16	1040	2500	23	33	48	35
83	139	15,5	1132	12,4	806	1938	64	74	–	74
30	46	15	1095	12	780	1875	22	32	–	32
65	82	21,5	1570	17,2	1118	2688	40	50	–	50
67	89	20	1460	16	1040	2500	42	52	–	52
57	81	19	1387	15,2	988	2375	39	49	–	49
77	143	15,5	1132	12,4	806	1938	70	80	–	80
86	143	5	365	4	260	625	68	78	–	78
84	134	4	292	3,2	208	500	67	77	–	77
32	42	91,5	6680	73,2	4758	11438	20	30	322	30
27	32	93	6789	74,4	4836	11625	15	25	65	28
39	47	15,5	1132	12,4	806	1938	23	33	412	36
30	36	24	1752	19,2	1248	3000	18	28	595	41
20	25	83	6059	66,4	4316	10375	11	21	–	27
34	39	131,5	9600	105,2	6841	16441	19	29	–	29
19	23	55	4015	44	2860	6875	11	21	–	21
24	31	81	5913	64,6	4209	10122	15	25	–	25
20	24	81	5913	64,6	4209	10122	12	22	–	22

1.	2.	3.	4.	5.	6.	7.	8.	9.	10.	11.
	J. Sorg	36,5	9	45,5	4	292	4	260	362	914
	M. Katzmaier (Messwidumb)	8,5	1,5	10	1	73	1	65	96	234
	B. Grueber	26	6,5	32,5	5	365	3	195	330	890
	H. Hagenbach (Tafern-Badstuben)	35	16	51	6	438	6	390	2073	2901
	C. Schöch	25	7	32	4,25	310	4,25	276	480	1066
	C. Dentnier	23,5	5	28,5	4	292	4	260	532	1084
	Gemeinde	69	-	69	6	438	6	390	720	1548
Bienbach	E. Dentnier	9,5	1	10,5	1	73	1	65	96	234
	L. Gundlin	64,5	20,5	85	5	365	5	325	778	1468
	U. Buhler	55,5	15,5	71	5,75	419	7,25	471	1320	2210
	G. Rosler	93	16	109	6	438	6	390	288	1116
Bentzuhofen	Z. Rüsst	85	12,5	97,5	10	730	10	650	540	1920
Esenhausen	B. Haller (Amman, Schmied)	8,5	-	8,5	1,5	183	1,5	98	240	521
	B. Haller	27,5	12,5	39,5	5	365	3,75	244	144	753
	B. Haller	31	3,5	34,5	3	219	3	195	288	702
	B. Ruedin	35,5	13,5	49	4,5	329	4,5	293	276	898
	P. Megerlin	7	-	7	5	365	5	325	180	870

12.	13.	14.	15.	16.	17.	18.	19.	20.	21.	22.
20	25	61	4453	48,6	3169	7622	12	22	106	33
23	28	14	1022	11,4	748	1770	13	23	72	27
27	34	43	3139	34,4	2243	5382	17	27	-	27
57	83	58	4234	46,4	3023	7257	40	50	-	50
33	43	41,5	3030	33,2	2161	5191	21	31	70	32
38	46	39	2847	31,4	2048	4895	22	32	-	32
22	22	115	8395	92	5980	14375	11	21	-	21
22	25	16	1168	12,6	829	1997	12	22	-	22
17	23	107,5	7848	86	5590	13438	11	21	-	21
31	40	92,5	6753	74	4810	11563	19	29	103	30
10	12	155	11315	124	8060	19375	6	16	-	16
20	23	141,5	10330	113,2	7361	17691	11	21	-	21
60	60	14	1022	11,2	728	1750	29	39	-	39
19	27	45,5	3322	36,4	2356	5678	13	23	-	23
20	22	51,5	3760	41,2	2678	6438	10	20	-	20
18	25	59	4307	47,2	3068	7375	12	22	-	22
124	124	11,5	840	9,2	598	1438	60	70	-	70

2.	3.	4.	5.	6.	7.	8.	9.	10.	11.
H. Schwartz	6,5	,5	7	1	73	1	65	108	246
G. Gebhart	36	11	47	5	365	3	195	324	884
M. Leni	55,5	16,5	72	11,5	840	11,5	748	600	2188
H. Hueblin	53	12,5	65,5	7	511	4	260	360	1131
H. Reisch	32	5,5	37,5	3,5	256	3,5	228	228	710
H. Reisch der Kueffer	9	3,5	12,5	2	146	2	130	240	516
P. Reisch	46	15,5	61,5	5	365	5	325	528	1218
C. Schloher	3	–	3	,75	54	,75	49	240	343
C. Reisch	26,5	7	33,5	5,5	402	3,5	228	300	930
H. Clainer	30,5	10	40,5	5	365	3	195	144	704
A. Schloflin	5	,5	5,5	1	73	1	65	240	378
B. Vetter	31	11,5	42,5	6	438	4	260	252	950
H. Hegelin	39,5	17	56,5	5	365	4	260	288	913
C. Hon	19	7,5	26,5	2,5	183	2,5	163	204	550
C. Hon	9	3	12	2	146	1	65	294	505
P. Wisenhofer (Tafern)	13,5	–	13,5	2	146	2	130	240	516
–	25	9,5	34,5	4	292	2	130	504	926

1.

148

12.	13.	14.	15.	16.	17.	18.	19.	20.	21.	22.
35	37	10,5	767	8,4	546	1313	18	28	–	28
18	24	60	4380	48	3120	7500	12	22	–	22
30	39	92,5	6753	74	4180	10933	20	30	–	30
17	21	71,5	5220	57,2	3618	8838	12	22	–	22
19	22	53	3869	42,4	2756	6625	10	20	–	20
41	57	15	1095	12	780	1875	27	37	–	37
19	25	76,5	5585	61,2	3978	9563	12	22	144	23
114	114	5	365	4	260	625	54	64	–	64
27	30	44	3212	35,2	2288	5500	16	26	–	26
17	23	50,5	3687	40,4	2626	6313	11	21	–	21
68	75	8	584	6,4	416	1000	38	48	–	48
22	30	51,5	3760	41,2	2678	6438	14	24	–	24
16	23	65,5	4782	52,4	3406	8188	11	21	–	21
20	29	31,5	2300	25,2	1638	3938	14	24	–	24
42	46	15	1095	12	780	1875	27	37	–	37
38	38	22,5	1743	18	1170	2813	19	29	–	29
26	37	41,5	3030	33,2	2150	5180	17	27	–	27

1.	2.	3.	4.	5.	6.	7.	8.	9.	10.	11.
	K. Clainerin	55	11	66	7	511	7	455	480	1446
	K. Clainerin	6	2	8	1	73	1	65	240	378
Honberg	H. Hagen	93	14	107	7	511	7	455	960	1926
	H. Pfeuffer	36	5	41	-	-	-	-	-	-
	S. Olps	12	1,5	13,5	1,25	91	2,5	163	120	374
	H. Schlegel	12	1,5	13,5	2,25	164	2,5	163	120	447
	M. Hägen	13	1,5	14,5	2,25	164	2,5	163	120	447
	U. Röthin	34	5,5	39,5	3,5	256	3,5	228	360	844
	C. Wolffbuhler	24	5	29	1	73	1	65	370	508
Rinckenburg	C. Sorg	66	17	83	7,5	548	7,5	488	600	1636
Remisberg	J. Kesenhalmer	76	18	94	7	511	7	455	360	1326
	J. Butz	111	28,5	139,5	7	511	7	455	120	1086
Bugenhausen	H. Gannther	90	17	107	8	584	8	520	312	1416
Nassach	J. Lupperger	92	3,5	95,5	8	584	8	520	288	1392
Haidbremen	J. Elps	103	16,5	119,5	5	365	5	325	300	990
Hackimos	C. Kern	63,5	17	80,5	10	730	10	650	300	1680
	H. Stérckh	48	16,5	64,5	7	511	7	455	480	1446
	S. Mossler	58	20,5	78,5	8	584	8	520	480	1584

12.	13.	14.	15.	16.	17.	18.	19.	20.	21.	22.
22	26	91,5	6680	73,2	4750	11430	12	22	-	22
47	63	10	730	8	520	1250	30	40	-	40
18	20	155	11315	124	8060	19375	9	19	353	20
-	-	60	4380	48	3120	7500	-	10	784	20
27	31	20	1460	16	1040	2500	15	25	-	25
33	37	20	1460	16	1040	2500	17	27	-	27
30	34	20,5	1497	16,4	1066	2563	17	27	-	27
22	26	56,5	4125	45,2	2938	7063	11	21	-	21
17	21	40	2920	32	2080	5000	10	20	-	20
19	25	110	8000	88	5720	13720	12	22	-	22
14	17	76,5	5585	61,2	3978	9563	13	23	48	24
8	10	185	13505	148	9620	23125	5	15	72	15
13	15	150	10950	120	7800	18750	8	18	65	18,4
14	15	153	11169	122,4	7965	19134	7	17	36	17,1
8	9	171,5	12519	137,2	8919	12437	4	14	16	14
20	26	105,5	7702	84,4	5526	13228	12	22	383	24
22	30	80	5840	64	4160	10000	14	24	74	25
20	27	96,5	7045	77,2	5018	12063	13	23	74	24

1.	2.	3.	4.	5.	6.	7.	8.	9.	10.	11.
Band III Unterwalthausen	C. Kesenheimer (Widumbgut)	66	18	84	9,5	694	9,5	618	320	1632
	H. Muller	54,5	6	60,5	3,5	256	3,5	228	336	820
	C. Henny	3	1	4	1	73	1	65	120	278
	H. Stridin	5	-	5	-	-	-	-	120	120
	H. Maier	66	10	76	10	730	10	650	360	1740
	T. Aicher	39,5	10,5	50	4,5	329	4,5	293	276	898
	H. Karrer (Messner)	12	4	16	3	219	3	195	288	702
Oberwalthausen	H. Schwartz	48,5	3	51,5	4	292	4	260	600	1152
	B. Vischer	69,5	13	82,5	11	803	9	585	600	1988
	H. Schwartz	65	7	72	11	803	11	715	480	1998
	U. Koller	16	,5	16,5	3	219	3	195	240	654
Plerried	T. Vischer (Ammann)	13,5	8,5	22	2,5	183	2,5	163	156	502
	T. Sigel	23	5,5	28,5	3	219	3	195	264	678
	G. Resch	27,5	8	35,5	5	365	-	-	132	497
	J. Rauch	17	7,5	24,5	3	219	-	-	132	351
	P. Muelter	14	-	14	5,1	372	5,1	332	360	1064
	P. Lutz	34,5	15,5	50	3	219	3	195	240	654

12.	13.	14.	15.	16.	17.	18.	19.	20.	21.	22.
19	24	110	8030	88	5720	13750	11	21	-	21
13	15	90,5	6607	72,4	4606	11213	7	17	87	18
69	92	5	365	4	260	625	44	54	-	54
24	24	8	584	6,4	416	1000	12	22	147	37
23	26	110	8030	88	5720	13750	12	22	-	22
18	23	65,5	4782	52,4	3406	8188	10	20	-	20
44	58	20	1460	16	1040	2500	28	38	-	38
22	24	80,5	5877	64,4	4186	10063	11	21	-	21
24	28	115,5	8432	92,4	6006	14438	13	23	-	23
27	30	108	7884	86,4	5616	13500	15	25	-	25
40	40	26,5	1935	21,2	1378	3313	19	29	-	29
23	37	22,5	1643	18	1170	2813	17	27	-	27
23	29	38	2774	30,4	1976	4750	14	24	-	24
14	18	45,5	3322	36,4	2366	5688	9	19	-	19
14	20	28	2044	22,4	1456	3500	10	20	-	20
76	76	23	1679	18,4	1196	2875	37	47	-	47
13	19	57,5	4198	46	2990	7188	9	19	-	19

1.	2.	3.	4.	5.	6.	7.	8.	9.	10.	11.
	J. Muelter	27	10,5	37,5	3	219	3	195	180	594
	A. Siner	33	12,5	45,5	9	657	9	585	320	1562
	H. Spiegler	33,5	12	45,5	3	219	3	195	360	774
	P. Rauch	19	11	30	3	219	3	195	240	654
Stainibach	G. Geldrich	33,5	11,5	45	5	365	5	325	207	897
	J. Egk	12	3	15	1	73	1	65	180	318
	B. Volck	25,5	6	31,5	8	584	6	390	330	1304
	J. Huebmayr	27,5	4	31,5	2,5	183	2,5	163	216	562
	H. Geng	58	18,5	76,5	5	365	5	325	160	850
	C. Stainhuser	34	10,5	44,5	4	292	4	260	366	918
	B. Frannck	63	18	81	5	365	5	325	308	998
	T. Funnck	26,5	10,5	37	2,5	183	2,5	166	317	666
	U. Boss	61	15,5	76,5	8	584	5	325	-	909
	C. Hubmayer	24	4	28	3	219	3	195	408	822
	J. App	67,5	18,5	86	8	584	7	455	696	1735
Zum Boss Band IV	J. Frie	84	14	98	8,5	675	8,5	553	360	1588
Richlisreutin	P. Stublin	43	10	53	-	-	10	650	240	890

154

12.	13.	14.	15.	16.	17.	18.	19.	20.	21.	22.
16	22	45	3285	36	2340	5625	10	20	-	20
34	47	55	4015	44	2860	6875	22	32	-	32
17	23	55,5	4052	44,4	2886	6938	11	21	-	21
21	34	31,5	2300	25,2	1638	3938	17	27	-	27
20	26	55,5	4052	44,4	2886	6938	13	23	144	25
21	26	20	1460	16	1040	2500	12	22	-	22
41	53	42,5	3103	34	2205	5308	24	34	175	37
17	20	45,5	3322	36,4	2366	5688	9	19	325	25
11	15	96,5	7045	77,2	5018	12063	7	17	121	18
20	27	56,5	4124	46,2	3003	7127	12	22	171	24
12	16	105	7665	84	5640	13125	8	18	198	20
18	25	44,2	3230	35,4	2308	5538	12	22	40	23
11	15	101,5	7410	81,2	5281	12691	7	17	279	19
29	34	40	2920	32	2080	5000	16	26	-	26
20	26	117,5	8578	94	6110	14688	5	15	300	17
16	19	140	10220	112	7280	17500	2	12	228	13
18	21	71,5	5220	57,2	3721	8941	3	13	113	14

1.	2.	3.	4.	5.	6.	7.	8.	9.	10.	11.
Zum Singenberg	S. Stoltz	36,5	11	37,5	-	-	5	325	348	673
	J. Pfaw	7	5	12	-	-	5,25	341	-	341
Ippenriedt	L. Steinhauser	10,5	7,5	18	-	-	6	390	120	510
Zu der Ach	B. Miller	14	4	18	-	-	2	130	240	370
Zum Notzenhaus	P. Linder	20	5	25	-	-	2	130	600	730
Pflegelberg	J. Baumen	6,5	5,5	12	-	-	-	-	660	660
Krumbach	A. Saurmenner	16	6,5	22,5	-	-	4	260	360	620
	U. Schwartz	4,5	3	7,5	-	-	-	-	216	216
Wüstenberg	C. Fiessinger	25	7	32	-	-	8	520	-	520
Zu der Egarten	H. Kolros	35	7,5	42,5	-	-	6	390	288	678
Honberg	J. Plauser	17	12	29	-	-	11	715	168	883
Langenthal	C. Kegel	21,5	3,5	25	-	-	2	130	300	430
Obersulgen	H. Ortolff	25,5	12	37,5	5,5	402	-	-	360	760
	H. Neff	23	11	34	-	-	2,5	163	401	564
	S. Blaser	18	8	26	-	-	2,75	179	355	534
	M. Wishopt	26,5	13	39,5	-	-	5,5	358	360	718
Langenthal	U. Kegel	21	3,5	24,5	-	-	-	-	324	324

12.	13.	14.	15.	16.	17.	18.	19.	20.	21.	22.
18	18	60,8	4453	48,6	3169	7622	9	19	268	22
28	49	11,5	840	9,2	601	1441	24	34	372	60
28	49	17,5	1278	14,0	910	2188	23	33	-	33
20	26	23	1679	18,4	1203	2882	13	23	11	23
29	37	33	2409	26,4	1723	4132	18	28	-	28
55	102	10,8	803	8,6	569	1372	48	58	-	58
27	39	26,5	1935	21,2	1381	3316	19	29	-	29
29	48	7,5	548	6,0	390	938	23	33	-	33
16	21	41,5	3030	33,2	2161	5191	10	20	101	22
16	19	58	4234	46,4	3023	7257	9	19	-	19
30	52	28	2044	22,4	1463	3507	25	35	-	35
17	20	35,8	2628	28,6	1739	4367	10	20	48	21
20	30	42,5	3103	34	2210	5313	14	24	904	41
16	25	38	2774	30,4	1983	4757	12	22	694	37
20	30	30	2190	24	1560	3750	14	24	670	42
18	27	44,2	3230	35,4	2308	5538	13	23	521	32
13	15	35	2555	38	1690	4245	7	17	48	18

1.	2.	3.	4.	5.	6.	7.	8.	9.	10.	11.
Lunsee	B. Maienberg	17	7	24	-	-	1,5	98	192	290
	A. Maienperger	17	6,5	23,5	-	-	2,5	166	240	406
Moschemoos	J. Maienberg	24	5	29	-	-	3	195	236	431
	U. Plannck	21	6	27	-	-	2	130	236	366
Lybenhofen	J. Blaser	28	1,5	29,5	-	-	9	585	240	825
	M. Sterckh	23	1	24	-	-	2	130	354	484
	H. Lienhart	18	1,5	19,5	-	-	4	260	324	584
Zum Friden	H. Nabholtz	53	5,5	58,5	-	-	3	195	332	527
	H. Binniger	59	4,5	63,5	-	-	3	195	344	539
Kroppach	U. Strus	37	5	42	-	-	-	-	342	342
	H. Sterckh	9	-	9	3	219	3	195	120	534
	H. Hainy	29	16,5	45,5	-	-	-	-	-	-
Band V Bayerfurt	M. Bendel (Maierhof)	75,5	29,5	105	10	730	10	650	1416	2796
	M. Seltenreich	36	9	45	3	219	3	195	320	734
	B. Lochmuller	27	8	35	4,5	329	4,5	293	2520	3142
Gössenriedt	J. Egen	56	12	68	-	-	13	845	960	1805
	B. Troll	55	9	64	-	-	13	845	282	1127

12.	13.	14.	15.	16.	17.	18.	19.	20.	21.	22.
12	17	28	2044	22,4	1463	3507	8	18	360	28
13	24	28	2044	22,4	1463	3507	11	21	409	33
15	18	40	2920	32	2080	5000	9	19	386	27
13	17	35	2555	28	1690	4245	9	19	407	29
35	29	46,5	3395	37,2	2421	5816	14	24	153	27
20	21	38	2774	30,4	1983	4757	10	20	75	22
29	32	30	2190	24	1560	3740	16	26	171	31
9	10	88	6424	70,4	4583	11007	5	15	530	20
8	9	98	7154	78,4	2080	9234	6	16	762	24
8	9	61,5	4490	49,2	3198	7688	4	14	434	19
59	59	15	1095	12	780	1875	28	38	-	38
-	-	48	3504	38,4	2503	6007	-	10	987	16
26	37	125,5	9162	100,4	6533	15695	18	28	387	30
16	20	60	4380	48	3120	7500	9	19	421	24
89	116	45	3285	36	2340	5625	55	65	6	65
26	32	93	6789	74,4	4843	11632	15	25	12	25
17	20	91,5	6680	73,2	4761	11441	9	19	174	20

1.	2.	3.	4.	5.	6.	7.	8.	9.	10.	11.
Zundelbach	O. Negelin	80	15	95	3	219	18	1170	900	2289
Siburasreutin	F. Stolz	20,5	,5	21	-	-	1	65	36	101
	C. Bosch	45	,5	45,5	-	-	9	585	240	825
	M. Pfaw	31	3	34	-	-	4	260	180	440
	M. Spiegler	20,5	,5	21	-	-	4	260	240	500
	M. Bicheler	16	1	17	-	-	3	195	240	435
	S. Mundelin	16	3	19	-	-	3	195	138	333
	J. Bosch	27,5	1	28,5	-	-	1	65	252	317
Lochen	C. Lochenmayr	67	27,5	94,5	2,75	200	6,25	406	1362	1968
Zu Springen	H. Colnhauser	8	6	14	-	-	2	130	240	370
Storenberg	M. Lussman	9	4	13	-	-	-	-	180	180
Zum Vogelsang	J. Schlegel	6	5	11	2	146	4	260	72	478
Hohenburg	M. Spiess	9,5	4	13,5	-	-	4	260	60	320
	H. Spiess	7	6,5	13,5	-	-	4	260	60	320
Am Velt	C. Uhelin	19	9	28	-	-	8	520	192	712
Alburatzhofen	C. Hofmeister	43 (20 Wüste)	42	85	4	292	12	780	1044	2116
	O. Hägelin	61,5	10	71,5	6,5	475	6,5	423	480	1378

12.	13.	14.	15.	16.	17.	18.	19.	20.	21.	22.
24	28	133	9609	106,4	6923	16532	13	23	65	23
5	5	34	2482	27,2	1771	4253	2	12	114	14
18	18	75	5475	60	3900	9375	8	18	6	18
13	14	51,5	3760	41,2	2681	6441	6	16	12	16
23	24	34	2482	27,2	1771	4253	11	21	3	21
25	27	26,5	1935	21,2	1381	3316	13	23	12	23
17	21	26,5	1935	21,2	1381	3316	10	20	6	20
11	12	45,5	3322	36,4	2373	5695	5	15	12	15
20	29	111,5	8140	89,2	5606	13746	14	24	245	25
26	46	13	949	10,4	683	1632	22	32	132	40
13	20	15	1095	12	780	1875	9	19	132	26
43	79	10	730	8	520	1250	38	48	-	48
23	33	15,5	1132	12,4	813	1945	16	26	24	27
23	45	11,5	748	9,2	601	1349	23	33	-	33
25	37	31,5	2300	25,2	1641	3914	18	28	130	31
24	49	71,5	5220	57,2	3721	8941	23	33	238	35
19	22	102,5	7483	82	5330	12813	10	20	130	21

1.	2.	3.	4.	5.	6.	7.	8.	9.	10.	11.
	B. Hainy	22	2	24	3	219	3	195	240	654
	B. Hainy	27	3	30	4	292	4	260	240	792
Oppeltzhofen	J. Salman	41,5	18	59,5	4	292	6	390	1836	2418
	J. Nabholtz	41	21,5	62,5	2,5	183	4,5	293	780	1256
	J. Werner	67	17	84	-	-	-	-	816	816
Hof Buerach	Rösler (2 Brüder)	71	36,5	107,5	18	1314	17	1105	2400	4819

12.	13.	14.	15.	16.	17.	18.	19.	20.	21.	22.
27	30	36,5	2665	29,2	1901	4566	14	24	65	25
26	29	45	3285	36	2340	5625	14	24	24	24
42	60	69	5037	55,2	3591	8628	29	39	-	39
20	30	68	4964	54,4	3543	8507	14	24	65	24
10	12	110,5	8067	88,4	5753	13820	6	16	162	17
45	67	119	8687	95,2	6191	14878	32	42	564	45

Anhang B

Masse und Gegenwerte

Boden

1 Ravensburger Jauchart)
1 Ravensburger Mansmahd) = 1,5 Württ. Morgan oder 0,49245 Hektar

1 engl. Acre = 4 000 m^2
1 Hektar = 2,5 acres = 10 000 m^2
1 Ravensburger Jauchart = 1,23 engl. acres

Hohlmasse

1 Ravensburger Malter = 2 Scheffel = 2 Modius = 8 Viertel = 8 Streiche
1 Ravensburger Scheffel = 91,88 Liter
1 Überlinger rauhes Malter = 492 Liter
1 Überlinger glattes Malter = 228 Liter
1 engl. Scheffel (bushel) = 36 Liter
1 Augsburger Schaff = 205,3 Liter

Münzen

1 Pfund = 20 Schillinge = 240 denarii
1 Pfund heller = 20 Schillinge heller = 240 heller

Ravensburg 1501

1 denarius = 2 heller
1 Rheinischer Gulden = 210 denarii
1 denarius = 0,156 Gramm Silber

Augsburger Rechnungspfennig 1496 - 1509 = 0,158 Gramm Silber

Getreidepreise

Der Preis des Zehnjahresdurchschnitts von 1511 - 20 stammt von Augsburger Statistiken in Elsas, Geschichte der Preise.

1 Augsburger Schaff Dinkel = 165 den.
1 Augsburger Schaff Hafer = 145 den.

Diese entsprechen folgenden Ravensburger Werten:

1 Ravensburger Scheffel Dinkel = 73 den.
1 Ravensburger Scheffel Hafer = 65 den.

Quellennachweis:

Julius Cahn, Münz- und Geldgeschichte, (Heidelberg, 1911).
Dr. Alfons Dreher, unveröffentlichtes Manuskript über die Geschichte Ravensburgs.

Archivpflege in den Kreisen und Gemeinden (Stuttgart, 1952).
Futterer, Geschichte des Dorfes Billafingen.
Elsas, Geschichte der Preise, I. (Leiden, 1936).

Bibliographie

I. Handschriftliche Quellen

Württembergisches Staatsarchiv Stuttgart

Kloster Weingarten

1. Lehensreverse, Lehensbriefe, Verkaufsurkunden, etc.

Bergatreute. B 516 Urk 385, 390a, 391a, 393a, 393b, 393c, 393d, 394a, 395, 395a, 402, 402a, 404a, 404b, 404c, 404d, 404e, 407a, 407b, 407c, 407d, 408a, 408b, 408c.

Blitzenreute. B 516 Urk 471, 494.

Gambach. B 516 Urk 396, 397, 398, 406, 407.

2. Zinsrödel. H 235 Nr. 23, 24, 25, 26, 27, 28.

3. Urbarbuch. 1531. H 235 Nr. 29, 30, 31, 32, 33.

4. Reisgeld Liste 1519. B 515 Bü 5.

5. Verträge und Vereinbarungen. H 14 - 15 Nr. 266, Folio 20 ff. "Hienach volgt ain vertrag in sich haltennd fäl und gless" (1432).

H 14 - 15 Nr. 266, Folio 62 ff. "Ain vertrag ald kauffbrief in sich haltet vel geless ungenossamii das dritteil und halbtail hier im abkawfft ist am XVC und im XXIII."

H 14 - 15 Nr. 273, Folio 164 ff. "Königsegger spruch zwischen dem Gotzhaus Weingarten und dasselben leibaignen leuten von weg erleüterung aines articles in vorgeschribenen vertrag begriffen."

H 14 - 15 Nr. 273, Folio 175 ff. "Vertrag zwischen dem Gotzhaus Weingarten und desselben leibeignen leute von wegen väl und gläss auch halbtail und drittail" (1523).

6. Missivbände

B 517 Missivband 5, Folio 387. Johann Hegkler, Pfarrer von Eberspach an den Schwäbischen Bund.

B 517 Missivband 41, Folio 40 ff. "Beschwerden von dess Gottshaus lehenleute ambt zell und karsee beider dem Landvogt und dem abbt Gerwigken."

B 517 Missivband 4, Folio 415 ff. Liste aller Weingartner Diener, Knechte, und Amtleute in Altdorf (frühes 15. Jhd.).

B 517 Missivband 41, Vertrag 1533, folio 168 ff.

B 517 Missivband 48, Vertrag 1496, Folio 145 - 149.

B 517 Missivband 48, Rotulus ... contra Landvogtei, 1500, folio 215 - 233.

7. Verschiedenes

H 53 Bü 71. "Herr Martins pfarrers im Grünkraut ... in handlung in der baurn aufruhr" (1525).

Kloster Weissenau

1. Lehensreverse, Verkaufsverträge, etc.

Manzell. B 523 Urk 3168, 3170, 3173, 3174, 3175, 3176, 3177, 3179, 3182, 3183, 3184, 3186, 3188, 3189, 3190, 3191, 3195, 3199, 3200, 3207, 3209.

Tenemoos. B 523 Urk 3628, 3632, 3634, 3637.

Torkenweiler. B 523 Urk 3672, 3681, 3683, 3684, 3685, 3686, 3690, 3692, 3693, 3696.

Weingartshof. B 523 Urk 3911, 3918, 3920, 3922, 3923, 3926, 3927, 3928, 3937, 3938, 3946.

Eschach. B 523 Urk 2647, 2652, 2660, 2664, 2666, 2668, 2669, 2671, 2672, 2673, 2675, 2676, 2677, 2678, 2679, 2680, 2682, 2685, 2688, 2689, 2690, 2693, 2695, 2696, 2698.

Oberzell. B 523 Urk 3404, 3405, 3406, 3407, 3408, 3409, 3410, 3411, 3413, 3416, 3418, 3419, 3420, 3421, 3423, 3424, 3426, 3429, 3430, 3432, 3433, 3436, 3437, 3440, 3441, 3445.

2. Verträge und Vereinbarungen. B 523 Urk 408. H 14 - 15 Nr. 277, Folio 22 ff, 29 ff. H 14 - 15 Nr. 278.

Stadt Ravensburg

1. Lehensreverse, Verkaufsverträge etc.

Greckenhof. B 198 Urk 514, 515, 516, 517, 518, 519, 520, 521, 522, 523, 524.

Nessenbach. B 198 Urk 679, 680, 681, 682, 683, 683a, 684, 685, 686, 687, 689, 690, 691.

Ringgenburg und Buttenmühle. B 198 Urk 722, 723, 724, 725, 726, 727, 728, 729, 730, 731, 733.

Wälda. B 198 Urk 863, 864, 865, 866, 867, 868, 869, 870, 871, 872, 873.

Bitzenhofen. B 198 Urk 371, 372, 374, 376, 377, 378, 380, 382, 383, 384, 385, 387, 389, 391.

Danketsweiler. B 198 Urk 398, 399, 400, 401, 403, 404, 405, 406, 407, 408, 409, 410, 411, 412, 413, 414, 416, 417, 418, 419, 420, 421, 422, 423.

Dentzenweiler. B 198 Urk 445, 446, 447, 448, 449, 450, 451, 452, 454, 455, 456, 457, 458, 459, 460, 461.

Geratsberg. B 198 Urk 485, 486, 487, 488, 489, 490, 491, 492, 493, 494, 495.

Goldehub. B 198 Urk 498, 499, 500, 501, 502, 503, 504, 505, 506, 507, 508.

Hinzistobel und Bunger. B 198 Urk 571, 572, 573, 577, 578, 579, 580, 581, 582, 583, 584, 585, 586, 587, 588, 589, 590, 591, 592, 593, 594.

2. Korrespondenzen

H 53 Bü 71 Nr. 2, 3.

H 53 Bü 68 Nr. 4,5.

Dies sind verschiedene Briefe aus der Sammlung des Schwäbischen Bundes, von der bzw. an die Stadt Ravensburg.

Kloster Langnau

1. Verträge und Vereinbarungen. B 470 Bü 4. Vereinbarung zwischen dem Kloster und seinen Untertanen (1524).

Kloster Schussenried

1. Verträge und Vereinbarungen.
B 505 Urk 408. Vereinbarung zwischen dem Kloster und seinen Untertanen (1439).
B 505 Urk 410. Vereinbarung zwischen dem Kloster und seinen Untertanen (1448).
B 505 Urk 437. Kontroverse zwischen dem Kloster und seinen Untertanen (1483).
B 505 Bü 9. Vertrag zwischen dem Kloster und seinen Untertanen nach dem Bauernkrieg (1527).

Kloster Ochsenhausen

1. Verträge und Vereinbarungen.
B 481 Urk 233. Vertrag zwischen dem Kloster und seinen Untertanen (1502).

Württembergisches Staatsarchiv Ludwigsburg

Kloster Weingarten

1. Lehensreverse

Diese Dokumente sind nach zwei Kategorien katalogisiert. Diejenigen ohne Siegel wurden separat katalogisiert (B 521) und tragen eigene Urkunden-Nummern. Die übrigen sind dem Datum nach geordnet und mit der Katalognummer B 522 versehen.

Esenhausen. B 521 Urk 396, 574, 679; B 522 23. März 1405, 20. Febr. 1431, 11. Febr. 1432, 19. Febr. 1432, 21. März 1435, 26. Okt. 1444, 29. Nov. 1457, 27. März 1460, 15. März 1468, 13. Okt. 1469, 7. Mai 1471, 16. Apr. 1476, 27. Jan. 1483, 28. März 1498, 9. Febr. 1512, 10. Febr. 1514, 28. Juli 1516, 12. Apr. 1518, 2. Juni 1522, 30. Juni 1522, 21. Mai 1526, 8. Juni 1528, 25. Febr. 1535, 8. Jan. 1539, 5. Mai 1539, 14. März 1547, 20. Febr. 1548, 31. Okt. 1553, 8. Jan. 1555.

Blitzenreute. B 521 Urk 186, 663, 835, 1008, 1034, 1113; B 522, 13. Febr. 1438, 25. Juni 1471, 25. Apr. 1475, 30. Sept. 1494, 27. März 1497, 27. Febr. 1497, 27. Febr. 1497, 19. Febr. 1498, 9. Dez. 1504, 10. März 1505, 14. Apr. 1505, 14. Apr. 1505, 7. Juni 1507, 17. Jan. 1530.

Schlier. B 521 Urk 135, 193, 253, 401, 891, 1201, 1209; B 522, 9. Febr. 1430, 25. Jan. 1440, 22. Apr. 1444, 17. Okt. 1446, 10. Juni 1466, 21. Jan. 1480, 18. Apr. 1480, 20. Apr. 1480.

Reute Fronhofen. B 521 Urk 389, 1031; B 522 26. Okt. 1439, 12. Febr. 1444, 10. Sept. 1473, 29. Mai 1480, 13. Febr. 1497, 7. Nov. 1513, 12. Nov. 1512, 17. Nov. 1544, 20. Febr. 1559.

Blönried. B 521 Urk 318, 653, 828, 1056; B 522 25. Jan. 1430, 26. Sept. 1469, 21. Febr. 1491, 11. März 1504.

Erbisreute. B 521 Urk 744, 983; B 522, 12. Febr. 1432, 2. März 1451, 28. Juli 1467, 1. Sept. 1472, 17. Okt. 1537, 2. Apr. 1543, 22. Febr. 1552.

Spiesberg. B 521 Urk 20, 31, 989; B 522, 1. Okt. 1467, 9. Dez. 1463, 19. Aug. 1538, 3. Febr. 1539, 18. Aug. 1539, 6. März 1542.

Ippenried. B 521 Urk 40, 720, 936; B 522 20. Juli 1453, 9. Juli 1465, 14. Nov. 1519, 16. Nov. 1528.

Inntobel. B 521 Urk 351, 614; 5. Aug. 1401, 10. Juli 1413, 23. Jan. 1441, 3. Apr. 1441, 4. Apr. 1443, 30. Sept. 1489, 14. Juli 1511, 9. Febr. 1523, 19. Dez. 1538.

Binningen. B 521 Urk 406, 737, 904; B 522 9. Nov. 1439.

Franckenburg. B 521 Urk 624, 839, 1094; B 522 22. Febr. 1482, 23. Juni 1512, 19. Okt. 1525, 9. Sept. 1559.

Hof zum Beurach. B 521 Urk 35; B 522, 12. März 1424.

Karbach. B 522, 17. Febr. 1467, 30. Apr. 1476, 29. Febr. 1500, 25. Juni 1515.

Kamerhof. B 521 Urk 197; B 522, 20. Juni 1519, 9. Dez. 1532.

Schmitten. B 521 777; B 522, 13. Nov. 1492.

Kerlenmoos. B 521 Urk 25, 453, 572, 640, 641, 781; B 522, 30. Juli 1438, 1. Febr. 1499, 17. Juni 1499, 28. Sept. 1506.

Messhausen. B 521 Urk 345; B 522 12. Dez. 1441, 1. März 1486, 22. Jan. 1526, 4. Sept. 1542, 20. Dez. 1554.

Niederwangen. B 521 Urk 126; B 522 6. März 1438, 11. Apr. 1496, 28. Jan. 1451.

Edisbach. B 522, 5. Dez. 1441, 21. Aug. 1470, 6. Juli 1523, 10. Jan. 1531, 10. Febr. 1533, 28. Juni 1560, 16. Apr. 1561.

Kellenried. B 521 Urk 277, 996.

Mummerazhofen. B 521 Urk 335, 573, 799, 811, 1125; B 522, 1. Okt. 1443, 17. März 1446, 21. Sept. 1446, 23. Dez. 1484, 24. Juli 1502, 3. März 1505, 11. Dez. 1542, 1. Dez. 1544, 9. Jan. 1548.

Emelhofen. B 521 Urk 551, 1077; B 522 14. März 1432, 23. Mai 1463, 13. Juli 1519.

Niederbiegen. B 521 Urk 185, 951; B 522 15. März 1476, 21. Okt. 1477, 2. Apr. 1479, 16. Aug. 1507, 11. März 1532, 14. März 1536, 6. Dez. 1540, 14. März 1541.

Moos. B 522 9. Juli 1465, 17. Nov. 1478, 2. März 1523.

Möllenbronn. B 522 10. Mai 1437, 12. März 1446, 4. Apr. 1448, 26. Nov. 1462, 24. Apr. 1486, 8. Nov. 1501, 6. Nov. 1503, 18. Okt. 1548.

Bavendorf. B 521 Urk 698; B 522 6. Nov. 1418, 23. Okt. 1464, 16. Febr. 1512.

Grosstobel. B 521 Urk 477, 728; B 522, 27. Nov. 1430, 4. Apr. 1434; 3. Jan. 1436, 10. Dez. 1436, 11. Nov. 1437, 2. März 1439, 5. Nov. 1489, 6. Nov. 1489, 11. Jan. 1518, 27. Jan. 1522, 17. Mai 1524, 9. Aug. 1535.

2. Korrespondenz

B 522 Bü 159.

3. Verträge und Vereinbarungen. B 522 Bü 347 "Koniglicher vertrag zwischen dem Gotzhaus Weingarten und desselben Gotteshaus leibeignen leuten von wegen fall undt gläss auch halbtail und trittail in einer königlicher comission aufgemacht" (1432).

B 522 Bü 431.

Vereinbarung zwischen dem Kloster und den Untertanen von Hagnau (1432).

4. Verschiedenes. B 522 Bü 482. "Prothocolli aller dem Gotteshaus Weingarten zur gehorigen Zehenden" (1490).

B 522 Bü 345. "Leibeigenbuch des Gotteshaus Weingarten" (1544).

Die folgenden Dokumente sind unter B 521 katalogisiert. Diejenigen, die eine Nummer tragen, habe ich im Original eingesehen; diejenigen, die mit Datum angegeben sind, stammen aus einer Kopie des Katalogs im Stadtarchiv von Ravensburg. Diese habe ich nicht im Original benützt.

B 521 Urk 5, 6, 156, 227, 218 G, 254, 266, 357, 386, 487, 519; 5. Dez. 1440, 13. Nov. 1440, 10. Juni 1440, 5. Apr. 1456, 4. Nov. 1458, 19. Jan. 1467, 28. Juli 1468, 6. Okt. 1469, 8. Okt. 1478, 17. Nov. 1478, 29. Jan. 1479, 4. Febr. 1479, 18. Mai 1479, Juni 1479, 9. Jan. 1485, 9. Mai 1487, 7. Juli 1505, 4. Sept. 1514, 18. Sept. 1523, 18. Juni 1525, 13. Apr. 1528.

Stadtarchiv Überlingen

Sammlung der Stadt

XXXIII Ka I L63 Nr. 675 (a)
"Item die rayss gen cöln von wegen unsers g. h. R. königs uff... anno LXXXVIII. "

XXXIII Ka I L63 Nr. 675 (b)
"Anschlag uff den abschid zu Rotemburg und mit der Rüstung gewärtig zesind uff ... anno LXXXXI in das Bayerland. "

XXXIII Ka I L63 Nr. 675 (d)
"Rustung gen Constanz" (1499).

XXXIII Ka I L63 Nr. 676 (4)
"Register der ordnung uff dem land der macht mansspersonen" (1480).

XXXIII Ka I L63 Nr. 676 (7)
"Diss nachgeschriben knécht haben sich uff die fränkisch raiss inschrÿben lassen" (1523).

XXXIII Ka I L63 Nr. 679.
"Fussknechte so dem hauss osstereich anno etc. XXIII gezog sind. "

XXXIII Ka I L63 Nr. 681 (a)
"In disem büchlin sind geschriben die knecht so mine Hern bestellt und uff Mittwoch vor der uffart Christi anno etc. XXVI von wegen der punts gen Salzburg geschickt hand. "

Sammlung des Stadtspitals

Urk 261.

Schlossarchiv Zeil

Herrschaft Zeil

Akten Nr. 669

Schlossarchiv Wolfegg

Herrschaft Wolfegg

1. Urk 330, 571, 572, 1073, 16324.

2. Lehensreverse und Verkaufsverträge. Urk 1765, 1811, 1814, 2123, 2180, 3275, 3480, 142125, 142127, 142128, 16252, 16347.

Stadtarchiv Ravensburg

Sammlung der Stadt

66a/1 "Steuerbuch von der aigen leute, frauen und männer von Schmalegg" (1498).

Sammlung des Stadtspitals

51/1/f Urk 4240
53/1/e Urk 4239
53/2/k Urk 4266
53/2/q Urk 4273
54/1/f Urk 4287

II. Quellenveröffentlichungen

Adam, A., Hrsg. Das Tagebuch des Herolds Hans Lutz von Augsburg. (Zeitschrift für die Geschichte des Oberrheins, 47 (1893), 55 - 100.

Barack, K. A., Hrsg. Zimmerische Chronik. 4 Bände (Bibliothek des literarischen Vereins in Stuttgart, Bände LXXXIX - XCIII). Tübingen 1867 - 69.

Baumann, Franz Ludwig, Hrsg. Akten zur Geschichte des deutschen Bauernkrieges aus Oberschwaben. Freiburg im Br., 1877.

-. Quellen zur Geschichte des Bauernkriegs in Oberschwaben. (Bibliothek des literarischen Vereins in Stuttgart, Band CXXIX). Tübingen, 1876.

Beger, Lena, Studien zur Geschichte des Bauernkrieges nach Urkunden des Generallandesarchives zu Karlsruhe: die Bewegungen in der Bodenseegegend (Forschungen zur deutschen Geschichte, 21, 1881, 573 - 593).

Braun, Friedrich, Drei Aktenstücke zur Geschichte des Bauernkriegs (Blätter für bayerische Kirchengeschichte, II, 1888 - 89, 157 - 160, 170 - 176, 185 - 192; III, 1889 - 90, 9 - 16, 24 - 32).

Elsas, M. J., Umriss einer Geschichte der Preise und Löhne in Deutschland, Band 1. Leiden, 1936.

Franck, Sebastian, Chronica Zeytbuch und geschÿchtbibel von ambegeyn biss inn diss gegenwertig. Strassburg, 1531.

-. Germania. o. O., 1539.

Franz, Günther, Hrsg. Quellen zur Geschichte des Bauernkrieges, München, 1963.

Gehring, Paul, Hrsg. Württembergische ländliche Rechtsquellen, Band III. Stuttgart, 1941.

Goetze, Alfred, Hrsg. Sebastian Lotzer's Schriften. Leipzig, (1902).

Günter, Heinrich, Hrsg. Gerwig Blarer, Abt von Weingarten 1520 - 1567: Briefe und Akten, Band I (Württembergische Geschichtsquellen, Band VI), Stuttgart, 1914.

Hug, Heinrich, Villinger Chronik, Hrsg. Christian Roder. Tübingen, 1883.

Kessler, Johannes, Sabbata mit kleineren Schriften und Briefen, Hrsg. Emil Egli und Rudolf Schoch. St. Gallen, 1902.

Koller, Heinrich, Hrsg. Reformation Kaiser Siegmunds. Stuttgart, 1964.

Mone, F. J., Quellensammlung der badischen Landesgeschichte, Band II. Karlsruhe 1854.

Oechsle, Ferdinand, Beiträge zur Geschichte des Bauernkrieges in den schwäbisch-fränkischen Grenzlanden. Heilbronn, 1830.

Schulte, Aloys, Geschichte der grossen Ravensburger Handelsgesellschaft 1380 - 1530, Band III, Urkunden. Stuttgart, 1923.

Vogt, Wilhelm, Hrsg. Die Correspondenz des schwäbischen Bundeshauptmannes Ulrich Artzt von Augsburg aus d. J. 1525 - 1527. Augsburg, o. J. (C. 1880).

-. Der Bodenseer-Rappertsweiler Haufen im deutschen Bauernkrieg und sein Hauptmann Dietrich Hurlewagen (Schriften des Vereins für Geschichte des Bodensees und seiner Umgebung, XXI, 1892, 26 - 48). Eine allgemeine Beschreibung der Ereignisse von Vogt sowie verschiedene Quellen zu Hurlewagen.

III. Literatur

Abel, Wilhelm. Geschichte der deutschen Landwirtschaft vom frühen Mittelalter bis zum 19. Jahrhundert. 2. Auflage, Stuttgart, 1967.

-. Verdorfung und Gutsbildung zu Beginn der Neuzeit (Geografiska Annaler XLIII, 1961, 1 - 7).

-. Wachstumsschwankungen mitteleuropäischer Völker seit dem Mittelalter. (Jahrbücher für Nationalökonomie und Statistik, 142, 1935, 670 - 692).

Andreas, Willy. Deutschland vor der Reformation. Eine Zeitwende. Stuttgart, 1932.

Archivpflege in den Kreisen und Gemeinden. Stuttgart, 1952.

Bader, Karl Siegfried. Der deutsche Südwesten in seiner territorialstaatlichen Entwicklung. Stuttgart, 1950.

-. Studien zur Rechtsgeschichte des mittelalterlichen Dorfes. 2 Bände, Weimar, 1957 und Köln, 1962.

Baier, Hermann. Zur Bevölkerungs- und Vermögensstatistik des Salemer Gebiets im 16. und 17. Jahrhundert. (Zeitschrift für die Geschichte des Oberrheins 68, 1914, 196 - 216).

-. Zur Vorgeschichte des Bauernkriegs. (ebd., N. F. 39, 1926, 188 - 218).

Bate-Smith, E. C. und Morris, T. N. Hrsg. Food Science. Cambridge, 1952.

Baumann, Franz Ludwig. Die Zwölf Artikel der Oberschwäbischen Bauern 1525. Kempten, 1896.

-. Geschichte des Allgäus, Band III. Kempten, 1895.

Bender, Arnold E. Dictionary of Nutrition and Food Technology. 2. Auflage. London, 1965.

Bennet, M. K. British Wheat Yield per Acre for Seven Centuries. (Economic History, A Supplement to the Economic Journal, III, 1934 - 37, 12 - 29).

Bensing, Manfred und Hoyer, Siegfried. Der deutsche Bauernkrieg. (Leipzig), o. J.

Beschreibung des Oberamts Ravensburg. Stuttgart, 1836.

Beschreibung des Oberamts Saulgau. Stuttgart, 1829.

Beschreibung des Oberamts Tettnang. 2. Auflage, Stuttgart, 1915.

Beschreibung des Oberamts Waldsee. Stuttgart, 1834.

Beveridge, Sir W. The Yield and Price of Corn in the Middle Ages. (Economic History, A Supplement to the Economic Journal, I, 1926 - 29, 155 - 167).

Bickel, W. Bevölkerungsgeschichte und Bevölkerungspolitik der Schweiz seit dem Ausgang des Mittelalters. Zürich, 1947.

Bock, Ernst. Der schwäbische Bund und seine Verfassung (1488 - 1534). Breslau, 1927.

Cahn, Julius. Münz- und Geldgeschichte von Konstanz und des Bodenseegebiets im Mittelalter bis zum Reichsmünzgesetz von 1599. Heidelberg, 1911.

Connolly, T. G. und Sluckin, W. An Introduction to Statistics for the Social Sciences. 2. Auflage, London, 1962.

Dreher, Alfons. Zur Gütergeschichte des Klosters. (Abtei Weingarten, Festschrift zur 900-Jahr-Feier des Klosters, 1056 - 1956, Hrsg. P. Gebhard Spahr O. S. B. Weingarten, 1956).

Engels, Friedrich. The Peasant War in The German Revolutions. L. Krieger, Hrsg. Chicago, 1967.

Ernst, Viktor. Zur Besiedlung Oberschwabens. (Forschungen und Versuch zur Geschichte der Neuzeit. Festschrift, Dietrich Schäfer zum 70. Geburtstag, Jena, 1915).

-. Die Entstehung des deutschen Grundeigentums. Ulm, 1926.

Fischer, Hermann. Schwäbisches Wörterbuch. 6 Bände. Tübingen, 1904 - 1924.

Franz, Günther. Der deutsche Bauernkrieg. 4. Auflage. Darmstadt, 1956.

-. Die Entstehung der 'Zwölf Artikel' der deutschen Bauernschaft. (Archiv für Reformationsgeschichte 36, 1939, 193 - 213.

Frauenholz, Eugen von. Das Heerwesen in der Zeit freien Söldnertums. München, 1936.

Friedrich, Johann. Astrologie und Reformation. München, 1864.

Futterer, A. Geschichte des Dorfes und des Kirchspiels Billafingen im Linzgau. Überlingen, 1934.

Gönner, Eberhard und Miller, Max. Die Landvogtei Schwaben. (Vorder-österreich: eine geschichtliche Landeskunde. Band II, Freiburg im Br., 1959, 654 - 676.

Gothein, E. Die Lage des Bauernstandes am Ende des Mittelalters, vornehmlich in Südwestdeutschland (Westdeutsche Zeitschrift für Geschichte und Kunst IV, 1885, 1 - 22).

Goubert, Pierre. Beauvais et les Beauvaisis de 1600 a 1730. 2 Bände. Paris, 1960.

Gradmann, Robert. Das ländliche Siedlungswesen des Königreichs Württemberg. 2. Auflage. Leipzig, 1926.

Grimm, Jacob und Grimm, Wilhelm. Deutsches Wörterbuch. 16 Bände, Leipzig, 1854 - 1954.

Hammerström, I. The 'Price Revolution' of the Sixteenth Century. (Scandinavian Economic History Review V, 1957).

Helleiner, Karl F. The Population of Europe from the Black Death to the Eve of the Vital Revolution (Cambridge Economic History of Europe. Band IV, Kapitel 1. Cambridge, 1967).

Hengstler, Albert. Das Ravensburger Stadtarchiv. Ravensburg, 1950.

Hoskins, W. G. The Midland Peasant. London, 1965.

Jörg, Josef Edmund. Deutschland in der Revolutions-Periode von 1522 bis 1526. Freiburg im Br., 1851.

Knapp, Theodor. Der Bauer im heutigen Württemberg. 2. Auflage. Tübingen, 1919.

Le Roy Ladurie, Emmanuel. Les Paysans de Languedoc. 2 Bände. Paris, 1966.

Lütge, Friedrich. Economic Change: Agriculture (New Cambridge Modern History. Band II, Kapitel 2. Cambridge, 1962).

-. Geschichte der deutschen Agrarverfassung vom frühen Mittelalter bis zum 19. Jahrhundert. Stuttgart, 2. Aufl. 1968.

Nell, Martin. Die Landsknechte: Entstehung der ersten deutschen Infanterie. Berlin, 1914.

Nutrition (Encyclopedia Britannica 16, London, 1963).

Oman, Sir Charles. A History of the Art of War in the Sixteenth Century. London, 1937.

Radcliffe-Brown, A. R. Structure and Function in Primitive Society. London, 1952.

Redfield, Robert. Peasant Society and Culture. Chicago, 1963.

Redlich, Fritz. The German Military Enterpriser and his Work Force. (Vierteljahrschrift für Sozial- und Wirtschaftsgeschichte, 47 (1964).

Reinhardt, Rudolf. Restauration, Visitation, Inspiration. Die Reformbestrebungen in der Benediktinerabtei Weingarten von 1567 bis 1627. Stuttgart, 1960.

Rundstedt, Hans Gerd von. Die Regelung des Getreidehandels in den Städten Südwestdeutschlands und der deutschen Schweiz im späteren Mittelalter und im Beginn der Neuzeit. Stuttgart, 1930

Sauter, Franz. Kloster Weingarten, seine Geschichte und Denkwürdigkeiten. Ravensburg, 1857.

Schneider, Eugen. Das Kloster Weingarten und die Landvogtei. (Württembergische Vierteljahreshefte für Landesgeschichte, N. F. IX (1960), 421 - 437).

Schnyder, Werner. Die Bevölkerung von Stadt und Landschaft Zürich vom 14. bis 17. Jahrhundert. (Schweizer Studien zur Geschichtswissenschaft XIV, 1925 - 26, 1 - 132).

Schulte, Aloys. Geschichte der grossen Ravensburger Handelsgesellschaft 1380 - 1530, Band II. Stuttgart, 1923.

-. Geschichte des mittelalterlichen Handels und Verkehrs zwischen Westdeutschland und Italien mit Ausschluss von Venedig, Band I. Leipzig, 1900.

Schweizerisches Idiotikon: Wörterbuch der schweizerdeutschen Sprache. 12 Bände. Frauenfeld, 1881 - 1961.

Smirin, M. M. Die Volksreformation des Thomas Müntzer und der grosse Bauernkrieg. Berlin, 1956.

Steinmetz, Max. Die frühbürgerliche Revolution in Deutschland (1476 - 1535): Thesen. (Die frühbürgerliche Revolution in Deutschland, Hrsg. Gerhard Brendler. Berlin, 1961).

Stone, Lawrence. That Was The Reformation That Was. (New York Review of Books, Dezember 29, 1966).

Tüchle, Hermann. Kirchengeschichte Schwabens. 2 Bände. Stuttgart, 1950, 1954.

Vochezer, Josef. Geschichte des fürstlichen Hauses Waldburg in Schwaben, Band II. Kempten, 1900.

Vogt, W. Zwei oberschwäbische Laienprediger. (Zeitschrift für kirchliche Wissenschaft und kirchliches Leben, VI, 1885, 413 - 435, 479 - 498).

Waas, Adolf. Die Bauern im Kampf um Gerechtigkeit, 1300 - 1525. München 1964.

Walder, Ernst. Der politische Gehalt der Zwölf Artikel der deutschen Bauernschaft von 1525. (Schweizer Beiträge zur Allgemeinen Geschichte XII, 1954, 5 - 22).

Williams, George H. The Radical Reformation, Philadelphia, 1962.

Zimmermann, Wilhelm. Geschichte des grossen Bauernkriegs. Stuttgart, 1856.

Zeitfracht Medien GmbH
Ferdinand-Jühlke-Straße 7
99095 Erfurt, Deutschland
produktsicherheit@kolibri360.de